KB145322

양자경제와 금융

양자경제와 금융

경제의 새로운 해석

이기홍 옮김 데이비드 오렐 지음

i!i
에이콘

 에이콘출판의 기틀을 마련하신 故 정완재 선생님 (1935-2004)

베아트리즈, 이자벨과 엠마에게 이 책을 바친다.

옮긴이 소개

이기홍(keerhee@gmail.com)

카네기멜론대학교에서 석사 학위를 받았고, 피츠버그대학교의 Finance Ph.D, CFA, FRM이자 금융, 투자, 경제 분석 전문가다. 삼성생명, HSBC, 새마을금고중앙회, 한국투자공사 등과 같은 국내 유수의 금융기관, 금융 공기업에서 자산 운용 포트폴리오 매니저로 근무했으며 현재 딥러닝과 강화학습을 금융에 접목시켜 이를 전파하고 저변을 확대하는 것을 보람으로 삼고 있다. 저서로는 『엑셀 VBA로 쉽게 배우는 금융공학 프로그래밍』(한빛미디어, 2009)이 있으며, 번역서로는 『포트폴리오 성공 운용』(미래에셋투자교육연구소, 2010), 『딥러닝 부트캠프 with 케라스』(길벗, 2017), 『프로그래머를 위한 기초 해석학』(길벗, 2018)과 에이콘출판사에서 펴낸 『실용 최적화 알고리즘』(2020), 『초과 수익을 찾아서 2/e』(2020), 『자산운용을 위한 금융 머신러닝』(2021), 『존 헐의 비즈니스 금융 머신러닝 2/e』(2021), 『퀀트 투자를 위한 머신러닝・딥러닝 알고리듬 트레이딩 2/e』(2021), 『자동머신러닝』(2021), 『금융 머신러닝』(2022), 『퇴직 연금 전략』(2022), 『A/B 테스트』(2022), 『행동경제학 강의 노트 3/e』(2022) 등이 있다. 누구나 자유롭게 머신러닝과 딥러닝을 자신의 연구나 업무에 적용해 활용하는 그날이 오기를 바라며 매진하고 있다.

옮긴이의 말

양자역학에서의 흥미로운 사고와 현상을 사회 현상, 특히 경제학과 금융에 적용하고자 하는 많은 시도의 일환으로 볼 수 있는 책이다. 특히 행동경제학의 많은 설명, 옵션 가격 결정을 포함하는 일반적인 시장에서의 가격 결정, 주식시장, 시장 조성자, 모기지 대출의 채무자와 채권자의 상호작용 및 더 나아가 화폐의 창출까지 양자역학적 아이디어로 재조명한다. 이를 위해 양자역학의 단골 메뉴인 이중성, 간섭, 얽힘, 날어굿남, 양자 컴퓨팅의 큐비트 및 다양한 게이트 등의 개념들이 적용된다. 또한 양자 워크와 성향함수, 엔트로피 진동자 및 양자 에이전트 등의 참신한 개념들이 도입됐다.

물리학을 전공한 사람들은 경제 및 금융에 어떻게 적용될 수 있는가에 대한 가능성을 볼 수 있을 것이다. 경제 및 금융 전공자들은 양자역학이라는 20세기 가장 혁신적인 사상이 어떻게 사회 현상을 설명하는 데 적용될 수 있는지에 대한 실마리를 조금이나마 찾을 수 있을 것이다(수학적 디테일을 생략하더라도).

고전 물리학에 상당히 영향을 받은 현대 경제학과 금융에 양자역학 사고를 도입하는 것은 사고의 발전에 엄청난 도움이 될 것이다. 과거에 고전적인 방법으로는 설명하기 힘들었던 사회 현상에 대한 새로운 분석 방법과 과거에 풀지 못했던 여러 문제에 대한 새로운 접근법을 찾는 하나의 올바른 길을 제시한다고 본다.

이 책의 번역을 진행하게 해주신 에이콘출판사 권성준 사장님에게 거듭 감사드린다.

지은이 소개

데이비드 오렐 David Orrell

캐나다 앨버타대학교에서 수학을 전공하고 영국 옥스퍼드대학교에서 박사 학위를 취득했다. 과학과 경제에 관한 그의 책들은 20개국에서 출판됐다. 또한 응용수학, 초전도 자석 설계, 날씨 예측, 컴퓨터 생물학, 약리학, 예측, 경제학을 포함한 주제에 관한 논문을 썼다. 가족과 함께 캐나다 토론토에서 살고 있다.

데이비드 오렐의 다른 책들

『경제사 아는 척하기Introducing Economics』(팬덤북스, 2021)

『경제학 혁명Economyths』(행성B웨이브, 2011)

『거의 모든 것의 미래Apollo's Arrow』(리더스북, 2010)

『Money, Magic, and How to Dismantle a Financial Bomb: Quantum Economics for the Real World돈, 마법 그리고 금융 폭탄을 해체하는 방법: 현실 세계를 위한 양자경제』(Icon Books, 2022)

『Quantum Economics: The New Science of Money양자경제: 화폐의 새로운 과학』(Icon Books, 2018)

『The Money Formula: Dodgy Finance, Pseudo Science, and How Mathematicians Took Over the Markets(with Paul Wilmott)돈 공식: 도지 파이낸스, 사이비 사이언스 그리고 수학자들이 어떻게 시장을 장악했는가(폴 윌모트 공저)』(Wiley, 2017)

『The Evolution of Money(with Roman Chlupatý)돈의 진화(로만 클루파트 공저)』(Columbia Univ. Press, 2016)

『Truth or Beauty: Science and the Quest for Order진실 또는 아름다움: 과학과 질서를 위한 탐구』(Yale Univ. Press, 2012)

『Soumrak Homo Economicus일몰의 경제적 인간(토마스 세드래체크와 로만 츌로팻 공저)』(EXILS, 2012)

『The Other Side of the Coin: The Emerging Vision of Economics and Our Place in The World동전의 다른 면: 경제학의 새로운 비전과 세계에서의 우리의 위치』(Key Porter Books, 2008)

『Behavioural Economics: Psychology, Neuroscience, and the Human Side of Economics행동경제학: 심리학, 신경과학, 그리고 경제학의 인간적 측면』(Icon Books, 2021)

『Instant Economics: Key Thinkers, Theories, Discoveries and Concepts즉각적인 경제: 주요 사상가, 이론, 발견 및 개념』(Welbeck, 2021)

『A Brief History of Money: 4000 Years of Markets, Currencies, Debt and Crisis화폐의 짧은 역사: 시장, 통화, 부채와 위기의 4000년』(Welbeck, 2020)

차례

서론

(1) 수학을 탐구 엔진보다는 속기 언어로 사용한다. (2) 끝날 때까지 그들을 준수하라. (3) 쉬운 말로 번역하라. (4) 그리고 나서 실생활에서 중요한 예시로 설명하라. (5) 수학을 태워버려라. (6) 4번에서 성공하지 못하면 3번을 태운다. 이 마지막은 내가 자주 하는 것이다.

– 알프레드 마셜(Alfred Marshall)이 1906년 2월 27일, A. L. 보울리(A. L. Bowley)에게 보내는 편지

양자경제학과 금융에 사용되는 수학의 일부를 기술적으로 소개하는 책이다. 마셜이 말했듯이 경제학은 수학적인 증명과 같지 않고 화폐와 가치의 문제를 풀고자 하는 양자경제학의 핵심 사상은 방정식에 의존하지 않는다. 그러나 양자 형식주의는 수학적이기 때문에 그 사상을 완전히 이용하기 위해서는 그 후에 불태우더라도 약간의 수학이 유용하다. 여기서의 목적은 양자 형식주의를 사용해 경제가 수학적으로 대표될 수 있는 방법을 스케치하고, 고전적 접근법에 비해 유리한 점을 보이고, 경제가 그 자체로 양자 시스템으로 취급될 수 있다는 것이 무엇을 의미하는지를 밝히는 것이다.

경제와 금융에 대한 양자 접근법은 통화 체계가 이산성, 불확정성, 간섭과 얽힘과 같은 양자 속성을 보인다는 경험적 사실에서 영감을 얻는다. 시뮬레이션은 양자 형식주의를 직접적으로 사용하지 않더라도 이러한 특성을 반영한다는 점에서 양자적이 되는 것이 좋다. 따라서 양자 방법론이 경제의 모든 측면을 모델링하는 최선의 기법이 될 것이 아니라, 경제가 맥락에 따라 (명시적으로 또는 암묵적으로) 고려할 필요가 있는 양자 특성이 있다는 것이다.

물리학에서 한 예로, 날씨는 양자역학에서 나오는 물의 복잡한 성질에 의해 움직이지만, 새로운 특성들이 나타나기 때문에 그들만으로 설명할 수 있다. 그러므로 기상 예보관들은 이러한 특성들을 고려하지만 그들의 모델을 양자역학에 명시적으로 근거하지는 않는다. 한편 내가 작업하고 있는 컴퓨터를 제어하는 마이크로칩과 같은 많은

시스템들은 양자 특성을 매크로 수준으로 확장하도록 설계돼 있기 때문에 이러한 특성에 대한 지식은 더욱 관련성이 높아진다. 마찬가지로 화폐는 양자 사회 기술로 간주되며, 화폐의 양자 속성은 때때로 경제 전체에 영향을 미치도록 확장된다.

수학을 불태워라

모델은 궁극적으로 데이터를 설명하고 예측하는 데 성공함으로써 정당화된다. 여기서의 초점은 이론의 기본 도구를 제시하고, 그것들이 구체적인 결과보다는 경제 거래의 본질과 어떻게 관련되는가를 보여주는 데 있지만, 양자 인지와 양자 금융의 영역은 전자에 대한 실험 데이터와 전자에 대한 시장 데이터에 근거해 상당히 실증적이라는 점에 주목해야 한다. 후자의 복잡한 시스템에서 나타나는 특성들에 대해 다루는 양자경제학의 광범위한 영역에는 에이전트 기반 모델에서 시스템 역학에 이르기까지 다양한 복잡도 기반의 기법들이 추가적으로 통합돼 있으며, 이 기법들도 경험적으로 테스트됐다(예외는 양자 에이전트 기반 모델인데, 이는 아직 개발되지 않은 모델이다). 그러나 경제학을 위해 양자 접근법에 대한 가장 분명한 경험적 논의는 단순히 화폐의 성격에 대한 것이며, 1장에서 논의된 바와 같이 양자적 특성을 갖도록 설계된다.

이 책은 일반적인 수학적 배경을 가진 독자를 대상으로 하고 있으며, 행렬 대수학 같은 기법에 대한 기초 지식만을 필요로 할 뿐 양자역학에 관한 전문 지식은 필요로 하지 않는다. 양자 인지, 양자 금융, 양자 사회과학에 관한 많은 다른 책들이 있다. 이 책들은 종종 많은 수학적인 세부 사항으로 들어가, 양자 물리학에서 가져온 복잡한 기법들을 포함하고 있다. 특히 양자 금융의 목적은 일반적으로 블랙-숄즈 옵션 가격 모델과 같은 고전적 기법을 양자 용어로 바꿔 양자 기법을 사용해 해결하는 것으로 보인다. 또 다른 책들에서는 사람들을 보손^{boson}의 사회적 버전으로 취급함으로써 시장을 포함한 사회 시스템의 정교한 모델을 구축하기 위한 연산자 이론^{operator theory}과 같은 양자적 방법에 초점을 맞추고 있다.

이 책은 그러한 연구들의 일부 측면에 기반을 두고 있지만, 화폐제도 자체가 중첩, 간섭, 얽힘과 같은 특성들을 가지고 있는 양자 시스템이라는 점에서 영감을 받았으며, 이들은 양자 수학을 이용해 가장 잘 다뤄질 수 있다. 응용수학자들이 이러한 행태를 모델링할 수 있도록 필요한 도구를 만드는 데 초점을 맞추고 있다.

이 책은 대략 두 부분으로 나눌 수 있다. 1부는 기본적인 주장을 제시하고 불확실성 하에서 의사결정과 같은 정적인 상황을 위한 수학을 전개한다. 1장은 사회과학에서 양자 개념을 사용하는 것의 타당성에 대해 논한다. 2장에서는 힐버트 공간의 아이디어를 소개하고, 인간 인지의 예를 이용해 양자 확률이 고전 버전과 어떻게 다른지를 보여준다. 3장과 4장은 행동경제학에서 사용되는 종류의 인지에 대한 고전적 접근법이 작동하지 않는 곳과 양자 접근법이 더 적합해 보이는 곳을 보여준다. 5장은 양자 컴퓨팅의 기초를 소개하고 양자경제학에서 얼마나 많은 문제가 양자 회로의 언어를 사용해 가장 잘 표현될 수 있는지를 보여준다. 6장에서는 랜덤 워크의 양자 버전에 기초한 특정 인지 모델을 소개하고, 7장은 이를 옵션 가격 결정 문제에 적용한다. 8장에서는 양자 게임 이론의 개요를 제시한다.

2부는 시장 참여자의 태도가 시장의 힘에 대응해 변화하고 조정되는 역동적인 사례를 고려해야 한다는 주장을 확대한다. 9장에서는 먼저 동적 시스템의 양자화 절차를 논하고, 이를 양자 조화 진동자의 패러다임 사례에 적용한다. 10장과 11장은 이를 바탕으로 수요와 공급의 양자 모델을 개발한다. 12장은 금융시장이 어떻게 다중 보손 시스템의 경제적 버전으로 표현될 수 있는지를 보여준다. 13장은 얽힘의 개념을 논한다. 14장은 양자 에이전트 기반 모델을 포함한 수학 시뮬레이션을 살펴보고, 15장은 주요 결론을 요약하며, 양자경제학과 금융의 미래를 전망한다.

이 책의 결과는 동료들이 검토한 연구에 바탕을 두고 있으며, 다양한 물리 및 사회과학 저널에 게재돼 있다. 양자 인지에 관한 자료는 다수의 연구자들에 의해 개발된 결과의 단순화된 나의 버전이며, 그들 중 다수는 물리학자들이다. 본래의 주요 공헌은 화폐의 양자 이론(연구 논문과 서적 시리즈를 통해 개발된 것), 수요와 공급의 양자 모델(물리학 저널 〈Physica A〉에 게재된 것), 옵션 가격의 양자 모델이다. 이러한 기여는 함께 화폐의 역할, 금융 거래의 성격, 옵션의 가격 결정이라는 경제학의 세 가지 근본적인 문제를 다루고 있으며, 그것들은 이 책의 핵심 논거를 형성한다.

양자 기피

이 책은 물리학자나 경제학자가 아닌 응용수학자의 관점에서 쓴 책이다. 물론 물리학과 경제학 모두에 아웃사이더가 된다는 것은 장점뿐만 아니라 단점도 갖고 있으며, 이 책에서 되풀이되는 주제는 많은 물리학자들이 다른 분야에 양자 사상을 적용하는 비물리학자들을 진정으로 좋아하지 않는다는 것이다. 이러한 기피 성향은 고전역학적 물리학이 약 150년 동안 사회과학에서 널리 이용(그리고 남용)돼 왔음에도 불구하고 이와는 반대로 특히 양자 물리학에 적용되는 것으로 보인다. 예를 들어 신고전주의 경제학은 명백히 뉴턴 물리학에 기반을 두고 있었다. 그리고 그 기피 성향은 논리를 넘어 세계관의 충돌로 귀결되는 것 같다.

예를 들어 양자경제학 및 금융의 주요 가정은 자산의 가격이 거래 중 측정했을 때 잘 정의된 가치만을 차지하는 상태의 중첩에 있는 것으로 가장 잘 모델링된다는 것이다. 어떤 사람들에게 이것은 도저히 받아들일 수 없다. 예를 들어 수학과 물리학을 전공하고 보험회사에서 일하는 금융 전문가가 한 말이다. "양자 물리학에서 파동함수의 가치는 우리가 측정하기 전까지는 알 수 없을 뿐만 아니라 근본적으로 알 수 없다. 하지만 그것은 가격에는 해당되지 않는다. 가격을 사용하면 주식(또는 옵션)을 '측정 measure'하지 않아도 시장 가격이 정확히 얼마인지 알 수 있는 호가창order book이 있다. 그래서 여기서 알 수 없는 양은 말할 것도 없고, '측정'할 때만이 그들의 가치를 드러낼 수 있는 미지의 양은 없다. 그것은 양자 물리학과 같지 않다."

이러한 평가는 10억 달러 포트폴리오를 관리한 경험이 있는 사람으로서 금융시장 가격 형성을 위한 양자 파장함수 모델을 개발한 금융권의 다른 사람의 다음 의견과는 대조된다. "기관 금융세계에서 많은 자산이 현재의 가격을 가지고 있지 않다". 많은 자산이 하루에 몇 번 밖에 거래되지 않고, 많은 자산이 몇 달 동안 거래되지 않았으며, 많은 자산은 이전에 거래된 적이 없다고 말했다. 거래가 빈번한 경우에도 "200주에 대한 가격 가용성이 기관 수준(백만 주 블록)의 가격 가용성을 자동으로 의미하지는 않는다"고 한다. 대신 "가격은 하나의 숫자라고 하는 것이 유효할 때는 단지 거래 시점이다. 거래는 매매 가격이 일치할 때 발생하며, 따라서 가격을 단일 숫자로 축소시킨다... 금융 시장의 모든 거래는 사실 가격 측정의 기본적인 행위다."[1]

과학에서, 사람들은 금융 시장에 대한 이 두 가지 관점을 해결하는 것이 가능하다고 생각할 수 있고, 아마도 그것은 적절한 시점에 일어날 것이다. 하지만 나는 양자 접근법이 모든 사람을 위한 것이 아니라고 느낀다. 어떤 사람들은 고전적인 렌즈를 통해 모든 것을 해석하는 것을 선호한다. 우리 모두는 그것은 우리가 단순히 필터링만 하는 것이 아니라 실제로 현실을 창조하는 정신적 세계 모델을 가지고 있다. 그리고 앞으로 보게 되겠지만, 양자 인지의 한 가지 교훈은 주관적인 상호작용 앞에서 우리의 정신적 입장을 바꾸는 것은 어렵다는 것이다. 우리의 서구적 교육 시스템은 확고하게 고전적 논리를 기반으로 한다고 가정할 때, 많은 사람들이 고전적 사고보다 양자 사고에 대한 더 높은 증명의 부담을 부과한다는 것이 놀라울 일은 아니다. 이 책은 '경제는 양자'라는 것을 분명하게 '증명'할 수는 없지만, 경제가 종종 양자, 양자 방법론 또는 양자에서 영감을 얻은 방법론을 사용해 가장 잘 다룰 수 있는 양자 특성을 가지고 있다는 것을 증명할 것이다. 예를 들어 호가창은 어떠한 불확실성도 없이 제한된 주수에 대한 고정된 가격을 나타내므로 고전적일 수 있다. 그러나 우리는 그들이 비고전적 현상의 고전적 표현 즉 거래 성향propensity to transact으로 더 잘 다룰 수 있다는 것을 볼 것이다.

또 다른 반대는 양자 접근법이 "과대선전"에 관한 것이라는 점이다. 예를 들어 한 논문의 익명의 리뷰어는 "현재 유행하고 있는 만큼, 돈은 현대 금융에서 그 역할을 다르게 이해할 수 있는 양자적 특성을 지녔다고 한다"고 말하면서 검토를 시작했다. 이 발언은 화폐와 가치에 대한 나의 양자 이론이 실제로 유행을 타지 않기 때문에 곤혹스러워 보였다. 그리고 양자 인지와 같은 분야의 다른 연구자들은 약 25년 동안 비교적 무명하게 일해왔다. 유행을 따르는 것과는 거리가 먼 나는 반대라고 주장할 것이다. 사회과학에서 양자라는 단어를 사용하는 것에 대해 금기가 있었다. 물론 이것은 양자 컴퓨팅에 대한 흥분과 함께 바뀔 수도 있지만, 양자 아이디어를 사회과학에 적용하는 것이 쉬운 길이라는 생각은 농담이다. 실제로 흥미로운 질문은 그것이 왜 그렇게 어렵게 만들어졌는가다(15장에서 이 문제로 돌아간다).

---

1   Sarkissian, 2020

양자 안개

하지만 회의론자들의 말이 맞는 분야 중 하나는 양자역학을 일종의 연막으로 사용할 수 있다는 것이다. 사기꾼들뿐만 아니라 존경받는 학자들에 의해서도. 처음 양자 아이디어를 금융과 경제에 적용하는 것에 관심을 가졌을 때, 나는 관련 분야의 많은 논문과 책들이 계몽적이라기보다는 내용이 지나치게 조밀하다는 것을 알게 됐다. 양자 금융이 지금까지 계량금융의 영역에 거의 진출하지 않은 이유는 지금까지는 실질적인 이득을 거의 주지 않으면서 가파른 학습 장벽을 가지고 있기 때문이다. 이 책을 쓰게 된 주된 동기 중 하나는 양자 안개를 가르고, 응용수학자라면 누구나 이해할 수 있는 책을 제공하고, 양자 접근법의 장점을 강조하고, 시스템의 특성과 비교적 단순한 모델의 필요성에 부합하는 경제 모델링에 대한 접근 방식을 개발하기 위해서다.

나의 응용수학 경력은 크게 두 가닥이었다. 첫 번째는 여러 분야에서 수학적 모델의 잠재적인 결점과 오용을 비판하는 것이다. 이는 종종 모델들을 내버려두길 원하는 그들의 분야의 전문가들과 갈등을 빚기도 했다. 내 첫 번째 책 『거의 모든 것의 미래 Apollo's Arrow』(리더스북, 2010)는 기상 예보에서 모델 오류의 역할에 대한 내 박사 논문에서 나왔는데, 이 주제는 많은 기상학자들에게 인기가 없는 것으로 판명됐다. 『경제학 혁명Economyths』(행성B, 2011), 『The Money Formula화폐 공식』(Wiley, 2017)와 같은 다른 책들은 경제와 금융 분야에서 모델의 오용을 다뤘다. 그러나 논쟁의 측면에서 양자경제학은 물리학자와 경제학자 모두에게 매우 민감하게 신경을 건드리는 것 같아 무엇이 문제인지 궁금해진다.

다른 (논란이 적은) 가닥은 공학, 생물 시스템 또는 경제학을 위한 실용적인 수학적 모델을 개발해왔다. 초전도 자석의 디자인을 최적화하고, 앙상블 날씨 예보를 분석하고, 효모 신진대사에 미치는 분자 확률의 영향을 예측하는 프로그램을 작성했다. 일반적인 테마는 비선형 복소수 시스템의 예측이다. 내가 현재 과학 고문을 맡고 있는 시스템 생물학 회사 Phiosomics에서 Virtual Tumour라고 알려진 에이전트 기반 모델을 개발했다고 하자. 이 모델은 다양한 제약회사에서 약물의 조합이 성장하는 종양에 미치는 영향을 예측하고 최적화하기 위해 사용해왔다. 학계에서 사용되는 대부분의 모델과 달리, 이 예측은 기업들의 블라인드 테스트 대상이 돼 왔다. 그러므로 나는 수학적 모델의 강점과 한계를 모두 잘 알고 있다.

그래서 여기 제시된 결과에서, 나는 나 자신의 회의론자가 되려고 노력해왔다. 나는 금융 시스템이 그 자체로 양자 시스템으로서의 자격을 갖췄다고 생각하지만, 양자 모델은 고전적인 모델을 넘어서야만 사용돼야 한다고 생각한다. 예를 들어 시스템이 수학적 의미에서 얽힘을 보인다고 해서 파동 방정식을 사용해 모델링해야 하는 것은 아니다. 계산에 얽힘의 효과를 포함할 수 있다. 14장에서 모델 시뮬레이션에 대해 살펴본 바와 같이, 많은 모델들이 물리학에서만큼 생물학적 시스템에서 영감을 받았다. 따라서 올바른 아이디어는 "양자수학은 매우 강력한데, 어떻게 그것을 경제학에 적용할 수 있는가?"라고 말하는 대신 "금융 시스템은 양자적 특성을 가지고 있다. 어떻게 하면 우리가 그것을 모델에 가장 잘 반영할 수 있는가?"를 묻는 것이다.

고전적 접근법과 양자적 접근법의 차이를 생각할 수 있는 유용한 방법은 미학적인 측면이다. 『Truth or Beauty진실 또는 아름다움』(Yale University Press, 2012)에서 주장했듯이, 과학의 많은 모델들은 기계과학의 기준에 따라 보기 좋기 때문에 받아들여진다. 즉 그것들은 시스템을 구성 요소로 분해하고, 방정식을 이용해 그들 사이의 역학적 힘을 설명하고, 푼다. 궁극적인 목표는 "모든 것의 이론"을 세우는 것이다. 양자 모델은 다른 느낌을 가지고 있다. 양자 모델은 환원주의적 접근에 저항하는 불확정성과 얽힘과 같은 것들을 강조하기 때문이다. 모델은 시스템의 특정 측면을 시뮬레이션하는 데 유용할 수 있는 패치로 가장 적합하다.

미적으로 매력적으로 들리면 계속 읽어라! 여전히 경계하고 있는 분들을 위해, 나는 많은 경고와 공지 사항을 포함했다. "전문 용어 경보jargon alert"라고 표시된 부분은 양자역학을 공부하지 않은 사람에게는 위협적으로 보일 수 있는 양자 용어를 도입할 필요가 있다고 느낀 장소들을 위한 것이다. 그런 전문용어는 최소한으로 유지되니 안심하라. "물리학자들에 의해 확인됨!checked by phsicists!"이라고 표시된 부분들은 이 책의 주장들이 검토됐거나 많은 경우 물리학자에 의해 산출됐다고 준반어적으로 보장하는 것이다(물리학을 조롱하는 것을 제외하고, 책의 거의 전체를 의미하지만, 때때로 상기하기 위한 것이다). 물론 나의 진짜 기준은 응용수학자들에 의해 연구가 확인됐다는 것이다. "양자 안개 경고quantum fog wanring" 박스는 독자에게 내용이 충분히 오용(즉 양자 전문용어로 인상을 주거나 난해하게 만드는 도구로서 주로 역할을 하는 위험)되는 부분을 알리기 위한 것이다. 그리고 각 장은 왜 이 모든 것이 추구할 가치가 있는지를 강조하는 "양자 우월성 quantum advantage"에 대한 박스로 끝난다.

이 3판에는 많은 작은 추가, 개선, 업데이트 및 수정이 포함돼 있다. 독자들에게 그들의 의견과 원본에서 오류를 찾아내 준 것에 대해 감사드린다. 2판에서의 가장 큰 변화는 가격 충격 공식을 알프레드 마셜이 19세기 후반에 처음 대중화한 이후 경제를 지배해온 전통적인 공급과 수요의 법칙에 대해 수학적으로 일관성 있는 대안을 일반적 공식으로 확장해서 제공한 것이다. 이 책은 내가 2020년 〈윌모트〉 잡지에 '계량 금융'이라는 기사를 쓰면서 어느 정도 발전했는데, 많은 유익한 토론을 함께해준 폴 윌모트에게 감사드린다. 캐비즈 호마이윤파Kambiz Homayounfar와 아나톨리 코지레브Anatoly Kozyrev에게도 상세한 발언과 수정에 대해서도 감사드린다. 그리고 마지막으로 가족들에게 감사한다.

01 왜 양자인가?

여기서 그렇게 힘들게 표현된 아이디어는 극히 단순한 것이며, 명백한 것임에 틀림없다. 어려움은 새로운 생각이 아니라, 우리 마음 구석구석까지 파고든 낡은 생각으로부터 벗어나지 못하는 것에 있으며, 우리 대부분 그런 식으로 교육을 받았다.

– 존 메이너드 케인스(John Maynard Keynes), "The General Theory of Employment, Interest, and Money(고용, 이자율과 화폐에 대한 일반 이론)", 1936년

경제와 금융에 대한 양자 접근법은 통화 시스템이 양자 사회 시스템으로 가장 잘 기술된다는 생각에 바탕을 두고 있으며 이중성duality, 측정measurement, 불확정성uncertainty, 얽힘entanglement 등에 대한 자체 버전이 존재한다. 시스템의 수학적 모델은 명시적으로 양자적일 필요는 없지만, 시작하기에 가장 좋다.

양자경제학의 다양한 버전을 제안하는 많은 논문과 책들이 저술됐다. 내가 알기로는 1978년 수학 물리학자 아스가르 카디르Asghar Qadir의 논문이 그 처음이었는데, 그는 변수가 단 하나의 "진정한" 상태를 갖지 않는 상황을 다루도록 개발됐다는 점에서 양자역학이 고전역학보다 경제 행위의 질을 모델링하는 데 더 잘 맞는 것 같다고 주장했다.[1] 양자 인식과 양자 사회과학의 분야는 실제로 개인이나 사회적 수준에서 우리의 의사결정이 아원자subatomic 영역에 적용되는 것과 유사한 맥락에서 일종의 양자 논

---

1   카디르(Qadir, 1978). 40년 후 한 세미나에서 카디르가 고맙게 언급했다. "1978년에 나는 양자이론적 고려에 근거해 '완전 시장'에 대한 반대 의견을 주장하는 논문을 발표했다. 내 논문은 당연히 무시됐지만, 세기가 바뀔 무렵에 일부 다른 사람들에 의해 같은 생각이 개발됐다. 2018년 데이비드 오렐은 다른 아이디어를 고안했는데, 이 아이디어를 기반으로 나와 같은 제목의 논문을 썼고, 내 논문을 참고해 내 논문을 망각에서 구해냈다." 카디르, 2018

리를 어떻게 따르는지를 보여준다.[2] 한편, 양자 금융 분야에서 일하는 많은 저자들은 양적 금융에서 사용되는 기존의 이론들을 양자역학의 형식주의로 해석하는 것이 특정한 주제에 대해 가능하다는 것을 보여줬다.[3]

여기서의 접근법은 이러한 발견에 의존하지만 화폐의 성질에 대한 연구로부터 나왔다는 점에서 차이가 있으며 이는 특히 통화 시스템이 그 자체로 양자 시스템으로 취급될 수 있다는 결론을 이끌어냈다. 양자경제학과 금융에 대한 수학적 기초를 설명하기 전에, 1장은 양자 접근의 필요성에 대한 동기를 부여하기 위해 먼저 주제에 대한 비수학적 개요를 제공한다.

물리학자들에 의해 확인됨!

이 분야의 많은 연구자들은 물리학자들이다. 영국 케임브리지대학교 카디르의 지도교수는 대표적인 물리학자인 로저 펜로즈Roger Penrose였는데, 후에 양자 의식 이론을 발전시켰다. 1장의 자료는 물리학자 및 사회과학자들과의 많은 논문, 워크숍, 패널 발표 및 토론을 통해 개발됐다(1장 끝의 '추가 참고문헌' 절 참조).

1.1 그렇게 이상하지 않다

이 책의 접근법은 이후에 더 논의한 바와 같이, 물리학보다는 응용수학에 더 기반을 두고 있지만, 물리학과의 비교는 예시만을 위한 것이라도 확실히 도움이 되고 탐구할 가치가 있다. 특히 경제학 분야는 항상 물리학에 의해 형성해왔기 때문에 더욱 그러하다.

신고전주의 경제학neoclassical economics은 기계론적이고 고전적인 물리학에 기반을 두고 있었다. 어빙 피셔Irving Fisher와 같은 경제학자들은 어떻게 개인이 입자에 매핑되고, 어떻게 효용이 에너지에 매핑되는지 등을 보여주려고 노력했다.[4] 합리적인 경제인이 애덤 스미스Adam Smith의 '보이지 않는 손'의 마법을 통해 가격을 사회를 위한 최적의 결과를 나타내는 안정된 균형으로 인도할 것이라는 것이 중심적인 생각이었다. 이와

---

2   Haven and Khrennikov, 2013; Wendt, 2015; Der Derian and Wendt, 2021

3   예를 들면 Shubik, 1999; Schaden, 2002; Baaquie, 2007를 참조하라.

4   Fisher, 1982

는 대조적으로 양자경제학은 경제를 그 나름대로 양자사회시스템으로 취급한다. 양자 물리학이 입자 간 에너지 거래에 대한 연구로부터 성장했듯이, 양자경제학은 화폐 물체의 복잡한 속성을 검토하는 것으로 시작한다.

흔히 양자 물리학은 매우 반직관적이라고 한다. 입자는 정상적인 물체처럼 계속 움직이지 않고 갑자기 점프한다. 광자와 같은 양자 물체는 때때로 가상의 파동으로, 때로는 실제의 물체로 나타난다. 위치나 운동량과 같은 양은 근본적으로 불확실하며, 그 값은 측정 절차 중에 결정된다. 입자는 서로 얽혀 하나의 측정이 다른 입자의 상태를 즉시 결정할 수 있다. 그들은 마법처럼 갑자기 나타났다가 다시 공허 속으로 사라질 수 있다. 양자 물리학은 언뜻 보기에 우리의 사고방식에 완전히 이질적인 우주를 제시하는 것 같다. 워털루대학교의 양자 컴퓨팅에 대한 소개가 독자들을 다음과 같이 안심시킨다. "우리는 일상 생활에서 양자 컴퓨팅을 경험하지 않기 때문에 이러한 개념에 약간 당황해도 괜찮다. 원자, 전자, 광자 등 가장 작은 양자 입자를 볼 때 비로소 중첩superposition과 얽힘entanglement 같은 중요한 것을 볼 수 있다."[5]

그러나 우주에서 움직이는 물체 같은 것을 생각할 때는 이런 속성들은 생소하게 보인다고 하는 것이 더 정확할 것이다. 하지만 우리가 화폐에 대해 이야기할 때, 그들은 완전히 자연스럽고 명백하다.

1.2 가치의 양자

가장 분명한 것부터 시작해보면, 양자 물리학의 발전을 이끈 중요한 발견은 에너지가 연속적이 아니라 이산적인 양, 즉 "퀀타quanta"로 전송된다는 것이었다.[6] 물론 돈은 똑같다. 당신이 당신의 봉급을 받을 때, 당신의 계좌로 돈이 빠져나가는 것을 연속적으로 보여주는 작은 계기침은 없다. 대신 그것은 하나의 분리된 덩어리로 진행된다. 매장에서 신용카드를 사용할 때도, 은행에서 대출을 받아 신규 자금을 만들 때도 마찬가지다. 그리고 센트와 같은 금액보다 작은 금액을 지불하는 것은 불가능하다.

---

5   Institute for Quantum Computing, University of Waterloo (n.d.).
6   아인슈타인(Einstein, 1905). 여기선 이산성은 Lemos and Schaffer(2019)가 양자 물리학의 "핵심 사실"이라 부른 것으로 자연은 가장 작은 수준에서 '아날로그'가 아닌 '디지털'이라는 것을 지칭한다.

물리학에서 이 발견은 결국 물질이 파동과 입자의 동시적 속성을 가지고 있다는 생각을 갖게 했다. 코펜하겐 표준 해석에서 위치, 운동량 등의 속성은 불확실한 것으로서, 각 가능한 값의 확률을 명시하는 수학적 파동함수를 사용해 (일부 버전에 따르면, 의식적인 관찰자에 의한) 측정에 의해서만 밝혀진다. 다시 말하지만, 화폐 제도도 비슷하다. 화폐 물체(동전이든 비트코인이든)는 추상적인 숫자의 속성과 물체의 속성을 결합한다.[7] 숫자와 물체가 매우 다르다는 것은, 예를 들어 어떤 물체를 소유할 수는 있지만, 숫자를 소유할 수는 없다는 것은, 화폐가 근본적으로 이원적이며 양자 물질과 다르지 않은 속성을 가지고 있다는 것을 의미한다.

화폐는 우리가 가게에서 신용카드를 그을 때처럼 동전 같은 실제 물체 또는 가상의 전송의 한 종류로 나타날 수 있다. "화폐는 물체가 아니다"라고 말하는 것은 진부한 말이 됐지만, 그것의 적정성은 확실히 파동 속성과 입자 속성이 모두 있는 양자 실체의 그것과 유사하며, 그 어떤 설명도 완벽하지 않다. 화폐가 귀금속과의 연관성 때문에 그 가치를 얻는 것인지(중금주의로 알려진 이론), 아니면 그 가치가 화폐증서주의처럼 국가가 뒷받침하는 가상 신용에 근거하는 것인지[8]에 대한 역사적 논쟁은 빛이 진짜 입자로 만들어지는 것인지 가상의 파동으로 만들어지는지를 두고 행해진 고대 그리스로 다시 거슬러 올라가는 논쟁과 흡사하다. 이 논쟁은 빛이 입자와 파동 둘 다라는 것이 밝혀지는 20세기 초에서야 비로소 해결됐다.

가치로 알려진 속성은 본질적으로 모호하고 확실하지 않으며, 화폐로 거래하는 시점에서야 고정되고 정산된 금액을 취한다. 따라서 화폐는 양자 물리학의 관찰 과정처럼 가치 개념에 숫자를 붙이는 일종의 측정 장치 역할을 한다. 화폐는 채무자와 채권자 사이에 끼어드는 장치처럼 작용하기도 한다. 그리고 기본 입자elementary particle처럼, 은행이 대출을 발행해 화폐를 창출할 때, 무에서 화폐 물체가 만들어질 수 있지만 소멸돼 시스템에서 제거될 수도 있다. 화폐 물체는 양자 우주에 대한 우리의 공헌이다. 다음 몇 개 절에서는 이러한 양자 속성을 더 자세히 살펴본다.

---

7   Orrell, 2016, 2017; Orrell and Chluparty, 2016
8   Knapp, 1924

1.3 측정 과정으로의 거래

신고전주의 경제학에서 가격은 수요 공급 곡선의 교차점에 의해 결정돼 고정되고, 독립된 실체로 존재하는 것으로 가정된다. 그러나 실제로는 수요와 공급 곡선을 결코 관측할 수 없다. 즉, 우리가 가진 전부는 수요와 공급의 특정 조합에 대한 가격 그래프뿐이므로 데이터로부터 별도의 곡선을 식별할 수 없다. 또한 수급이 동적이며 서로 영향을 미친다는 점에서 이러한 곡선이 일반적으로 존재한다고 믿을 이유가 없다. 양자경제학에서 입자의 위치나 운동량이 입자에 영향을 미치는 측정 과정을 통해서만 결정될 수 있듯이 가격은 화폐 물체의 교환에 의해 결정된다.

주택과 같은 자산의 가치는 근본적으로 불확실한 것이며, 오직 화폐로 교환될 때 측정 절차의 경제적 버전으로 정확한 가치를 가진다. 금융에서도 주식의 가격과 모멘텀은 거래를 통해서만 측정될 수 있으며, 거래는 다시 이러한 변수에 영향을 미친다. 한 펀드매니저가 다음과 같이 설명했다. "당신은 집을 가지고 있고, 나는 그것이 얼마나 가치가 있는지 물을 때 당신은 100만 달러라고 말한다. 100만 달러의 구매자를 찾지 못한 이상 110만 달러의 가치가 있을 수도 있고, 90만 달러의 가치가 있을 수도 있다. 모든 개별적 사적 투자는 그들이 보고하는 것과 판매될 수 있는 것 사이에 20퍼센트의 정직한 갭을 가질 수 있다. 가치 평가는 가능한 한 정직할 수 있지만 그것이 진정한 가치 평가인가? 그에 대한 답은 '아니다'이다."[9]

또 다른 예로 경매에서 예술품을 구입하는 것을 고려해보라. 주인이 처음 그 작품을 팔기로 결심했을 때 그들은 작품이 얼마의 가치가 있는지 어렴풋이 알 수 있을 뿐이다. 가격은 동일 작가의 작품 판매, 유사 작가의 판매, 시장의 트렌드, 경매 중 분위기, 특정 작품의 특성과 질, 부자 투자자의 눈을 사로잡는지 등에 따라 달려 있다. 그러나 정확한 "올바른" 혹은 "본질적" 가치는 없을 것이다. 이 그림은 뒷면에 가격표가 붙어 있지 않다. 대신 그 가격은 경매 과정에서 발견될 것이다. 따라서 근본적으로 불확실한 예술 작품의 가치는 입자의 위치를 기술하는 파동함수가 하나의 숫자로 붕괴되는 양자 물리학의 측정 과정과 마찬가지로 하나의 숫자로 "붕괴collaps"될 것이다.

---

9   Milstead, 2019에서 인용

물론 많은 것들이 (임시) 고정 가격표를 달고 오지만 여기에서도 가격은 바뀔 수 있고 구매 순간에만 확인된다. 특정 가격에 제품을 제공하는 것은 구매자가 없을 경우 그 가치에 대한 정보를 거의 제공하지 않는다. 그리고 예상대로 고정된 가격조차도 보통 단시일에 변경될 수 있다. 특정 가격에 항공권을 주문하려고 할 수도 있지만, 신용카드 세부 정보를 제출했을 때는 그 가격이 더 이상 가능하지 않다는 것을 알게 될 수 있다.

양자 물리학에서와 마찬가지로 이 측정 과정은 측정되는 시스템에도 영향을 미친다. 물리학에서는 광자를 튕겨낸 전자의 위치를 측정하며, 이는 전자에 운동량을 전달하기 때문에 더 정확한 위치가 알려질수록 운동량의 불확실성이 더 커진다.[10] (더 일반적으로 하이젠베르크의 불확정성 원리는 기술적 한계 때문이 아니라 근본적인 불확정성 때문에 위치와 운동량 모두를 완벽하게 알 수 없다고 명시하고 있다.) 같은 방식으로 예술품 같은 것을 구입하면 유사한 작품에 새로운 데이터 포인트가 제공되고, 이는 다시 미래의 가격에 영향을 미친다.

가격표가 붙어 있지 않고 특정 수량의 주식에 대한 매수 호가 또는 매도 호가 집합만이 있는 증권 시장에서도 비슷한 효과를 볼 수 있으며, 가격 불확실성은 거래의 정확한 시점에만 해소된다. 좀 더 일반적으로, 가상의 시장을 모델링하고 불확실성에 대한 명시적인 방정식을 추론하기 위해 양자역학의 형식주의를 사용하는 것이 가능하다.[11] 우리는 9장과 10장에서 양자 모델을 사용해 수요와 공급의 동학을 분석하는 것을 다시 살펴볼 것이다.

1.4 얽힘

주류 경제학은 화폐를 불활성 칩으로 보기 때문에 부채라는 개념에는 거의 신경을 쓰지 않는다. 벤 버냉키에 의해 요약된 전통적인 견해는 부채는 "한 집단(채무자)에서 다른 집단(채무자)으로 재분배하는 것에 지나지 않는다"는 것이었다.[12] 이러한 선형적 경제 관점에서, 부채와 신용은 총체적으로 취소된다. 또는 폴 크루그먼이 주장하듯이

---

10 Wheeler and Zurek, 1983
11 예를 들어 Baaquie, 2007, Schaden; 2002를 참조하라.
12 Bernanke, 1995

"부채는 우리 자신에게 빚진 화폐다." 이것은 아마도 중앙 은행과 규제 당국의 부채 수준이 전례 없는 수준에 도달하도록 허용하는 것에 만족해왔던 한 가지 이유일 것이다.[13]

그러나 양자경제학에서는 화폐가 얽힘 장치entanglement device 역할을 한다. 양자 물리학에서는 두 입자가 얽힘 상태가 돼 한 입자의 측정이 다른 입자에 대한 측정으로 작용할 수 있는데, 이는 아인슈타인이 "멀리 있는 으스스한 작용"이라고 부르는 현상이다.[14] 그의 회의론에도 불구하고, 얽힌 입자들의 스핀 상태들 사이의 수학적인 상관관계를 밝혀내는 기발한 실험들에서는 얽힘이 진짜인 것으로 드러났다. 화폐의 경우는 얽힘이 논란의 여지는 적지만 시험하기는 어렵다.

예를 들어 대출 약정은 채무자와 채권자 모두를 포함하는 단일 시스템을 구성한다. 채무자의 채무불이행 결정을 양자 인식에서와 같이 양자 형식주의를 이용해 모델링한다면, 대출약정은 채무자와 채권자의 상태가 불분명하지만 연결되는 단일 파장함수로 표현할 수 있다.

물리학에서 양자 열역학 분야는 입자가 상호작용할 때 어느 정도 얽혀서 효과적으로 파동 기능을 공유한다는 것을 보여준다. 대출이나 채권, 투자 등 금융상품이 양당사자 간 계약으로 작용하는 것도 같은 방식으로, 하나의 금융상품의 변화가 상대방에게 즉각적으로 영향을 미친다는 의미다. 그러므로 경제의 부채/신용 관계는 복잡한 얽힘의 거미줄을 만드는 작용을 한다.

이러한 얽힘은 단순히 총체적으로 소멸되는 숫자적인 것이 아니라, 복잡성 과학의 기법을 사용해 매핑할 수 있는 경제의 권력 구조를 나타낸다.[15] 금융 위기와 이에 따른 유로존 위기 모두에 핵심적인 역할을 했던 또 하나의 얽힘층은 명목 가치가 1000조 달러 이상으로 추정되는 옵션(7장)과 같은 금융파생상품으로 구성돼 있다.[16] 이것들은 기업이나 투자자들이 환율 변동이나 회사 채무불이행과 같은 것들을 회피하거나 베팅할 수 있게 해주지만, 잘못 다뤄질 경우 금융 안정에 위협이 될 수도 있다(워렌 버핏

13 Bernanke, 1995

14 Einstein, Born and Born, 1971

15 Vitali, Glattfeler and Battston, 2001

16 Wilmott and Orrell, 2017): p. xiv

은 이를 "대량 파괴 무기"라고 부르기도 했다). 차후에 논의될 것처럼 대부분의 화폐는 오늘날 민간 은행으로부터의 대출을 통해 만들어지기 때문에, 유사한 얽힘 상태로 일반적인 통화 공급의 특성이 표현될 수 있다.

이러한 얽힘과 고전적 네트워크 연결을 구별하는 것은 추상적인 숫자와 실물 자산 사이의 관계를 나타낸다는 것이다. 주택에 대해 진 빚은 기하급수적으로 늘어나지만, 주택 자체는 실세계에 위치해 감가상각, 부패, 인식 가치 변화 등의 대상이 된다. 가상 부채와 얽힌 실물 자산 간 그리고 숫자와 애매모호한 가치 개념 간의 이러한 긴장은 화폐의 실제와 가상 측면 사이에 내재된 양자 긴장을 확대시킨다. 13장에서 이를 다시 살펴본다.

1.5 화폐 창출

화폐가 창출되는 순간 얽힘 과정이 가장 뚜렷하게 보인다. 시각적 예로 중세 영국에서 지급의 주요 형태였던 집계 막대를 생각해보자. 이것들은 나무 막대기로 생겼는데 양을 표시하기 위해 눈금이 새겨졌고, 가운데를 쪼개서 만들었다. 주식으로 알려진 한 부분은 국가에 의해 보유됐고, 신용credit을 대표한다. 스텁stub이나 호일hoil로 알려진 다른 한 부분은 세금 징수자에게 주어지고, 갚아야 하는 부채debt를 나타낸다. 만일 국가가 공급자에게 대가를 지불하기를 원할 때, 공급자들에게 주식을 제공하고, 그 주식은 그 소유자에게 그 빚을 회수할 권리를 부여했다. 따라서 집계 막대는 화폐로 유통되기 시작했다. 그러나 그들은 두 부분으로 나뉘었기 때문에 채무자와 채권자를 직접 얽어 놓았다. 예를 들어 주식이 없어지거나 파괴됐다면 부채에 대한 기록도 그렇게 됐다.

신고전주의 경제학에서는 화폐가 어떻게 만들어지는가에 대한 관심이 거의 없다. 주된 초점은 통화 공급이 경제 성장을 반영하도록 조정돼야 한다는 양적 이론에 있다. 전통적인 그림에서 통화 공급은 부분적 지불준비금 제도를 사용하는 중앙 은행에 의해 통제된다. 즉, 중앙은행은 자신이 창출한 돈으로 국채를 사는 것을 통해 화폐를 창출한다. 그러면 이 화폐는 경제로 흘러 들어가 결국 민간 은행에 예치되고, 이것은 지불준비금 제도에 따라 더 많은 돈을 빌려줄 수 있다.

이러한 그림에서 중앙은행은 기계론적 관점에 부합하는 일종의 중앙 지휘 노드로 보여진다. 그러나 최근 몇 년 동안 그 과정이 실제로 어떻게 진행되는지에 대한 재평가가 있었다. 영란은행은 2014년 "오늘날 화폐가 만들어지는 현실은 일부 경제 교과서에서 발견되는 설명과 다르다… 중앙은행이 유통되는 화폐의 양을 고정하지도 않으며, 중앙은행 화폐가 더 많은 대출과 예금으로 승수적으로 '창출'되지도 않는다"고 썼다.[17] 아데어 터너Adair Turner도 "경제 교과서와 학술지에는 일반적으로 은행이 저축자들로부터 예금을 받아 대출자들에게 돈을 빌려주는 방법이 기술돼 있다. 그러나 은행들이 실제로 무엇을 하는지에 대한 설명으로서는 심각하게 불충분하다. 사실 그들은 신용 화폐와 구매력을 창출한다"고 언급했다.[18] 경제학자 리처드 워너Richard Werner는 실증 분석을 통해 "화폐 공급은 은행들이 개별적으로 생산한 '요정의 먼지'로 창출되며, '희박한 공기'에서 나온다"고 결론지었다.[19]

오늘날 실제로, 대부분의 화폐(영국에서는 약 97센트)는 민간 은행들이 주택 담보 대출과 같은 것들을 위해 돈을 빌려줌으로써 만들어진다.[20] 그 돈은 집계 막대와 같은 방식으로 만들어진다. 화폐는 매도인의 계좌에 입금되지만, 은행은 재산에 대한 소유권을 부여한 기록을 가지고 있다(여기서 차이는 화폐는 주식의 역할을 하는 것이고, 소유권은 갚아야 할 부채를 나타낸다는 것이다). 이것들은 동일하지만 반대되는 값이기 때문에 집합적으로 상쇄되지만, 얽힘은 여전하다. 만약 모기지 보유자가 파산한다면 은행 대출의 상황은 즉시 바뀌게 된다. 비록 그것이 나중에 알아내지 못하더라도 말이다. 한편 최후의 수단인 대출자 역할을 하는 중앙은행들은 필요할 때 무에서 돈을 창조하는 것이 훨씬 더 쉽다는 것을 알게 된다. 닐 카슈카리Neel Kashkari 연방준비제도이사회Fed, 연준 이사가 〈식스티 미닛60 Minutes〉 인터뷰에서 "연준에는 무한한 현금이 있다"고 말해 미국 국민들을 안심시켰다.[21]

화폐 창출의 반대말은 화폐 파괴다. 빚으로 만들어진 돈은 그 빚을 갚으면 그 반입자와 입자가 충돌하는 것처럼 파괴된다. 한 가지 시사하는 바는 끊임없이 새로운 채

---

17 McLeay, Radia and Thomas, 2014
18 Turner, 2014
19 Werner, 2014
20 Werner, 2005; McLeay, Radia and Thomas, 2014
21 Durden, 2020

무가 만들어지지 않으면 통화 공급이 위축돼 경기 침체로 이어질 것이라는 점이다. 따라서 입자 생성과 소멸이 아원자 수준에서 양자 현실을 견인하는 것처럼 화폐 생성과 파괴는 경기 순환의 핵심이다.

물론 다른 사람들이 오랫동안 정확히 같은 주장을 해왔기 때문에 화폐 창출이라는 신고전주의적인 그림을 반박하기 위해 양자 관점을 채택할 필요는 없다. 은행 전문가 H. D. 맥리드H. D. McLead는 1856년 "은행업의 목적은 돈을 빌려주는 것이 아니라 신용을 창출하는 것"이라고 썼다.[22] 슘페터Schumpeter는 1954년 "은행들이 '신용 창출', 즉 대출 행위에서 예금을 만든다고 말하는 것이 자신에게 맡겨진 예금을 빌려준다고 말하는 것보다 훨씬 현실적"이라고 기술하고 있다.[23] 그러나 양자 버전은 화폐의 역할에 초점을 맞춰서, 자연스럽게 화폐가 생성되고 파괴되는 방식에 관심을 끌게 되는데, 이는 양자 입자가 무에서 나타나고 사라지기 때문이다. 그리고 12장에서 논의한 바와 같이 양자경제학의 사상과 형식주의는 다른 접근법을 배제하고, 오랫동안 경제에 대한 우리의 이해를 지배해온 신고전주의 정통성에 대해 일관성 있는 대안을 제공한다.

1.6 양자경제인

신고전주의 경제학은 원래 사람들이 자신의 효용성 또는 결과가 불확실할 때는 기대효용을 최적화하는 방식으로 이성적으로 행동한다는 생각에 바탕을 두고 있었다.[24] 최근 몇 년 동안 이 그림은 행동경제학의 통찰력을 사용해 다소 확대됐지만, 합리적 경제인을 풍자하는 것은 여전히 경제학자들이 일상적으로 사용하는 많은 모델에서 발견될 수 있으며, 여전히 대학 수준의 강좌에서 가르치고 있다.[25] 또한 4장에서 논의하듯이 행동경제학은 심각한 도전이라기보다는 고전 이론에 대한 조정으로 가장 잘 인식할 수 있다.

양자 사회과학 분야는 사람과 기관이 어떻게 행동하는지 매우 다른 개념을 제공한다. 기본적인 통찰력은 의사결정 과정이 양자 체제의 파동함수 붕괴와 유사하며, 그

---

22 MacLeod, 1986, p338
23 Schumpeter, 1954
24 Von Neumann and Morgenstern, 1944
25 Earle, Moran and Ward-Perkins, 2016

시스템은 의사결정자의 마음(예: 사전 신념과 편향)과 그들의 환경을 포괄한다. 결정은 맥락과 얽힘에 의해서도 영향을 받는다. 따라서 설문에 답하거나 도박을 받아들이거나 구매를 결정하는 것과 같은 것은 양자 측정과 유사한 확률론적 과정이며 양자 방법론을 사용해 모델링할 수 있다.

반응하기에 앞서 사람들은 중첩 상태에 있는 것으로 간주한다. 측정 프로세스는 특정 상태를 선택하지만 시스템도 변경한다. 이는 입자 위치의 측정이 그 운동량에 영향을 미치듯이, 특정 설문에 대한 답은 질문을 받는 순서에 따라 예측 가능한 방식으로 영향을 받는다는 사실에서 알 수 있다. 마찬가지로 새로운 도박을 받아들일 확률은 이전 도박의 승패에 따라 달라진다. 응답자들이 일관성이 없는 것처럼 보일 수도 있지만, 사실 그들은 고전적인 논리 대신에 일종의 양자 논리를 따르고 있다.

양자 접근법에 대한 추가적인 경험적 증거는 양립할 수 없는 개념의 결과로 발생하는 정신적 간섭 효과에 있다. 13장에서 논의하는 예로는 선호역전preference reversal을 들 수 있는데, 여기서 위험 기피risk aversion와 같은 잠재의식적 선호가 맥락에 따라 의사결정 과정에 간섭을 한다. 유칼로프와 솔네트Yukalov and Sornette는 "양자 표현의 구조를 관련된 고전적 표현보다 풍부하게 만들고, 이것이 아니면 고전적 의사결정에서 설명할 수 없는 심리적 현상을 설명할 수 있게 하는 것은 간섭 용어의 출현"이라고 기술하고 있다.[26]

행동 경제학자들은 일반적으로 "제한된 합리성bounded rationality"의 예로 간주되는 긴 일련의 특징들을 밝혀냈고, 그것들을 통합하기 위해 모델에 대한 변형을 고안했다. 그러나 정치학자 알렉산더 웬트Alexander Wendt가 지적한 바와 같이, 이 제한된 합리성의 사상은 고전적 의사결정 이론에 뿌리를 두고 있으며, 합리적 효용 극대화의 변형된 버전을 반영하고 있다. 양자 접근법(양자 인식에 관한 4장, 양자게임 이론에 관한 8장)은 얽힘, 간섭, 맥락 등의 효과를 고려함으로써 고전적 한계를 초월한다는 점에서 '초월적' 또는 '무한' 합리성의 일종으로 볼 수 있다.[27] 더욱이, 어떠한 모델도 추가 변수를 추가해 데이터를 적합화하도록 항상 조정할 수 있는 반면, 양자 형식주의는 실제로 상당히 단순하고 강건하며, 다양한 상황에 적용할 수 있는 일관된 모델을 허용하는 호소

---

26 Yukalov and Sornette, 2015
27 Wendt, 2015, p167

력 있는 장점을 가지고 있다.[28] 화폐는 정신적 파동함수 붕괴라는 개념을 가치라는 사회적 개념으로 확장하는 사회적 기술social technology로 볼 수 있다.

1.7 동학

"정신적 파동함수 붕괴"라는 개념은 약간 모호하게 들리지만 우리가 보게 될 것처럼 그것은 특정 옵션을 선택할 확률을 명시하는 성향함수propensity function를 가리킨다. 이 책의 1부에서는 이산적 수의 옵션이 있는 경우를 고려하므로 성향함수는 유한한 값의 집합을 취하는 한편, 이후에 관련된 힘과 역학을 가지고 연속 분포에 의해 기술되는 성향함수를 살펴본다.

애덤 스미스 시대부터 주류 경제학은 시장의 힘이 가격을 내재가치를 반영하는 균형점까지 몰고 간다는 생각에 바탕을 두고 있다. 따라서 경제를 움직이는 역동성을 이해하기보다는 이 상상적 균형점을 분석하는 데 중점을 둬 왔다. 거시경제학에서 우리는 "동적 확률론적 일반 균형DSGE"이라는 모델을 가지고 있는데, 이 모델은 "동적 확률론Dynamic Stochastic" 부분이 내부적 역동성이 아니라 외부 충격에 적응하는 과정만을 가리킨다. 금융에서 우리는 효율적 시장 가설을 가지고 있는데, 이 가설을 통해 이러한 조정이 마치 마술처럼 즉각적으로 일어난다고 가정한다.

이 책에서의 접근법은 반대다. 우리는 랜덤성과 동학이 시스템에 내재적이라는 생각에서 출발하고, 상응하는 확률분포와 힘을 모델의 기초로 사용한다. 예를 들어 신고전파 모델은 균형적 공급과 수요가 같기 때문에 시장이 청산된다고 가정한다. 이와는 대조적으로 양자 모델은 매수자와 매도자가 다양한 가격대에서 거래하는 성향을 역동적으로 보여주는 모델에서 시작해 양자역학을 얻기 위해 "양자화quantized"된다. 이를 통해 우리는 인지 및 금융 현상을 표현할 수 있는 일관된 단위 집합을 제공할 수 있으며, 양자 인식과 금융의 발견 사이의 연결고리를 제공한다.

---

28 Busemeyer, Wang and Shiffrin, 2015

1.8 양자의 의미

하지만 수학에 들어가기 전에 용어, 특히 "양자quantum"라고 묘사하는 것이 무엇을 의미하는지 더 명확하게 정의하는 것이 도움이 될 것이다. 라틴어에서 "얼마how much"를 뜻하는 그 단어의 의미는 불안정하고 논쟁적이다. 물리학에서 양자 존재론quantum ontology이 단 하나만 존재하는 것이 아니라 다양한 범위의 해석이 존재한다.[29] 사회과학에서 상황은 물론 경쟁이 더욱 치열하다.

물리학 밖에서 "양자"를 사용할 때, 한 가지 일반적인 해석은 그 단어가 은유로서 사용되고 있다는 것이다. 우리는 어떤 면에서 사회 시스템의 행동이 아원자 입자의 행태와 유사하다고 말한다. 그러나 이는 앞뒤가 바뀐 잘못된 방법인 것 같다. 은유의 통상적인 목적은 좀 더 단순하고 구체적인 어떤 것의 관점에서 어렵거나 추상적인 것을 설명하는 것이기 때문이다. 양자 물리학에서 적어도 가장 단순화된 상황에 대해서 파동함수가 수학 방정식을 사용해 표현될 수 있기 때문에 우리는 파동함수를 실제한다고 생각할 수 있다. 그러나 아무도 실제로 전자의 파동함수를 보거나 느껴본 적이 없다(일단 그것은 허수들을 포함한다). 그래서 자연을 의인화하는 위험을 무릅쓰고, 은유를 실제로 반대 방향으로 적용해 아원자 입자들이 사회 시스템과 같은 행태를 보인다고 하는 것이 은유로서 더 타당할 것이다. 대부분의 사람들에게 화폐는 전자의 스핀보다 더 현실적이고 덜 추상적이다.

또 다른 해석은 물리학자적 접근법인데, 이는 일반적으로 뇌와 의식이 양자 프로세스에 기초하고 있다고 주장한다. 그래서 우리 인간은 웬트가 호칭했듯이 문자 그대로 "걸어다니는 파동함수"다.[30] 웬트가 지적했듯이, 이러한 접근법은 양자 효과가 광합성이나 조류 항법 같은 생물학적 현상에 역할을 한다는 실험적인 증거에 의해 뒷받침된다.[31]

마지막으로 양자 인지에 종사하는 연구자들 사이에서 인기 있는 양자 유사 모델링 접근법이 있는데, 이는 그들이 수학적인 특성만을 위해 양자 모델을 사용하고 있다는 것을 명확히 하기 위함이며, 뇌 과정이 양자라고 주장하지 않고 있다. 대신 한 논문에

---

29 Acacio de Barros and Gary Oas, 2015; Lemos and Schaffer, 2019
30 Penrose, 1989; Wendt, 2015: p3
31 Lambert et al., 2013

따르면 "양자 유사 패러다임의 기본은 양자역학의 수학적 기구, 특히 양자 확률의 수학적 기구가 양자 물리학과 경직적으로 결합되지 않고 더 넓은 종류의 응용을 할 수 있다는 것을 이해하는 데 있다"고 한다.[32] 일부 저자들은 이러한 접근법을 양자역학의 양자정보 해석에 관련시키지만, 이러한 관련은 보통 강조되지 않는다.[33,34]

형세는 물리학을 벗어나서 "양자"이라는 단어를 사용하는 것이 일반적으로 물리학자에 의해 문제시되는 사실에 의해 더욱 복잡하게 된다. 이는 부분적으로는 "양자 치유quantum healing"와 같은 것 때문에, 부분적으로는 자신의 영역을 보호하려는 물리학자들 때문에, 부분적으로는 과학에서 모델을 현실과 혼동하는 플라토닉 경향 때문이다.[35] 물리학자 및 양자 유사 접근법은 이에 대한 두 가지 반응으로 볼 수 있다. 전자는 사회과학을 물리학에 내재된 것으로 보는 반면, 후자는 그 의도가 단지 일련의 수학적인 기구를 이용하려는 것임을 분명히 하고, 종종 어떤 연결도 설명되지 않은 우연의 일치 또는 단순히 범위를 벗어난 것으로 취급한다.

이 책의 접근법은 조금 다르다. 그 까닭은 20세기 초 고전적 분석을 피하고 양자 취급을 요구하는 간섭과 얽힘과 같은 성질을 보인다는 점에서 아원자 세계가 물리학자나 수학적 모델러에 의해 양자로 간주된 것과 마찬가지로 화폐 체계가 양자라고 말하기 때문이다. 물론 한 가지 차이점은 화폐제도가 거시적 규모로 운영된다는 점이다. 또 하나의 차이점은 화폐제도가 우리가 스스로 설계한 양자 사회적 기술이라는 점이다.

따라서 화폐가 양자라는 주장은 그것이 사실인지 혹은 거짓인지를 증명하기 위해 복잡한 물리적 실험에 의존하지 않기 때문에 물리학자적 해석은 적용되지 않는다. 우리는 시스템을 발명했으므로 우리 스스로 확인할 수 있다. 반대로 뇌 과정이 양자 특성을 이용한다는 것을 보여준다면 그것은 분명히 사회과학에서 양자 효과에 관한 대화를 바꿀 것이지만, 화폐 역시 그러한 속성을 가지고 있다는 것을 증명하지는 못할 것이다. 또한 새들이 양자 효과를 이용해 난다는 것 또는 자동차의 GPS 시스템이 위

---

32 Accardi, Khrennikov and Ohya, 2008, 또한 Khrennikov, 2015를 참조하라.
33 Wheeler, 1990, Nielsen and Chung, 2000. 이러한 연결은 일반적으로 강조되지 않는다.
34 Bagarello, Basieva and Khrennikov, 2017
35 Orrell, 2012

치를 결정하기 위해 상대론적 효과를 이용한다는 것을 안다고, 이 책의 주제인 금융 시스템을 모델링하는 방식이 영향을 받지는 않을 것이다. 단지 그러한 지식은 새나 자동차가 양자장 이론을 사용해 가장 잘 다뤄질 수 있다는 것을 의미할 것이기 때문이다. "우리가 유체역학의 법칙들을 믿는 이유는, 대부분의 새로운 것들과 마찬가지로, 우리가 그것들을 관찰하기 때문이다"라고 물리학자 로버트 래플린[Robert Laughlin]이 주지한 바와 같이, 유체역학의 법칙들이 제1원리들로부터 추론될 수 없으며, 이는 경제 현상에서도 마찬가지다.[36]

여기서의 접근법은 이 책이 "유사"라는 수식어를 가지지 않는다는 점을 제외하면, 양자 유사 패러다임과 더 흡사하다. 양자 방법을 물리학으로부터 빌려온 도구가 아니고, 컴퓨터 과학자 스콧 애론슨[Scott Aaronson]이 주목한 바와 같이, "정보와 확률, 관측 가능한 것들과 그것들이 서로 어떻게 관련되는지"를 다루기 위해 적용된 수학적 기법으로 취급한다.[37] 힐버트 공간과 같은 양자역학의 많은 핵심 요소들은 양자 물리학에서 사용법을 발견하기 전에 수학자들에 의해 개발됐다. 따라서 양자 모델의 주된 적용은 아원자 입자가 아니라 정보다. 이러한 관점에서 양자 사회적 특성은 아원자 입자의 특성으로부터 파생되는 것이 아니라 액면 그대로 받아들여져야 하는 것이다. 그리고 동일한 도구가 아원자 계통과 화폐 계통에 모두 작용한다는 사실은 우연이 아니라 이들 모델이 다루는 사회적 세계와 물리적 세계의 공통 통화가 정보라는 것을 나타낸다. 이는 현실 자체가 정보라고 말하는 것과는 같지 않다. 왜냐하면 모델이 시스템은 아니기 때문이다. 우리가 이 도구들을 물리학과 연관짓는 이유는 순수하게 역사적인 것이다. 그 이유는 그것들이 먼저 그곳에 적용됐기 때문이다.

따라서 그림 1.1에서 예시된 바와 같이 양자 방법은 물리학과 경제 모두에 적용할 수 있는 수학 도구 상자를 제공하지만, 그 영역 사이에 직접적인 상응관계가 있음을 암시하지 않는다. 우리가 모델의 양자적 특성을 언급하기 위해 "얽힘"이나 "간섭"과 같은 단어를 사용할 때, 이 단어들은 그들의 일반적인 수학적인 의미로 사용된다. 물론 이러한 모델들은 얽힘과 간섭의 측면에서도 오랫동안 묘사돼 온 사회적 특성을 시뮬레이션하기 위해 사용되고 있다. 이러한 의미들 중 어떤 것이 적용되는지는 맥락에

---

36 Laughlin, 2005: p40
37 Aaronson, 1999

서 명확해야 한다. 또한 양자적이든 기계적이든 수학적 모델의 어떠한 적용도 언어와 수학, 단어와 기호, 현실과 가상 사이의 영역을 타협해야 한다는 것을 기억해야 한다. 가능한 한 혼동을 피하고, 정보와의 연관성을 강조하기 위해 책의 나머지 부분은 물리와의 비교보다는 훨씬 더 구체적인 양자 컴퓨팅에 더 초점을 맞춘다. 중첩, 간섭, 얽힘과 같은 현상은 아원자 물질의 성질을 논할 때 신비롭고 이해하기 어려운 것으로 보이며, 계산을 수행하기 위해 양자 컴퓨터에 프로그래밍할 수 있을 때는 다소 덜 신비롭고 이해하기 쉬울 것이기 때문이다.

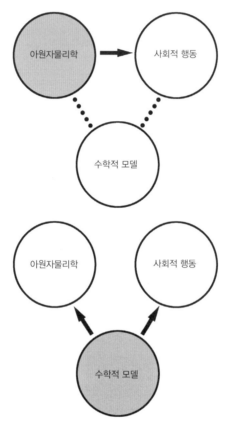

그림 1.1 아원자물리학, 사회적 행동, 수학적 모델 사이의 관계를 서로 다른 사람들이 어떻게 보는지에 대한 도식도. 많은 물리학자들(상단 패널)은 사회과학에서 양자 방법을 사용하는 것은 물리 시스템에서 인간으로 직접 매핑하는 것과 같다고 생각하는데, 수학적 모델은 별개의 주제다. 응용수학 관점(하단 패널)에서 보면 수학적 모델은 물리학과 사회 시스템을 모두 해석하는 데 사용할 수 있는 도구이지만 둘 다와 구별된다.

1.9 요약

양자경제학과 양자 금융의 분야는 카디르^{Qadir}의 1978년 논문으로 거슬러 올라가며, 양자 인지와 양자 사회과학의 발전된 분야에서 나온 연구 결과들을 통합했다고 말할 수 있다. 그러나 내가 여기서 제시하는 버전은 화폐 제도가 중첩, 간섭, 얽힘 등의 자체적인 버전을 가진, 그 자체로 진정한 양자 시스템으로 가장 잘 간주되고 분석된다고 주장하는 화폐와 가치의 양자 이론에서 나왔다. 한 가지 의미는 우리가 그러한 특성들을 모델링하고자 한다면 양자 접근법은 모델 작성자의 무기에 필수적인 부분이라는 것이다. 2장에서는 양자경제학과 금융에 필요한 기본적인 수학 도구 몇 가지를 제시한다.

양자 우월성

화폐 시스템은 고전적인 시스템이 아니라 양자 특성을 나타내는 특정한 종류의 정보를 나타낸다. 이것이 주류 경제학에서 화폐가 매우 축소된 역할을 하는 한 가지 이유다. 양자 형식주의는 이 신비한 물질과의 복잡한 관계를 논하기 위한 언어를 제공한다.

1.10 추가 참고문헌

1장의 자료는 크게 오렐 D와 클루파테 R의 『The Evolution of Money^{화폐의 진화}』(Columbia University Press, 2016)라는 작품에 바탕을 두고 있다.

- Orrell D and Chlupatý R (2016) The Evolution of Money. New York: Columbia University Press.
- Orrell D (2016) A quantum theory of money and value. Economic Thought 5(2): 19-36.
- Orrell D (2018) Quantum economics. Economic Thought 7(2): 63-81.
- Orrell D (2020) The value of value: A quantum approach to economics, security and international relations. Security Dialogue (in press).

마지막은 '양자 국제관계' 특집호에 대한 것으로 2018년 오하이오주립대학교 메르손 국제안보연구센터에서 열린 양자 이론과 국제관계학회의와 2019년 국제학회에서 패널토론 '국제관계의 양자화 I: 물리과학자들이여, 사회이론자를 만나라!'에서 나왔다. 국제관계 분야에서 양자 접근법에 대한 관심은 선도적인 국제관계학자 알렉산더 웬트 덕분이다. 자세한 내용은 다음을 참조하라.

- Wendt A (2015) Quantum Mind and Social Science: Unifying Physical and Social Ontology. Cambridge: Cambridge University Press.

웬트의 책은 양자 인지에 대한 좋은 개요를 제시하며, (형이상학적 성향이 덜한 응용수학 접근법과는 반대로) 사회과학을 위한 양자 존재론을 논증한다.

02 기본 지식

내 의견에는 원자의 신비한 행동에 의해 제공되는 문제와 현재 세계에 직면하고 있는 경제적 역설들에 의해 제공되는 문제들 사이에는 커다란 유사성이 있다. 두 경우 모두 숫자로 표현할 수 있는 많은 사실들이 주어지고, 기저에 있는 원칙을 찾아야 한다. 이론물리학의 방법은 본질적인 특징을 숫자로 표현할 수 있는 사고의 모든 분야에 적용 가능해야만 한다.

– 스톡홀름에서 열린 노벨 연회에서 폴 A. M. 디랙(Paul A. M. Dirac)의 연설, 1933년

모든 종류의 과학은, 어느 정도의 성숙도에만 도달했다면, 자동적으로 수학의 일부가 된다.

– 데이비드 힐버트(David Hilbert), "공리적 사고(Axiomatic Thought)", 1918년

2장에서는 책 전반에 걸쳐 사용될 주요 수학 도구들을 소개한다. 먼저 몇 가지 용어와 기호를 설명하는 것으로 시작하자. 이들 중 대부분은 행렬이 현재 복소수를 포함한다는 점 이외에는 행렬 대수에서 사용되는 용어들과 유사하다.

2.1 힐버트 공간

아마도 양자 이론에서 가장 기본적인 수학적 도구는 독일 수학자 데이비드 힐버트(1862–1943)의 이름을 딴 힐버트 공간의 개념일 것이다. 힐버트 공간은 무한히 많은 차원이 있을 수 있다는 차이(조건이 적용되기는 하지만)로 유클리드 공간의 일반화로 볼 수 있으며, 기저가 단순한 열벡터일 필요는 없으며 계수는 복잡할 수 있다. 20세기 첫 10년 동안 추상 수학 분야로 개발됐고, 이후 양자 물리학 연구자들에 의해 채택됐다. 사회과학자들은 이제 의사결정이나 금융과 같은 분야의 문제에 그것을 적용함으로써

그들의 선례를 따르고 있다.

영국의 물리학자 폴 디랙의 이름을 딴 디랙 표기법은 때때로 그 간결함에 매우 유용하기 때문에, 그것을 행렬의 대안으로 사용할 것이다. 힐버트 공간 $\mathcal{H}$의 요소는 $|u\rangle$ 형태의 괄호를 사용해 표시된다.

전문 용어 주의

디랙 표기법은 양자역학에서 배경이 없는 독자들에게는 생소할 것이다. 많은 곳에서 우리는 벡터 표기법을 대신 사용할 것이다. 우리가 보게 될 디랙 표기법의 한 가지 장점은 일반적인 상태, 예를 들어 다수의 입자 $|n\rangle$, $|up\rangle$ 또는 $|down\rangle$ 등의 방향 또는 $|협력\rangle$ 또는 $|배신\rangle$과 같은 전략을 나타낼 수 있다는 것이다.

이중 상태dual state $\langle u|$는 $|u\rangle$의 전치transpose의 복소수 켤레로, $|u\rangle^\dagger \equiv (|u\rangle^T)^*$로 씌어진 (프랑스 수학자 샤를 에르미트의 이름을 따서) 에르미트 켤레 또는 허미션 켤레[1]라고도 한다.

두 원소 $|u\rangle$와 $|v\rangle$의 내적inner product은 $\langle u|v\rangle$로 표기되며, 정규 벡터 공간에서 점곱dot product과 유사한데, 다만 결과가 다시 복소수가 된다는 차이가 있다. $|u\rangle$의 노름norm은 $|u| = \sqrt{\langle u|v\rangle}$로 주어지는데, 이것은 실수다.

외적outer product은 $|u\rangle\langle v|$로 표시되며, 이는 열벡터에 행벡터를 곱한 것과 같으며, 이는 $\mathcal{H}$에서 $\mathcal{H}$로 매핑되는 연산자를 산출한다. 연산자의 특별한 경우는 $Q_u = |u\rangle\langle u|$로 정의되는 투영 연산자projection operator다. 여기서 $|u\rangle$는 단위 벡터unit vector다. $Q_u|v\rangle = |u\rangle\langle u|v\rangle$는 $|v\rangle$의 $|u\rangle$로의 투영을 제공한다. 투영 연산자는 $Q_u^2 = Q_u$를 만족한다.

두 연산자 A와 B는 일반적으로 교환commute되지 않는다, 따라서 $AB \neq BA$이다. A와 B의 교환 연산자commutator는 $[A, B] \equiv AB - BA$로 정의된다. $[A, B] = -[B, A]$이므로 그 순서가 중요하다는 점에 유의하라.

만약 $\langle u|v\rangle = 0$이면 두 개의 구성 요소는 직교orthogonal다. 힐버트 공간은 항상 다음을 만족하는 직교 기저orthogonal basis를 가진다.

$$\sum_n |n\rangle\langle n| = I$$

---

1   또는 미국식 발음으로 허미션 켤레로 불리며, 여기서는 허미션으로 통일하고자 한다. – 옮긴이

여기서 I는 항등 연산자^{identity operator}이다. 연산자 A의 대각합^{trace}은 다음과 같이 정의된다.

$$Tr(A) = \sum_n \langle n|A|n \rangle$$

여기서 $\{|n\rangle\}$은 정규직교^{orthonormal} 기저다(기저의 선택은 상관없다).

허미션 연산자는 연산자가 그 자신의 허미션 켤레와 같은 연산자다. 즉 $A = A^\dagger$. 만약 $A = |u\rangle\langle v|$이면, $A^\dagger = |v\rangle\langle u|$이다(이는 행렬의 켤레 속성에서 나온다). $Q_u = |u\rangle\langle u|$의 형태를 가진 투영 연산자는 따라서 허미션 연산자다. 유니터리 연산자는 $A^{-1} = A^\dagger$이므로 허미션이면서 유니터리인 연산자는 자신의 역행렬과 같다.

비영^{non-zero} 상태 $|u\rangle$는 만약 $A|u\rangle = \lambda|u\rangle$이면 A의 고유벡터다. 여기서 λ는 연관된 고윳값이다. 규격화돼서 $\langle u|u \rangle = 1$인 투영 연산자 $Q_u = |u\rangle\langle u|$에 대해서 $Q_u|u\rangle = |u\rangle\langle u|u\rangle = |u\rangle$가 성립하며 따라서 $|u\rangle$는 Q_u의 고유벡터이며, 고윳값 $\lambda = 1$이다.

이제까지 이러한 속성들은 보통의 유클리드 공간에서의 속성과 매우 유사하다. 예로서,

$$|u\rangle = \frac{1}{\sqrt{2}} \begin{pmatrix} i \\ 1 \end{pmatrix}$$

를 2-D 힐버트 공간의 원소라 하자. 여기서 $i \equiv \sqrt{-1}$이다. 그러면 쌍대 벡터^{dual vector}는 다음과 같이 허미션 켤레와 같다.

$$\langle u| = |u\rangle^\dagger = \left(|u\rangle^T \right)^* = \frac{1}{\sqrt{2}} \begin{pmatrix} -i & 1 \end{pmatrix}$$

그리고 $|u\rangle$의 크기는 다음을 만족한다.

$$|u|^2 = \langle u|u \rangle = \frac{1}{\sqrt{2}} \begin{pmatrix} -i & 1 \end{pmatrix} \frac{1}{\sqrt{2}} \begin{pmatrix} i \\ 1 \end{pmatrix} = 1$$

연관 투영 연산자는 다음이다.

$$Q_u = |u\rangle\langle u| = \frac{1}{\sqrt{2}} \begin{pmatrix} i \\ 1 \end{pmatrix} \frac{1}{\sqrt{2}} \begin{pmatrix} -i & 1 \end{pmatrix} = \frac{1}{2} \begin{pmatrix} 1 & i \\ -i & 1 \end{pmatrix}$$

2.2 양자 측정

힐버트 공간은 복소수를 가진 것 이외에는 유클리드 공간과 매우 유사하게 보이지만, 양자 접근법은 시스템의 상태를 측정하는 것에 관해서는 고전적 접근과 다르다.

물리학에서 특정 위치와 시간에서 고립된 입자와 같은 양자 시스템의 상태는 복소수상의 힐버트 공간에서 단위 벡터unit vector $|\psi\rangle$에 의해 수학적으로 표현된다. 상태 $|\psi\rangle$는 특히 시공간에서 진화하는 시스템을 묘사할 때 종종 파동함수wave function라고 부른다.

양자 이론의 핵심 가설은 입자의 위치나 운동량과 같은 관측가능변수는 실수 고웃값과 상태 공간의 직교 기저를 형성하는 고유벡터를 갖는 허미션 연산자 M으로 대표된다는 것이다. 측정 절차는 상태가 고유벡터에 상응하는 **고유 상태**eigenstates 중 하나로 붕괴되게 하고, 이에 상응하는 고웃값을 측정값으로 반환한다.

예를 들어 물리학에서 위치 연산자 X는 고웃값 x와 해당 고유벡터 $|x\rangle$를 가지며, 따라서 $X|x\rangle = x|x\rangle$이다. 이 경우 연속성을 가지는 고웃값은 시스템의 가능한 위치 벡터에 해당한다. 만약 연산자 내에 미분이 있다면, 고웃값 방정식은 미분방정식differential equation이 된다. 일단 지금은 파동함수가 정적벡터인 경우에만 집중할 것이다.

M을 정규직교 고유벡터의 집합 $\{|\psi_n\rangle\}$과 연관된 고유한 값을 갖는 고웃값 $\{\lambda_n\}$을 가진 측정 연산자measurement operator라 가정하자. 따라서 $M|\psi_n\rangle = \lambda_n|\psi_n\rangle$이다. M은 허미션이기 때문에, 스펙트럼 분해 정리spectral decomposition theorem를 이용해 각 고유벡터로의 투영 $Q_n = |\psi_n\rangle\langle\psi_n|$의 항으로 M을 다음과 같이 전개할 수 있다.

$$M = \sum_n \lambda_n |\psi_n\rangle\langle\psi_n|$$

또한 $\{|\psi_n\rangle\}$는 기저를 형성하기 때문에 어떠한 양자 상태 $|\psi\rangle$도 다음 형태의 중첩superposition으로 표현할 수 있다.

$$|\psi\rangle = \sum_n a_n |\psi_n\rangle$$

여기서 $a_n = \langle\psi_n|\psi\rangle$는 상태 $|\psi\rangle$에서의 고유벡터 $|\psi_n\rangle$에 대한 계수를 측정한다.

따라서 측정 연산자는 순수 상태 $|\psi\rangle$를 각각 상이한 관찰될 확률을 가진 고유 상태의 중첩으로 변환시키는 일종의 분리 장치^{splitting device}처럼 작동한다. 물리학자 막스 본^{Max Born}의 이름을 딴 본^{Born}의 법칙에 의해 측정 M이 고윳값 λ_n를 반환하는 확률은 다음과 같이 주어진다.

$$|a_n|^2 = |\langle \psi_n | \psi \rangle|^2$$

λ_n의 측정을 얻을 가능성은 따라서 $|\psi\rangle$이 $|\psi_n\rangle$에 얼마나 근접하는가에 달려 있다. $|\psi\rangle = |\psi_n\rangle$의 경우에 $|a_n|^2 = 1$이어서 측정은 단지 λ_n만을 반환할 수 있다. 측정에 대한 기댓값은 곱인 $\langle \psi | M | \psi \rangle$에 의해 주어지는데, 이는 $\langle \psi |$와 $M|\psi\rangle$의 스칼라 곱이다.

2.3 예제: 이진 결정

따라서 양자 확률은 확률의 크기가 1-노름^{norm}(크기)이 아니라 2-노름(크기의 제곱)을 사용해 계산된다는 점에서 고전적 버전과 다르다. 실제로 그것은 고전적 확률 다음으로 가장 복잡한 확률 버전으로 볼 수 있다. 양자 확률과 측정 절차에 대해서는 나중에 더 말할 것이 있겠지만, 인간 인지^{human recognition}의 맥락에서 고전적 접근법과 양자 접근법의 차이를 보기 위해, 정해진 답이 없는 어떤 질문에 Yes 또는 No로 응답하는 것을 선택해야 한다고 가정하자(나중에 구체적인 사례를 많이 제시할 것이다). 고전적 확률론에서 각 선택은 집합 $U = \{\text{Yes, No}\}$의 부분집합으로 취급될 것이며, 사람의 인지 상태는 $p(\text{Yes})$에 의해 Yes를 선택할 확률이 주어지고, $p(\text{No})$에 의해 No를 선택할 확률을 주어지는 함수 p에 의해 표현된다. 여기서 $p(\text{Yes})+p(\text{No}) = 1$이다.

양자 버전은 그림 2.1에 나타나 있는데, 사람의 상태 $|\psi\rangle$은 횡축에 대한 각도 θ의 단위 벡터로 표현된다. Yes를 결정할 확률은 횡축으로부터 각도 ϕ만큼 회전된 Yes축으로의 투영(점선)의 제곱으로 주어지면, No를 결정할 확률도 유사하게 주어진다. 제곱이 취해지므로 투영의 부호가 중요하지 않다는 것을 유의하라. 따라서 비록 이들의 노름은 항상 비음일 것이지만, (다른 확률과 상쇄된다는 의미에서) "음의 확률"을 갖는 것이 가능하다.

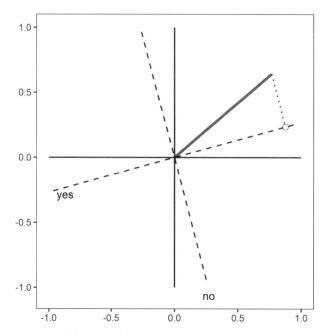

그림 2.1 회색 선은 어떤 의사결정 프레임워크에 대한 사람의 상태 $|\psi\rangle$를 나타낸다. 이는 횡축으로부터 각도 $\theta = 40$도만큼 회전되는 반면, 측정 프레임워크는 $\phi = 15$도만큼 회전된다. Yes를 결정할 확률은 점선에 의해 보이는 바와 같이 그 축에 투영하고, 그 결과를 제곱함으로써 발견된다.

이제 축을 다음과 같은 측정 행렬의 고유벡터 $|\psi_1\rangle$과 $|\psi_2\rangle$으로 생각할 수 있다.

$$|\psi_1\rangle = \begin{pmatrix} \cos\phi \\ \sin\phi \end{pmatrix}, |\psi_2\rangle = \begin{pmatrix} -\sin\phi \\ \cos\phi \end{pmatrix}$$

Yes 고유 상태로 투영하는 투영 행렬은 다음과 같다.

$$A = |\psi_1\rangle\langle\psi_1| = \begin{pmatrix} \cos^2(\phi) & \sin(\phi)\cos(\phi) \\ \sin(\phi)\cos(\phi) & \sin^2(\phi) \end{pmatrix}$$

따라서 Yes의 확률은 다음과 같이 계산된다.

$$|A|\psi\rangle|^2 = \cos^2(\theta - \phi)$$

이는 예상과 같은 결과이며, 유사하게 No의 확률은 $\sin^2(\theta - \phi)$이다.

$$R(2\phi) = \begin{pmatrix} \cos\phi & -\sin\phi \\ \sin\phi & \cos\phi \end{pmatrix}$$

이 문제에 대한 고유벡터는 회전 행렬의 열로서 다음과 같이 쓸 수 있다.

여기서 $R(2\phi)$의 계수 2는 양자 게이트에 대해서 사용되는 관행을 따른 것이다. 만약 처음에 원 상태를 각도 $-\phi$만큼 회전시키기 위해 원 상태에 $R(-2\phi)$를 적용하고, 그리고 나서 대신 표준 기저에 투영하더라도 동일한 확률 결과를 얻는다는 것을 유의하라. 이는 나중에 양자 게이트를 사용해 인지 현상을 모델링할 때 유용하다는 것이 밝혀진다.

양자 인지에서 종종 고유벡터로의 투영 확률에만 관심을 가진다. 그러나 특정 행렬을 지정하기를 원한다면 상응하는 고윳값도 알 필요가 있다. 이들이 $\lambda_1 = 1$과 $\lambda_2 = -1$이라 가정하자. 그러면 대각화 공식으로부터 측정 연산자는 다음과 같다.

$$
\begin{aligned}
M(2\phi) &= R^{-1}(2\phi) \begin{pmatrix} 1 & 0 \\ 0 & -1 \end{pmatrix} R(2\phi) \\
&= \begin{pmatrix} \cos(2\phi) & -\sin(2\phi) \\ -\sin(2\phi) & -\cos(2\phi) \end{pmatrix}
\end{aligned}
\tag{2.1}
$$

$M(2\phi)$에 대한 기댓값은 다음과 같다.

$$
\langle M(2\phi) \rangle = \psi^T M(2\phi) \psi = \cos(2(\theta - \phi))
$$

만약 초기 상태가 균형에서 $\theta = \pi/4$를 가진다면, 이 기댓값은 $\langle M(2\phi) \rangle = \cos(\pi/2 - 2\phi) = -\sin(2\phi)$이 된다. 이 측정 행렬을 나중에 사용해 시스템이 두 개의 상반된 결과를 가질 수 있는 경우를 모델링할 것이다.

이 그림에서 상태 벡터에 대한 한 가지 해석은 그 사람이 질문을 받고 있는 문제에 대해 애매한 입장을 가지고 있기 때문에 Yes축에 대한 투영은 그 사람이 그 반응을 선택할 확률을 측정한다고 말하는 것이다. 또 다른 해석은 그 사람이 두 개의 상태의 중첩 상태에 있다가 반응이 이루어지는 시점에 최종 상태가 선택된다고 생각하는 것이다. 측정 연산자는 상태를 두 개의 성분으로 분할하고, 투영 연산자는 한 상태가 이들 성분 중 하나에 어느 정도 속하는지(또는 일치하는지)를 시험하는 방법이다.

원소 집합에서 기하학적 투영으로의 이러한 이동은 우리가 보게 될 것처럼 인간의 인지와 의사결정의 특징인 비교환성non-commutativity과 간섭interference과 같은 더 복잡한 확률론적 효과를 허용한다. 실제로 양자적 행동이 물리적 시스템에 적용되면 당혹스럽게 보이지만, 사람이 자신의 복잡한 정신 상태를 유한한 집합의 가능성으로부터 어떤 선택으로 붕괴시켜야 하는 설문 조사에 대한 응답과 같은 것을 기술하기 위해 우리가 정확히 원하는 것임이 밝혀질 것이다. 여기서 응답은 확률적인 동시에 맥락에 의해 영향을 받는다. 다시 말해서 인간의 현실을 논할 때 자연스러워 보이는 것들은 수학적인 관점에서 보면 덜 자연스럽고 덜 직설적으로 보이더라도 종종 양자 프레임워크를 필요로 하는 것처럼 보인다.

2.4 엔트로피 힘

이진 선택에 대한 또 다른 관점은 엔트로피의 힘entropic force이라는 개념에 의해 주어진다. 1957년 물리학자 에드윈 제인스Edwin Jaynes가 처음 제안한 물리학의 최대 엔트로피 원리에 따르면, 시스템은 통계적으로 가능성이 더 높은 상태 즉 엔트로피가 더 높은 상태를 향해 진화하는 경향이 있다. 진화는 엔트로피의 힘이라고 알려진 힘에 의해 주도되는 것으로 볼 수 있다.

이는 그림 2.2의 상단 패널에 예시돼 있는데, 여기서 두 개의 선택이 수평축의 ±1점으로 지정된다. 이 수치는 제곱된 확률의 합이 1이라는 점에서 그림 2.1과 동등하며, 따라서 양 또는 음의 1을 선택할 확률은 투영의 관점에서 표현할 수 있다. 차이점은 x축을 추가했다는 것인데, 이는 중심 참조점reference point에 상대적인 효용이나 가격을 표현할 수 있다.

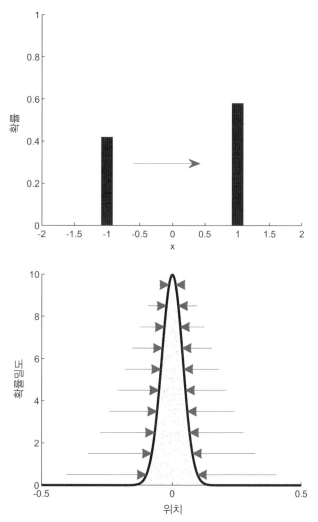

그림 2.2 상단 패널은 +1과 −1의 위치 간의 편향적 선택에 대한 엔트로피의 힘 해석을 보인다. 편향은 랜덤성으로 향하는 경향에 반작용하는 힘으로 해석될 수 있다. 하단 패널은 정규분포 경우를 보인다. 여기서 수평축은 랜덤하게 움직이는 입자의 위치를 표현한다.

엔트로피의 힘은 10장에서 연속 확률분포 $P(x)$를 고려할 때 유용할 것이다. 여기서 x는 거래 가격을 나타낸다. 힘 방정식은 다음과 같다.

$$F(x) = \gamma \frac{P'(x)}{P(x)}$$

여기서 γ는 스케일링 상수를 나타낸다. 가격이 x_1에서 x_2로 변화할 때 수행되는 일은 다음과 같다.

$$\Delta E = \int_{x_1}^{x_2} F(x)\, dx = \gamma \log\left(\frac{P(x_2)}{P(x_1)}\right) \tag{2.2}$$

이는 성향함수propensity function의 초기와 최종 값에만 의존한다(따라서 성향함수를 규격화할 필요가 없다). 따라서 동일한 공식이 이산적인 경우에 적용될 수 있어 여러 옵션 간의 에너지 갭 ΔE를 평가할 수 있다. 이제 주요 포인트는 확률분포를 엔트로피의 힘의 결과로 해석함으로써, 의사결정에 대한 영향과 이를 통한 가격에의 영향을 동학적으로 표현할 수 있다는 것이다.

2.5 밀도 행렬

양자 시스템의 상태를 나타내는 다른 방법은 밀도 행렬density matrix이나 밀도 연산자density operator를 통해서다. 양자 시스템의 상태를 파동함수로부터 파동함수와 그 켤레의 외적을 취함으로써 계산할 수 있다. 즉 $\rho = |\psi\rangle\langle\psi|$이다.

밀도 연산자는 따라서 단지 상태에 연관된 투영 연산자다. $|\psi\rangle$는 단위 길이를 가지므로, 밀도 연산자는 규격화 조건normalization condition $\mathrm{Tr}(\rho) = 1$을 만족한다. 2-D 예제로서, $|\psi\rangle = \alpha_1|\psi_1\rangle + \alpha_2|\psi_2\rangle$이고, 여기서 $|\alpha_1| + |\alpha_2| = 1$이고, $\{|\psi_1\rangle, |\psi_2\rangle\}$이 정규직교이면, 다음이 성립한다.

$$\begin{aligned} \rho &= |\psi\rangle\langle\psi| \\ &= \alpha_1\alpha_1^*|\psi_1\rangle\langle\psi_1| + \alpha_1\alpha_2^*|\psi_1\rangle\langle\psi_2| + \alpha_2\alpha_1^*|\psi_2\rangle\langle\psi_1| + \alpha_2\alpha_2^*|\psi_2\rangle\langle\psi_2| \end{aligned}$$

그리고 일반적으로 밀도 행렬의 원소가 $\rho_{n,m} = \alpha_n\alpha_m^*$로 주어진다.

밀도 행렬 표현이 파동함수 표현과 동등한 반면, 몇 가지 연산적 이점을 제공한다. 예를 들어 A가 시스템의 관측 가능한 변수라고 가정하자. 그러면 위에서 언급한 바와 같이 A의 기댓값이 $\langle\psi|$와 $A|\psi\rangle$의 곱으로 주어진다. 따라서,

$$\begin{aligned}
\langle A \rangle &= \langle \psi | A | \psi \rangle \\
&= \alpha_1 \alpha_1^* \langle \psi_1 | A | \psi_1 \rangle + \alpha_1 \alpha_2^* \langle \psi_1 | A | \psi_2 \rangle \\
&\quad + \alpha_2 \alpha_1^* \langle \psi_2 | A | \psi_1 \rangle + \alpha_2 \alpha_2^* \langle \psi_2 | A | \psi_2 \rangle \\
&= \sum_{n,m} A_{m,n} \rho_{n,m} = Tr(A\rho)
\end{aligned}$$

여기서 A는 원소 $A_{n,m}$를 가진다. 관측가능변수의 기댓값은 따라서 행렬곱의 대각합을 발견함으로써 계산될 수 있다.

이를 다음과 같이 표현할 수 있다.

$$Tr(A\rho) = \sum_{n,m} A_{m,n} \rho_{n,m} = \sum_{n} A_{n,n} \rho_{n,n} + \sum_{n \neq m} A_{m,n} \rho_{n,m}$$

$$= Tr(A_d \rho) + Tr(A_o \rho)$$

여기서 항 $Tr(A_d\rho)$은 단지 A의 대각원소만을 가진 대각 연산자 A_d에 해당하고, $Tr(A_o\rho)$는 비대각원소에 상응한다. 유칼로프와 솔네트는 전자 항을 간섭이 없다는 가정하에 표준 기저로 시스템을 측정하는 것에 해당하므로 효용utility 항이라 불렀다. 반면 상호작용attraction 항 $Tr(A_o\rho)$은 간섭 효과에 해당한다.

만약 양자 시스템이 파동함수를 통해 표현된다면, 이는 순수 상태에 있는 것이다. 밀도 행렬의 또 다른 이점은 나중에 논의하겠지만, 환경과 얽혀 있을 수 있는 상태의 앙상블ensemble of states을 표현하는 데 사용할 수 있다는 것이다.

밀도 행렬은 또한 양자 확률을 표현하는 또 다른 방법을 제공한다. 양자 결정 이론에서 전망prospect은 결정 이후에 가능한 고유 상태로 정의되는 반면, 전망 연산자prospect operator는 그 상태에 투영하는 행렬이다. 복합 전망composite prospect에 대해 행렬대수는 앞의 투영 접근법과 동일하다.[2] 우리는 양자 의사결정 이론을 나중에 다시 살펴볼 것이다.

---

2   Kovalenko and Sornette, 2018: p6

2.6 양자 동전

이제까지 다뤘던 몇 가지 아이디어에 대한 예시로 동전 던지기의 양자 버전을 고려하자. 이는 양자 동전 연산자로도 알려져 있다.

양자 동전 던지기에 대한 힐버트 공간 $\mathcal{H}_C$는 기저벡터 $|{\uparrow}\rangle = \binom{1}{0}$와 $|{\downarrow}\rangle = \binom{0}{1}$로 생성^{span}된다. 동전 던지기는 2×2 유니터리 연산 C에 의해 표현되고, 측정 연산자는 단지 항등행렬이다.

C의 선택에는 많은 가능성이 있지만, 공통적으로 양자 계산에서 사용하는 소위 아다마르 동전$^{Hadamard\ coin}$을 사용하며, 이는 다음과 같다.

$$C = \frac{1}{\sqrt{2}} \begin{pmatrix} 1 & 1 \\ 1 & -1 \end{pmatrix}$$

$C^2 = I$이므로, 동전 던지기 연산자를 두 번 적용하면, 초기 조건으로 상태를 회복한다. 예를 들어 초기 상태가 $|{\uparrow}\rangle$이면, 다음과 같다.

$$C|{\uparrow}\rangle = \frac{1}{\sqrt{2}} \begin{pmatrix} 1 & 1 \\ 1 & -1 \end{pmatrix} \begin{pmatrix} 1 \\ 0 \end{pmatrix} = \frac{1}{\sqrt{2}} |{\uparrow}\rangle + \frac{1}{\sqrt{2}} |{\downarrow}\rangle$$

이는 상태 $|{\uparrow}\rangle$에서 관측될 확률이 $\frac{1}{2}$, 상태 $|{\downarrow}\rangle$에서 관측될 확률이 $\frac{1}{2}$이다. 5장에서 논의되는 양자 계산$^{quantum\ computing}$에서 큐비트^{qubit}는 흔히 이러한 중첩된 상태에서 초기화된다. C를 다시 한 번 적용하면 다음을 얻는다.

$$C^2 |{\uparrow}\rangle = C\frac{1}{\sqrt{2}} |{\uparrow}\rangle + C\frac{1}{\sqrt{2}} |{\downarrow}\rangle = \left(\frac{1}{2} |{\uparrow}\rangle + \frac{1}{2} |{\downarrow}\rangle \right) + \left(\frac{1}{2} |{\uparrow}\rangle - \frac{1}{2} |{\downarrow}\rangle \right)$$

따라서 $|{\downarrow}\rangle$의 항은 간섭으로 인해 상쇄돼 $C^2|{\uparrow}\rangle = |{\uparrow}\rangle$가 된다. 스콧 애론슨이 주목했듯이 "양과 음의 진폭의 상쇄는 모든 '양자 기이함' 즉, 양자역학을 고전 확률 이론과 다르게 만드는 한 가지의 원천으로 볼 수 있다."[3]

만약 동전이 고전적 동전 던지기와 유사하다면, 시스템은 던진 후에 업 또는 다운 상태에서 관측되는 확률을 동일하게 가질 것이고 이는 초기 상태에 의존할 것이다. 밀도 행렬 ρ의 관점에서 초기 상태를 정의함으로써 이를 탐구할 수 있다.

---

3   Aaranson, 2013: p115

어떤 2×2 허미션 행렬은 선형 조합으로 확장될 수 있다.

$$\rho = \frac{1}{2}\left(cI + c_x\sigma_x + c_y\sigma_y + c_z\sigma_z\right)$$

여기서 $\sigma_x = \begin{pmatrix} 0 & 1 \\ 1 & 0 \end{pmatrix}$, $\sigma_y = \begin{pmatrix} 0 & -i \\ i & 0 \end{pmatrix}$ 그리고 $\sigma_z = \begin{pmatrix} 1 & 0 \\ 0 & -1 \end{pmatrix}$는 파울리 행렬이고, $I = \begin{pmatrix} 1 & 0 \\ 0 & 1 \end{pmatrix}$는 항등행렬이다. 따라서 다음과 같이 표현할 수 있다.

$$\rho = \frac{1}{2}\left(cI + c_x\sigma_x + c_y\sigma_y + c_z\sigma_z\right) = \frac{1}{2}\begin{pmatrix} c + c_z & c_x - ic_y \\ c_x + ic_y & c - c_z \end{pmatrix}$$

이는 고윳값 $\frac{1}{2}\left(c \pm \sqrt{c_x^2 + c_y^2 + c_z^2}\right)$를 갖는다. 대각합은 다음과 같다.

$$Tr\left(\rho\right) = \frac{1}{2}\left(c + c_z\right) + \frac{1}{2}\left(c - c_z\right) = c$$

그리고 규격화 조건 $Tr(\rho) = 1$로부터 $c = 1$을 얻는다.

관측 가능한 C의 기댓값은 다음과 같다.

$$\langle C \rangle = Tr\left(C\rho\right) = \frac{1}{\sqrt{2}}c_x + \frac{1}{\sqrt{2}}c_z$$

동전 던지기는 공정하기 때문에 $c_x + c_z = 0$이 성립한다. 한 가지 옵션은 $c_x = c_z = 0$이고, $c_y = 1$이므로, 다음과 같이 된다.

$$\rho = \frac{1}{2}\begin{pmatrix} 1 & -i \\ i & 1 \end{pmatrix}$$

이는 $\rho = |\psi\rangle\langle\psi|$로 표현될 수 있고 여기서 ψ는 순수 상태

$$\psi = \frac{1}{\sqrt{2}}|\uparrow\rangle + \frac{i}{\sqrt{2}}|\downarrow\rangle = \frac{1}{\sqrt{2}}\begin{pmatrix} 1 \\ i \end{pmatrix}$$

이다. 그러면 예상대로 공정한 동정에 대해서 $Tr(C\rho) = 0$이다.

동전 연산자를 적용할 때마다 시스템의 상태가 업데이트된다. 따라서 두 개의 동전 던지기 C_1에 이어 C_2의 순서는 복합 연산자 $(C_1; C_2)$로서 투영 형식주의를 사용해 표현될 수 있으며, 간섭 효과를 유발한다. 나중에 양자 워크quantum walk라고 알려진 랜덤 워크의 양자 버전을 살펴볼 때, 양자 동전을 사용할 것이다.

2.7 2-상태 시스템

양자 동전이 두 개의 고유 상태, 즉 앞면head과 뒷면tail을 가지고 있는 것처럼 일부 물리적 시스템(양자 컴퓨터의 큐비트를 포함)은 유사한 2-상태 양자 모델로 설명될 수 있다. 이 시스템들은 또한 우리가 동학dynamics을 살펴보는 책의 후반부에서 탐구된 개념들 중 일부를 소개할 수 있게 해준다.

물리적 2-상태 시스템의 예로는 진동을 유도하는 광원과 결합된 두 개의 에너지 수준만을 갖는 것으로 가정되는 원자가 있다. 이 모델은 물리학에서 레이저에 의해 생성된 빛과 원자의 상호 작용과 같은 것들을 시뮬레이션하기 위해 사용된다. 시스템의 에너지를 설명하는 해밀턴 행렬Hamiltonian matrix은 다음과 같이 쓸 수 있다.

$$H = \begin{pmatrix} E & A \\ A & -E \end{pmatrix}$$

여기서 낮은 에너지 $-E$이고, 더 높은 에너지는 E이므로 에너지가 상쇄된다. 만약 A가 실수이고, $\phi = 1/2 \arctan(-A/E)$와 $\epsilon = \sqrt{E^2 + A^2}$로 설정하면 다음을 얻는다.

$$H = \epsilon \begin{pmatrix} \cos\phi & -\sin\phi \\ -\sin\phi & -\cos\phi \end{pmatrix} = \epsilon M(\phi) \tag{2.3}$$

여기서 $M(\phi)$는 회전 시스템에 대한 식 2.1에서 앞에서 정의한 측정 연산자이며, 고윳값은 $\pm\epsilon$이다. 여기서 비대각항off-diagonal term은 부과된 광원과의 결합 강도를 반영하며, 그 주파수 ω는 원자의 공명 주파수에 가까운 것으로 가정된다.

해밀토니안Hamiltonian은 양자역학에서 특히 중요하다. 양자 워크 예제의 경우, 시스템의 진화는 각 이산 시간 단계에서 적용되는 유니터리 동전 연산자에 의해 기술된다. 측정 시스템이 유니터리이기 때문에 전체 확률을 보존한다. 연속 시간 내에 진화하는 에너지 보존 시스템에 대해 동일한 작업을 수행하려면 슈뢰딩거 방정식Schrödinger equation을 사용해야 한다.

$$i\hbar \frac{d\,|\psi(t)\rangle}{dt} = H\,|\psi(t)\rangle$$

만약 해밀토니안이 여기에서처럼 시간 의존적이며, 해는 다음과 같다.

$$|\psi(t)\rangle = e^{-iHt/\hbar}|\psi(0)\rangle$$

초기 총 확률은 $\langle\psi(0)|\psi(0)\rangle = 1$이므로, 해는 다음을 충족한다.

$$\langle\psi(t)|\psi(t)\rangle = e^{iHt/\hbar}e^{-iHt/\hbar}\langle\psi(0)|\psi(0)\rangle = \langle\psi(0)|\psi(0)\rangle = 1$$

따라서 확률이 예상대로 보존된다. 2-수준 시스템의 경우 파동함수는 두 가지 성분을 가지므로 우리는 두 개의 1차 미분 방정식을 얻는다. 2.3에서 보이는 바와 같이 결과로 얻는 확률은 $(\sin\phi)/2$의 진폭으로 1/2 주변에서 진동한다.

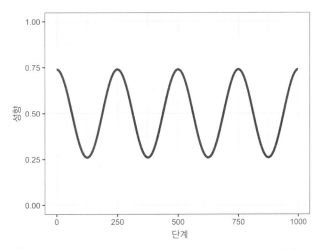

그림 2.3 $\phi = 1/\sqrt{2}$ 라디안의 경우, 2-상태 모델에 대한 매도 호가 확률의 그림(회색선). 얻어진 매수 호가의 확률은 유사한 궤적을 따르지만, 반대되는 진동을 가지며 둘의 총 확률은 항상 합이 1이 된다.

금융 응용으로서 Sarkissian(2020)은 시장의 동학을 시뮬레이션하기 위해 그 2-상태 모델의 버전을 사용한다. 두 고유 상태는 매도자와 매수자의 상태에 상응하는데, 고윳값은 전자의 매도 호가와 후자의 매수 호가와 같으며, 스프레드는 2ϵ이다(이것이 반드시 가격이 에너지로 식별된다는 것을 의미하지 않으며 단지 둘 다 같은 상태 또는 레이블을 공유한다는 것을 의미한다). 비대각항은 두 상태 사이의 결합을 반영한다. 모델은 다시 각 시간 스텝에서 두 고윳값의 하나로 붕괴되고, 행렬 계수는 랜덤화되므로, 진동은 지속되지 않는다.

진동이 관측되지 않더라도 한 가지 질문은 실제 모델에 나타나는 주파수 ω를 가진 광원의 역할을 하는 것이 무엇인가 하는 것이다. 광원이 없으면 결합 항이 0이고 전이는 발생하지 않는다. 시장에서 주식 단위에 대한 관련 가격을 바꾸는 사건은 주식이 손을 바꾸는 거래다. 따라서 결합이 0인 시장은 거래가 0인 시장이 될 것이다. 우리는 14장에서 이 질문으로 돌아간다.

2.8 복잡성

요약하자면, 양자 모델과 고전적 모델의 가장 기본적인 차이는 양자 모델이 힐버트 공간에서 상태를 파동함수 ψ로 표현한다는 것이다. 측정은 허용된 고유 상태 ψ_n 중 하나로 시스템을 붕괴하는 투영 연산자 $|\psi_n\rangle\langle\psi_n|$로 표현된다. 이 고유 상태가 선택될 확률은 성향 $|\langle\psi_n|\psi\rangle|^2$에 의해 주어진다. 확률 노름은 2-노름을 사용해 계산되기 때문에, 중간 단계에서 확률이 음이 되지 못하게 할 것은 아무것도 없으며, 이는 간섭과 같은 효과를 산출한다.

그렇다면 우리는 이 모든 양자 머신을 인간 인지의 변덕을 모델링하기 위해 사용하는 것이 정당하다고 볼 수 있는가? 물리학자의 경우 사회과학자들이 양자 방법을 사용해 사회 시스템을 시뮬레이션할 때 일종의 **문화적 전용**cultural appropriation을 수행하는 것처럼 보일 수 있다. 그러나 이것은 물리학자들, 특히 물리학에서 양자역학에 대한 합의된 해석이 없다는 점에서 물리학자들의 자만심을 반영한다. 물리학자인 호세 아카시오 데 바로스José Acacio de Barros와 게리 오아스Gary Oas가 지적했듯이 양자역학은 "약 100년 전에 나왔다. 그러나 이 이론이 실제로 무엇을 의미하는지 공감대가 없다는 것은 많은 사람들에게 놀라운 일로 다가온다. 물론 연구자들은 이 이론의 예측에 동의하지만, 이 이론이 그것이 모델링하는 물리적 시스템에 대해 말하는 것에 대해 상당한 의견 차이가 있다. 예를 들어 그 체계가 실제로 무엇인가에 대한 이론(존재론)인가, 아니면 그 체계에 대해 말할 수 있는 것에 관한 이론(인식론)인가?"

보조정리는 양자 확률과 같은 것이 물리학에 제한되지 않고 응용수학자가 적합하다고 보는 어떤 문제에도 적용될 수 있는 수학적인 도구라는 것이다. 미적분은 천문학적인 계산을 돕기 위해 뉴턴에 의해 발명됐지만, 우리는 또한 그것을 사람을 행성으로 혼동하지 않고 사회 시스템을 모델링하는 데 사용한다.

좀 더 현실적인 반대는 양자 방법론이 많은 복잡성을 더하는 것처럼 보인다는 것이다. 그러나 두 가지를 주목해야 한다. 하나는 5장에서 보듯이 알고리듬이 양자 논리의 관점에서 표현될 때 훨씬 더 단순해 보이며, 이는 우리가 표현하거나 이해하는 방식에 문제가 없듯이 방법론에도 문제가 없다는 것을 의미한다. 우리는 마지막 장에서 이 이야기를 다시 살펴보기로 한다. 둘째로, 현실은 경제학에서 마주치는 많은 현상들이 서로를 상쇄하는 확률과 같은 속성을 포함한다는 것이다.[4] 심지어 고전적 모델을 사용해도 같은 복잡성이 다른 경로를 통해 나타난다. 양자 모델의 장점은 그러한 속성들을 내장하고 있다는 것이다. 따라서 최종 결과는 종종 고전적인 버전보다 더 우아하고 간결하고, 각 상황에 대한 임시변통적 모델을 만들 필요가 더 적어진다.

2.9 요약

2장은 책의 전반부에서 사용된 수학 도구들의 대부분을 제시해왔기 때문에, 다음 몇 장에서는 심리학, 금융, 게임 이론의 응용에 초점을 맞추며, 여기서 대부분의 모델은 단지 2개의 고윳값을 가진 2−상태 모델 버전을 사용한다. 9장에서 더 복잡한 시스템의 동적 행태를 모델링할 수 있다는 것을 보여준다. 여기서 결과는 연속 범위를 다룰 수 있다.

양자 우월성

양자 수학은 불변성, 중첩성, 간섭성 등과 같은 속성들을 다루기 위한 자연스러운 프레임워크를 제공하며, 이는 아원자 입자에 적용되듯이 인지 현상에도 적용된다.

양자 안개 경고

학문적인 책과 논문은 종종 직접적인 방법으로 생각을 전달하는 것보다 다른 학자들을 감동시키는 (또는 위협적인) 안목으로 쓰여지는 것 같다. 그리고 양자 수학과 결합하면 그 결과는 꿰뚫어볼 수 없는 양자 안개가 될 수 있다. 사실 나는 양자 모델이 사회 과학에서 인기를 끌지 못하는 한 가지 이유는 그것들이 잘 설명되지 않았기 때문이라고 생각한다. 그러니 만약 그 논문들을 이해할 수 없더라도 걱정하지 말기를 바란다.

---

4 Haug, 2004

2.10 추가 참고문헌

양자 동전에 대한 설명을 포함한 2장의 자료는 교과서, 논문 및 온라인 출처의 조합
에서 발췌됐다(참고문헌 참조). 양자 인지에서 투영 연산자의 사용에 관한 좋은 논문은
다음과 같다.

- Blutner R and Graben P (2016) Quantum cognition and bounded rationality.
  Synthese 193(10): 3239−3291.

03 양자 성향

우리가 경제학에 적용하고 있는 개념을 설명하기 위해, 우리는 물리학에 대한 몇 가지 예시를 제시했고 다시 제시할 수도 있다. 이러한 평행이론을 사용하는 것을 다양한 근거로 반대하는 사회과학자들이 많은데, 그중에 일반적으로 발견되는 주장은 경제이론은 사회 현상과 인간 현상의 과학인 만큼 물리학을 따라서 모델링할 수 없다는 것이다. 그런 진술은 시기상조다.

– 존 폰 노이만과 오스카 모르겐슈타인(John von Neumann and Oscar Morgenstern),
『The Theory of Games and Economic Behavior(게임과 경제 행동 이론)』, 1944년

3장과 4장에서는 양자 방법론을 어떻게 인간의 인지와 의사결정의 주제에 적용할 수 있는지, 그리고 그것이 신고전주의나 행동경제학에서 일반적으로 사용되는 종류의 기존 모델을 어떻게 개선하는지 살펴본다.

3.1 기대 효용 이론

신고전주의 경제학은 수학자 존 폰 노이만과 경제학자 오스카 모르겐슈타인이 1944년에 쓴 책 『The Theory of Games and Economic Behavior게임과 경제 행동 이론』에서 처음으로 성문화한 기대 효용론에 바탕을 두고 있다. 목적은 "사회적 경제 참여자들의 '합리적 행동'을 정의하는 수학적으로 완전한 원칙을 찾고, 그것들로부터 그러한 행동의 일반적인 특성을 도출하는 것"이었다. 그들은 네 가지 원칙 또는 공리 리스트를 제시했다.

에이전트가 상이한 잠재적 보상을 가진 두 게임 또는 복권 A와 B에 직면해 있다고 가정하자.

- 완전성 공리^{Completeness axiom}는 에이전트가 잘 정의된 선호도를 가지고 있으며, 항상 두 가지 대안 중 하나를 선택할 수 있다고 주장한다.
- 전이성 공리^{Transitivity axiom}는 에이전트가 B보다 A를, C보다 B를 선호하면 C보다 A를 선호한다고 주장한다.
- 독립성 공리^{Independence axiom}는 에이전트가 B보다 A를 선호한다면 관련 없는 복권 C를 도입해도 그 선호도는 변하지 않는다고 주장한다.
- 연속성 공리^{Continuity axiom}는 에이전트가 B보다 A를 선호하고, C보다 B를 선호할 경우, B와 동일하게 선호되는 가장 선호되는 A와 가장 선호되지 않는 C의 조합이 존재한다고 주장한다.

만약 에이전트가 이 네 가지 공리를 충족한다면, 그들의 선호도는 소위 효용함수^{utility function}를 사용해 모델링될 수 있고, 그것들은 공식적으로 합리적이다.

각 복권에 대한 기대 효용은 가능한 결과의 효용의 합으로 정의되며, 각 결과의 확률에 의해 가중된다. 예를 들어 복권 A에 두 가지 가능한 보상 즉 확률 $p(a_1)$를 가진 금액 a_1과 확률 $p(a_2)$를 가진 금액 a_2가 있다고 가정하자. 만약 보상의 효용을 단지 보상이라고 정의하면 $u(a_1) = a_1$이고, 그러면 기대 효용은 다음과 같다.

$$U(A) = p(a_1)u(a_1) + p(a_2)u(a_2) = p(a_1)a_1 + p(a_2)a_2$$

또 다른 복권 B가 있어서 기대 효용이 $U(B) > U(A)$를 만족하면, 복권 B를 선호한다.

이 기대 효용 이론은 단순한 추상적인 이론적 연습이 아니라, 국방 싱크탱크인 랜드^{RAND}의 연구자들과 함께 폰 노이만 자신이 미국과 러시아의 냉전 핵 대치 상황의 현실적 문제에 적용했다. 폰 노이만은 미국 원자력위원회의 일원이었고 랜드의 자문위원이었으며, 아이젠하워 대통령의 폭탄 사용에 대한 조언자였다. 노이만은 당시의 상황을 플레이어가 협력^{cooperate}하거나 배반^{defect}할 수 있지만, 효용 최적화 논리로 인해 배반을 선택하는 (또는 이 경우 먼저 공격을 감행하는) 8장에서 논의하는 죄수의 딜레마와 유사한 상황으로 봤다. 일단 러시아가 자체 폭탄을 개발하자 그 전략은 상호확증파괴MAD, Mutually Assured Destruction[1]의 교리로 변신했다.

또한 기대 효용 이론은 전후 주류 경제학의 발전에 중요한 역할을 했다. 랜드에서 일했고 해군연구소의 보조금으로 부분적으로 자금을 지원받은 경제학자 케네스 애로우Kenneth Arrow와 제라드 드브루Gerard Debreu는 시장경제의 단순화된 모델을 게임 이론의 결과와 결합해 시장경제가 자연스럽게 가격을 안정적 균형에 이르게 하리라는 것을 "증명"했다. 균형 상태는 또한 파레토 최적성Pareto optimality이라고 알려진 조건을 만족시켰는데, 최소한 한 사람을 더 악화시키지 않고는 아무것도 바꿀 수 없다는 약한 종류의 최적성이었다. 그 결과는 애덤 스미스의 자기 조절 시장 메커니즘에 대한 생각에 수학적으로 증거를 제공하는 것 같았기 때문에 "보이지 않는 손 정리"로 알려지게 됐다. 거시경제학자들이 사용하는 동적 확률적 일반 균형Dynamic Stochastic General Equilibrium 모델과 같은 균형 모델에 대한 기반도 형성했다.

3.2 행동경제학

기대 효용 이론이 여전히 경제학에서 대부분의 모델의 기초를 형성하고 있지만, 1970년대 이후 행동심리학자들과 경제학자들은 그 이론이 다양한 인지적 현상을 포착하지 못한다는 것을 보여줬다. 기대 효용 이론을 개선하려는 초기 시도는 카네만Kahneman과 트버스키Tversky의 전망 이론Prospect Theory이었는데, 그들은 1979년 논문「전망 이론: 위험하에서의 의사결정의 분석」에 이 이론을 발표했다. 이는 기대 효용 이론을 크게 두 가지로 수정했다. 첫 번째는 중요한 것은 최종 금액이 아니라 어떤 준거점reference point에 상대적으로 인지된 이익 또는 손실이라는 것이었다. 두 번째는 결과들이 확률 그 자체보다는 비선형인 불확실성 가중함수uncertainty weighting function에 의해 가중된다는 것이었다. 전망 이론의 이 두 가지 주요 발견은 그림 3.1과 3.2에 제시돼 있다.

---

1   핵무기를 보유하고 대립하는 2개국이 있을 때, 둘 중 어느 한쪽이 상대방에게 선제 핵 공격을 받아도 상대방이 핵 전력을 보존시켜 보복 핵 공격을 할 수 있는 경우 핵무기의 선제적 사용이 쌍방 모두가 파괴되는 상호파괴를 확증하는 상황이 되므로 이론적으로 상호확증파괴가 성립된 2개국 간에는 핵전쟁이 발생하지 않게 된다. 실제 역사적으로는 냉전기 미국과 소련 사이에 상호확증파괴가 성립됐다. – 옮긴이

64

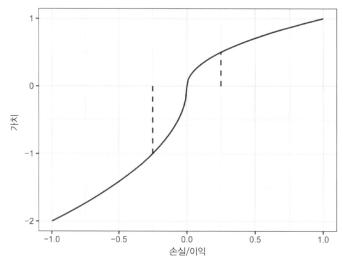

그림 3.1 금전적 손실과 이익의 함수로서 사건의 심리적 가치를 보여주는 가치함수의 그림. 중심점은 손익을 경험하는 준거 수준을 나타낸다. 일정 금액의 손실이 비슷한 이익보다 더 많이 느껴진다(점선).

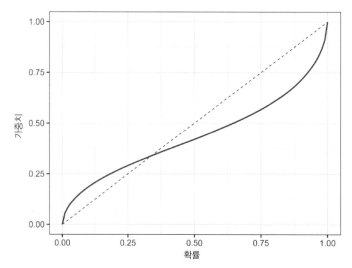

그림 3.2 불확실성 가중함수의 그림. 기대 효용 이론에서 사건의 불확실성 가중치는 그 확률과 같다(파선). 전망 이론에서 곡선은 0 부근에 오목하고 1 부근에 볼록하다(굵은선). 곡선들은 손실과 이익에 대해서 상이하지만 모양은 유사할 것이다.

트버스키와 카네만(1992)에 따라, 이들 그림을 그리기 위해서 가치함수 $v(x)$와 불확실성 가중함수 $w(p)$가 다음 방정식을 사용해 생성됐다.

$$v(x) = -2(-x)^{0.5} \text{ for } x < 0$$

$$v(x) = x^{0.5} \text{ for } x \geq 0$$

그리고

$$w(p) = \frac{p^{\gamma}}{(p^{\gamma} + (1-p)^{\gamma})^{1/\gamma}}$$

여기서 $\gamma = 0.61$.

이 그림들은 함께 행동경제학의 핵심을 이루는 많은 핵심 인지적 현상을 요약한다. 예를 들어 손실과 이익은 맥락^{context}에 의존하는 어떤 준거점에 상대적으로 느껴진다. 이 점은 그림 3.1의 값 곡선에 대한 수평축의 0으로 나타낸다. 대부분의 사람들은 특정한 양의 손실이 같은 양의 이익보다 대략 두 배나 더 고통스럽다는 점에서 손실을 싫어한다^{loss-averse}. 그렇기 때문에 가치 곡선이 원점을 중심으로 비대칭적이며, 손실에 대한 경사가 더 가파르다. 그 모양은 또한 손실이나 이익의 효과가 더 큰 양에서 포화되는 경향이 있다는 18세기 수학자 다니엘 베르누이로 거슬러 올라가는 발견을 반영한다. 따라서 가치 곡선의 기울기는 큰 이익 또는 손실보다는 원점 부근에 더 가파르다.

실험은 또한 우리가 그 결과를 정확히 확률로 가중하지 않는다는 것을 보여준다. 예를 들어 테러 공격이나 다른 일어나기 힘든 재난과 같은 낮은 확률의 사건에 대한 소식에 지나치게 큰 비중을 두는 경향이 있다. (COVID−19과 같은 세계적 유행병에 의해 입증된 바와 같이, 신속한 "과잉반응"이 위험한 바이러스에 대한 정확한 대응으로 밝혀지기는 하지만) 특히 0에서 0.1로, 또는 0.9에서 1로의 확률의 변화에 대해서 0.4에서 0.5로의 변화보다 더 민감하며, 이것이 그림 3.2의 불확실성함수가 0 주변에서 오목하고 1 주변에서 볼록한 이유다.

요약하자면 전망 이론과 기대 효용 이론의 차이는 다음과 같이 정의하는 대신에,

$$U(A) = p(a_1) a_1 + p(a_2) a_2$$

다음과 같이 표현하는 것이다.

$$U(A) = w(a_1) v(a_1) + w(a_2) v(a_1)$$

여기서 v는 가치함수, w는 불확실성 가중함수다. 따라서 전망 이론은 기대 효용 이론의 변형된 버전으로 선형 관계가 비선형 곡선으로 대체되는 것으로 볼 수 있다.

3.3 확실한 것의 효과

이 이론이 어떻게 적용되는지를 보여주는 예로서, 1952년 프랑스의 경제학자 모리스 알레Maurice Allais가 처음 설명한 알레의 역설Allais paradox을 보여주는 다음의 두 가지 게임을 생각해보자.

- 게임 A: 다음 중 하나를 선택하라.

  a_1: 40달러를 얻을 확률 80%

  a_2: 30달러를 얻을 확률 100%

- 게임 B: 다음 중 하나를 선택하라.

  b_1: 40달러를 얻을 확률 20%

  b_2: 30달러를 얻을 확률 25%

기대 효용 이론에 따르면 게임 A에 대해서 효용을 다음과 같이 계산할 수 있다.

$$U\left(a_1\right) = p\left(a_1\right)a_1 = 0.80 \times 40 = 32$$
$$U\left(a_2\right) = p\left(a_2\right)a_2 = 1.00 \times 30 = 30$$

그리고 게임 B에 대해서는 다음과 같이 계산할 수 있다.

$$U\left(b_1\right) = p\left(b_1\right)b_1 = 0.20 \times 40 = 8$$
$$U\left(b_2\right) = p\left(b_2\right)b_2 = 0.25 \times 30 = 7.50$$

어떤 게임(또는 전망)에서도 첫 번째 옵션은 약간 더 좋은 기대 효용을 제공한다. 그러나 실제로 사람들은 보통 게임 B의 첫 번째 옵션과 게임 A의 두 번째 옵션을 선택한다. 그 이유는 게임 A에 '확실한 것sure thing' 옵션이 포함돼 있어 더 매력적이기 때문이다. 그러나 이것은 그들의 효용함수가 일관되지 않음을 암시하며 이는 기대 효용 이론의 공리를 위반한다.

전망 이론에서 앞에서 제시한 버전의 가치함수와 불확실성 가중함수를 사용하면 게임 A의 경우 계산은 다음과 같고,

$$U\left(a_1\right) = w\left(0.80\right)v\left(40\right) = 0.61 \times 6.32 = 3.86$$
$$U\left(a_2\right) = w\left(1.00\right)v\left(30\right) = 1.00 \times 5.48 = 5.48$$

게임 B의 경우 다음과 같다.

$$U\left(b_1\right) = w\left(0.20\right)v\left(40\right) = 0.26 \times 6.32 = 1.64$$
$$U\left(b_2\right) = w\left(0.25\right)v\left(30\right) = 0.29 \times 5.48 = 1.59$$

이제 가장 매력적인 옵션은 a_2와 b_1이면, 이는 실험과 일치한다. 그 이유는 "확실한 것" 옵션이 이제 심리적 가치 측면에서 더 많이 가중되기 때문이다.

3.4 불확실한 것의 효과

전망 이론이 우리의 많은 인지적 문제를 다루고 있지만, 별도로 주의를 기울여야 할 다른 많은 것이 있다. 그 예가 이른바 엘스버그 역설^{Ellsberg Paradox}이다. 통상적인 형태로는 90개의 공이 들어 있는 항아리와 연관되는데, 이 가운데 30개는 빨간색이고 60개는 검은색 또는 노란색이다. 두 가지 도박 중 하나를 선택할 수 있다.

- A 게임에서 당신은 빨간색과 검은색 중 하나에 베팅한다.
- B 게임에서 당신은 빨간색이나 노란색, 또는 검은색이나 노란색의 조합 중 하나에 베팅한다.

어느 것을 더 선호하는가? 각 게임에서 빨강, 검정 또는 노랑 공을 뽑을 확률은 3분의 1이다. 게임의 유일한 차이점은 B 게임에서는 각 베팅 사이드에 노랑이 포함돼 있다는 것이다. 따라서 A 게임에서 빨강을 선호한다면 B 게임에서 빨강을 선호해야 한다. 그러나 대부분의 사람들은 다르게 본다. 즉 그들은 공의 색깔을 보는 것이 아니라 불확실성에 주의한다.

A 게임에서 빨간 공은 30개로 알려졌지만 검은 공의 숫자는 불확실하다. 따라서 그들은 A 게임에서 빨간 공을 선택한다. B 게임에서 노란 공 수는 확실하지 않지만 검은 공과 노란 공의 합은 60개로 알려져 있다. 따라서 그들은 "검은색 또는 노란색"에 베팅하는데, 그 이유는 지금 그것이 불확실성이 적은 옵션이기 때문이다.

이러한 불일치는 기대 효용 이론과 모순되는데, 그것은 또한 전망 이론도 배제한다. 이는 확률을 알 수 없다는 단순한 이유 때문에 불확실성 가중함수로 그것들을 조정할 수 없기 때문이다. 이 역설은 불확실성 혐오를 설명하는 새로운 종류의 임시변통의 가중함수[2]를 도입함으로써만 설명할 수 있다.

사실 고전적 접근법이나 행동적 접근법을 사용해 직접적인 방법으로 포착할 수 없는 다른 많은 인지적 현상들이 있다는 것이 밝혀졌다. 여기에는 소위 결합conjunction 및 분리disjunction 효과, 순서 효과order effect, 선호 반전preference reversal이 포함된다. 이들의 공통점은 모든 경우에 맥락과 측정 절차가 양자 측정과 마찬가지로 해답에 영향을 미친다는 점이다. 예를 들어 엘스버그 역설에서 두 옵션은 공식적으로 동일하며, 유일한 차이점은 시나리오의 세부 사항이다. 검은색이나 노란색 공의 수에 대한 불확실성은 판단에 영향을 미치는 일종의 정신적 간섭 패턴을 만들어낸다. 다음 절은 우리가 2장에서 개발한 양자 확률 형식주의를 어떻게 사용해 그러한 역설들을 해결할 수 있는지 보여주는데, 선호 반전의 경우는 13장으로 연기한다.

3.5 손실 회피

첫 번째 단계로, 의사결정자가 같은 금액의 이익을 얻는 것보다 일정 금액의 손실에 더 큰 정신적 가중치를 할당하는 손실 기피loss aversion의 경우를 고려해보자. 전망 이론에서 이것은 그림 3.1에 나타낸 것과 같은 종류의 비대칭 가치함수를 사용해 다뤄진다. 양자 인지에서는 먼저 효용 측정 행렬을 다음과 같이 설정해 문제를 행렬 형태로 작성한다.

$$U = \left(\begin{array}{cc} u_1 & 0 \\ 0 & u_2 \end{array} \right) = \left(\begin{array}{cc} 100 & 0 \\ 0 & -100 \end{array} \right) = 100\sigma_z$$

이 행렬의 고윳값 u_i는 두 개의 상이한 고유 상태(즉, 두 개의 축)에 해당한다. 여기서 상태벡터를 단위벡터가 되도록 정의한다.

$$\psi = \frac{1}{\sqrt{2}} \left(\begin{array}{c} 1 \\ 1 \end{array} \right)$$

---

2 이는 **비가산적 확률**(non-additive probabilities) 또는 **용량**(capacities)으로 알려진 것을 포함한다. (Halpern, 2003)

이는 이익을 볼 확률과 손실을 볼 확률이 동일하다는 것을 의미한다. 그러면 상태 ψ에서의 기대 효용은 $\langle U \rangle = \psi^T U \psi = 0$로 주어지며, 공정한 베팅을 의미한다.

고전적인 경우, 확률 ψ은 게임의 객관적 상태를 가리키며 가중치는 이러한 확률을 보상 u_i와 결합한다. 문제는 결정에 영향을 미치는 것으로 알려진 손실 회피를 반영해 주는 아무런 벌칙이 없다는 점이다.

이 경우 균형 초기 상태 ψ는 다음 유니터리 행렬에 의해 작용을 받는다.

$$R(\phi) = \begin{pmatrix} \cos\left(\frac{\phi}{2}\right) & -\sin\left(\frac{\phi}{2}\right) \\ \sin\left(\frac{\phi}{2}\right) & \cos\left(\frac{\phi}{2}\right) \end{pmatrix}$$

이는 균형을 변화시키고 손실 회피를 반영하도록 한다. 일반적으로 회전은 프레이밍 사건^{framing event}을 나타내며, 이는 특정 질문이 응답자의 마음에 프레임되는 방식을 결정한다고 생각할 수 있다(뒤에서 논의하는 바와 같이 양자 컴퓨터에서, 이는 상태를 계산 기저에 상대적으로 정확한 방향으로 놓는 게이트에 의해 표현될 것이다).

다음을 설정하자.

$$V = R(\phi)^T U R(\phi) = 100 R(\phi)^T \sigma_z R(\phi) = 100 M(\phi)$$

여기서,

$$M(\phi) = \begin{pmatrix} \cos\phi & -\sin\phi \\ -\sin\phi & -\cos\phi \end{pmatrix}$$

는 2장에서 사용한 고윳값 ± 1의 측정 행렬이다.

그러면 기대 효용은 다음과 같다.

$$\langle U \rangle = \psi^T R(\phi)^T U R(\phi) \psi = \psi^T V \psi = -100\sin(\phi)$$

이는 만약 $0 < \phi < \pi/2$이면 음의 값을 가진다.

V는 빛과 상호작용하는 원자에 대한 방정식 2.3의 2-상태 해밀토니안과 동일하며, 여기서 손실 회피는 상호작용 항과 동일한 역할을 한다. 대신 $\phi = \omega t$를 낙관론과 비관론 사이에서 오락가락하는 시장 심리의 일반적인 지수로 해석한다면, 시스템은 진동할 것이다. 14장에서 다시 살펴볼 것이다.

또한 $\psi^T V \psi$는 원래 상태 ψ에 대한 연산자 V의 기댓값일 뿐이다. 우리는 V를 대각과 비대각 부분의 합으로 쓸 수 있다. 즉 $V = V_d + V_o$이며, 여기서

$$V_o = 100 \begin{pmatrix} 0 & -\sin(\phi) \\ -\sin(\phi) & 0 \end{pmatrix}$$

는 중첩 상태에 작용한다. 밀도 행렬 $\rho = \psi\psi^T$을 정의하면, 다음을 얻는다.

$$\langle V \rangle = \mathrm{Tr}\,(V\rho) = \mathrm{Tr}\,(V_d\rho) + \mathrm{Tr}\,(V_o\rho)$$

여기서 처음 항 $\mathrm{Tr}(V_d\rho)=0$는 고전적 효용을 나타내고, 두 번째 항 $\mathrm{Tr}(V_d\rho)=-100\sin(\phi)$는 손실 회피를 나타낸다.

3.6 엘스버그 역설

동일한 접근법을 엘스버그 역설에도 적용할 수 있는데, 차이점은 이제 손실 대신 불확실성에 페널티를 준다는 것이다.[3] 도박에서 이긴 상금이 1달러라고 가정한다면, 효용 행렬은 다음과 같다.

$$U = \begin{pmatrix} 1 & 0 \\ 0 & 0 \end{pmatrix}$$

상태를 다음과 같이 정의한다.

$$\psi_n = \begin{pmatrix} \sqrt{\frac{n}{90}} \\ \sqrt{\frac{90-n}{90}} \end{pmatrix}$$

여기서 처음 행은 이제 베팅이 성공할 확률을 나타낸다. $n = 30$으로 설정한 경우는 베팅이 빨간 공인 게임에 해당하며(빨간색 공이 30개이기 때문에), 성공 확률은 1/3이다. n이 $0 < n \le 60$ 범위에 있을 수 있는 경우는 베팅이 검은 공인 게임에 해당하며, 성공 확률은 $n/90$이다. 만약 우리가 n이 0과 60 사이에 균일하게 분포된다고 가정한다면, 기댓값은 고전적 경우와 같이 1/3이 된다.

3   Blutner and Graben, 2016

우리는 먼저 U를 다음 형태로 표현한다.

$$U = \frac{1}{2}\sigma_z + \frac{1}{2}I$$

여기서 I은 항등행렬이고, 회전 연산자 $R(\phi)$를 상태에 적용한다.

그러면 기댓값은 다음과 같다.

$$V_n = \psi_n^T R(\phi)^T U R(\phi) \psi_n = \frac{1}{2}\psi_n^T M(\phi)\psi_n + \frac{1}{2}$$
$$= \frac{1}{2} - \frac{1}{180}\left((90-2n)\cos(\phi) + 2\sqrt{n(90-n)}\sin(\phi)\right)$$

만약 $\phi < 0$이면, 이는 불확실성 회피를 반영하며, n에 대한 평균인 V_n보다 V_{30}이 더 매력적인 옵션임을 수치적으로 확인할 수 있다. 따라서 빨간 공 베팅이 선호되는 선택이다.

3.7 알레 효과

알레 효과를 위해 게임 A의 효용행렬을 다음과 같이 쓴다.

$$U = \begin{pmatrix} 40 & 0 & 0 \\ 0 & 30 & 0 \\ 0 & 0 & 0 \end{pmatrix}$$

그리고 두 개의 가능한 상태가 단위 벡터가 되도록 정의한다.

$$\psi_{a1} = \begin{pmatrix} \sqrt{0.8} \\ 0 \\ \sqrt{0.2} \end{pmatrix}, \; \psi_{a2} = \begin{pmatrix} 0 \\ 1 \\ 0 \end{pmatrix}$$

여기서 각 성분의 제곱이 특정한 결과의 확률을 지정하고, 세 번째 성분은 아무것도 얻지 못할 확률을 가리킨다. 여기서 ψ_{a1}은 40달러 또는 아무것도 얻지 못하는 도박을 나타내며 이것의 기대 수익이 더 높은 반면, ψ_{a2}는 30달러 당첨의 "확실한 것" 옵션을 나타낸다.

상태 ψ의 기대 효용은 다시 $\langle U \rangle = \psi^T U \psi$에 의해 주어진다.

$$\psi_{a1}^T U \psi_{a1} = \begin{pmatrix} \sqrt{0.8} & 0 & \sqrt{0.2} \end{pmatrix} \begin{pmatrix} 40 & 0 & 0 \\ 0 & 30 & 0 \\ 0 & 0 & 0 \end{pmatrix} \begin{pmatrix} \sqrt{0.8} \\ 0 \\ \sqrt{0.2} \end{pmatrix} = 32$$

$$\psi_{a2}^T U \psi_{a2} = \begin{pmatrix} 0 & 1 & 0 \end{pmatrix} \begin{pmatrix} 40 & 0 & 0 \\ 0 & 30 & 0 \\ 0 & 0 & 0 \end{pmatrix} \begin{pmatrix} 0 \\ 1 \\ 0 \end{pmatrix} = 30$$

B 게임에 대해 유사한 계산으로 이전과 같이 다음을 얻는다.

$$\psi_{b1}^T U \psi_{b1} = \begin{pmatrix} \sqrt{0.2} & 0 & \sqrt{0.8} \end{pmatrix} \begin{pmatrix} 40 & 0 & 0 \\ 0 & 30 & 0 \\ 0 & 0 & 0 \end{pmatrix} \begin{pmatrix} \sqrt{0.2} \\ 0 \\ \sqrt{0.8} \end{pmatrix} = 8$$

$$\psi_{b2}^T U \psi_{b2} = \begin{pmatrix} 0 & \sqrt{0.25} & \sqrt{0.75} \end{pmatrix} \begin{pmatrix} 40 & 0 & 0 \\ 0 & 30 & 0 \\ 0 & 0 & 0 \end{pmatrix} \begin{pmatrix} 0 \\ \sqrt{0.25} \\ \sqrt{0.75} \end{pmatrix} = 7.5$$

이제 아무것도 얻지 못하는 위험(세 번째 성분)에 대한 혐오 정도를 모델링하고자 한다. 앞의 예에서, 우리는 의사 결정자의 정신 상태를 반영하기 위해 상태 벡터를 회전시킴으로써 그러한 효과를 통합했다. 3차원의 회전이나 복소수 계수를 가질 수 있는 일반적인 유니터리 행렬에 대해 작업하는 대신, 우리는 약간 트릭을 사용해 비대각 항을 직접 측정 연산자에 더해 행렬을 허미션으로 유지한다.[4] 예를 들어 다음과 같이 설정한다.

$$V = \begin{pmatrix} 40 & 0 & -5 \\ 0 & 30 & -5 \\ -5 & -5 & 0 \end{pmatrix}$$

그러면 다음을 발견한다.

$$\psi_{a1}^T V \psi_{a1} = \begin{pmatrix} \sqrt{0.8} & 0 & \sqrt{0.2} \end{pmatrix} \begin{pmatrix} 40 & 0 & -5 \\ 0 & 30 & -5 \\ -5 & -5 & 0 \end{pmatrix} \begin{pmatrix} \sqrt{0.8} \\ 0 \\ \sqrt{0.2} \end{pmatrix} = 28$$

그리고 유사하게, $\psi_{a2}^T V \psi_{a2} = 30$, $\psi_{b1}^T V \psi_{b1} = 4$, 그리고 $\psi_{b2}^T V \psi_{b2} = 3.17$이다. 그러면 이제 옵션 a_2와 b_1이 선택된다.

3.8 요약

3장에서 우리는 주류 경제학이 고전적인 효용 이론에 기반을 두고 있다는 것을 봤다. 행동경제학은 전망함수와 불확실성함수를 사용해 이 이론을 수정하지만, 행동 접근법은 여전히 엘스버그 역설과 같은 "이상 현상"을 설명하기 위해 고군분투한다. 양자 접근법은 고전적 확률보다는 양자 확률을 기본으로 하기 때문에 근본적으로 다르다.

양자 인지에서 대각 효용행렬은 알려진 효용과 함께 객관적 결과들로 구성된 기저에 투영함으로써 전망이 평가되고 있음을 의미한다. 그러나 실무에서 사람은 고전적 버전과 완벽하게 일치하지 않는 주관적 기저에 투영해 전망을 평가하고 원하지 않는 결과에 음의 비중을 할당할 것이다. 이는 측정 연산자의 비대각항을 만들고, 이는 중첩 상태에 작용함으로써 기대 결과에 영향을 미친다.

또한 고전적인 접근법은 효용에 대한 직접적인 비교를 강조하지만, 양자 접근법은 대신 성향에 기반한 확률론적 분석으로 이어진다. 따라서 어떤 결정이 최적인지 묻기보다는 어떤 결정이 더 가능성이 높은지를 묻는 것이 문제가 된다. 이는 4장에서 더욱 분명해질 것이며, 여기서는 예를 들어 어떤 사건에 대해 조건부 결정이 내려졌을 때 발생하는 두 가지 (또는 그 이상의) 인지 단계가 있는 경우를 고려한다.

양자 우월성

행동경제학은 효용 또는 그 유사한 것에 대한 선형 관계가 비선형 곡선으로 대체되는 고전적 효용 이론의 변형된 버전에 기반을 둔다. 양자 확률은 음의 확률을 허용하고 다양한 인지 현상을 모델링하는 일관되고 절약적인 접근법을 제공하는 투영 형식주의에 기반을 둔다.

3.9 추가 참고문헌

논문 「전망이론: 위험에 처한 의사결정의 분석」은 1979년 카네만과 트버스키에 의해 발표됐다. 이 보고서는 1977년 미국 국방부의 첨단 의사결정 기술 프로그램의 일환으로 쓰인 보고서를 토대로 작성됐으며, 이 보고서는 다음 링크에서 다운로드할 수 있다.

- https://apps.dtic.mil/dtic/tr/fulltext/u2/a045771.pdf

카네만의 행동경제학에 대한 좋은 비학술적 개요는 "Thinking, Fast and Slow" 이다.

그 주제에 대한 의견은 저자의 책 『Behavioural Economics: Pscychology, Neuro-science, and the Hunan Side of Economics(행동 경제학: 심리학, 신경과학, 그리고 경제학의 인간 측면)』(Icon books, 2021)를 참조하라.

양자 인지에 대한 기술적 개요는 다음을 참조하라.

- Busemeyer J and Bruza P (2012) Quantum Models of Cognition and Decision. Cambridge: Cambridge University Press.

04 정신 간섭

3장의 예는 양자 확률의 투영적 성격을 고전적 접근법의 일부 문제를 다루는 데 어떻게 사용할 수 있는지를 보여줬다. 4장에서는 분리 효과, 결합 효과 및 순서 효과를 포함해 의사결정 과정에 둘 이상의 단계가 있을 때 발생하는 간섭에 관련된 좀 더 일반적인 인지 효과를 살펴본다. 우리는 케인즈가 폄하하는 수학적인 "결함"을 최소한으로 유지하도록 노력할 것이다.

4.1 파동 분리기

위의 예에서 우리는 손실이나 위험에 대한 회피와 같은 효과를 설명하기 위해 초기 상태 벡터의 회전을 사용한 다음 인지된 효용을 측정했다. 계산된 확률이 특정 결정을 내리는 경향을 나타내는 예측과 관련된 다양한 문제에 동일한 2단계 접근 방식을 적용할 수 있다. 주요 차이점은 간섭의 부호를 변경하는 맥락에 대한 스위치를 도입한다는 것이다. 또한 목표는 정확한 투영 행렬 자체를 생성하는 것이 아니라 투영 시퀀스로 실험 결과를 재현할 수 있다는 것을 보여주는 것이다.

그림 4.1은 모델링할 의사 결정 프로세스의 개략도를 보여준다. 나중에 보듯이 양자 컴퓨터의 회로에 대응하는 것으로 볼 수도 있다. 한 시나리오(상단 패널)에서 사람은 두 가지 가능한 응답을 제공하기 위해 측정되는 사건 A에 직면한다. 여기서 긍정과 부정으로 표시된다. 그리고 나서 그 사람은 두 번째 사건 B에 직면하게 되고, 그 결과는 다시 측정돼 총 네 가지 다른 가능한 결과를 제공한다. 행렬 계수는 복잡할 수 있다. 하단 패널에서 측정은 최종 단계까지 연기된다. 이것은 A가 별도로 측정되지 않는 프레이밍 사건을 나타내는 경우에 해당할 것이다.

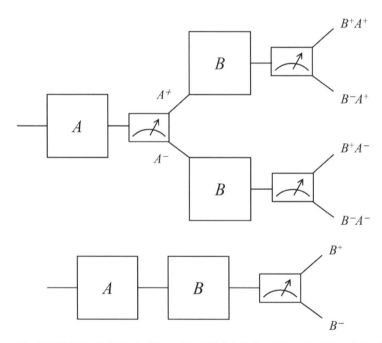

그림 4.1 두 가지 의사결정 시나리오의 개략도. 상단 패널에서 상태는 사건 A 후 측정되며, 두 개의 중간 경로가 발생한다. 하단 패널에서 측정은 사건 B 이후의 최종 단계까지 지연된다. 게이지 기호는 측정을 나타낸다.

따라서 이러한 시나리오의 차이는 한 줄기 빛이 두 개의 슬릿을 통과하고 재결합돼 파동과 같은 간섭 패턴을 형성하는 물리학의 유명한 이중 슬릿$^{double slit}$ 실험을 연상시킨다. 이 패턴은 빔이 개별 광자의 시퀀스로 축소돼도 유지되며, 이는 빛의 이중 파동/입자 특성을 보여준다. 그러나 광자가 측정돼 어떤 슬릿을 거쳤는지 알 수 있다면, 그 패턴은 신비하게 사라진다.

인지 실험에서, 사건 A는 입력을 두 상태로 나누는 분리기의 역할을 한다. 따라서 결과를 측정하는 것은 광자가 어떤 슬릿을 통과하는지를 측정하는 것과 유사하다. 두 번째 사건은 최종 측정을 구축한다. 보게 되겠지만, 결과는 측정에 다시 민감한 파동과 같은 간섭 항이다.

4.2 투영 시퀀스

A가 관련 고유 상태에 대한 붕괴를 나타내는 투영 행렬이라고 가정하자. 이 사건은 예를 들어 설문 조사에 대한 특정 응답일 수 있다. 시스템이 u 상태일 경우 투영은 $v = Au$이고 사건이 발생할 확률은 성향 $p_u(A) = |v|^2$에 의해 주어진다. 이제 B가 다른 설문 조사에 대한 응답과 같은 다른 사건을 나타낸다고 가정하자. 우리는 $p_u(B)$, 즉 사건 A이 일어났을 때 상태 B로 붕괴될 확률을 계산하고 싶다.[1] 우리는 $(A;B)$로 "A 다음에 B"의 순차적 측정을 수행하는 것을 나타내는 연산자를 나타낸다. 그러면 다음을 얻는다.

$$p_v(B) = |Bv|^2 = (BAu)^\dagger (BAu) = (Au)^\dagger B^\dagger BAu$$
$$= (Au)^\dagger BAu = u^\dagger ABAu$$

여기서 A와 B가 투영 연산자라는 사실을 이용했다. 따라서 예를 들어

$B^\dagger B = BB = B$이다. 따라서 시퀀스 연산자는 다음과 같다.

$$(A;B) = ABA$$

이 연산자는 $p(A;B) = p(B|A)p(A)$를 참고함으로써 조건부 확률을 계산하는 데 사용할 수 있다. 만약 A와 B가 교환적이면,

$(A;B) = ABA = BAA = BA$이며, 이는 고전적 경우와 같다.

만약 I가 항등행렬이고, $\overline{A} = I - A$이면, $\overline{A}A = A\overline{A} = 0$이다. 그러면,

$$B = IBI = \left(A + \overline{A}\right) B \left(A + \overline{A}\right) = ABA + AB\overline{A} + \overline{A}BA + \overline{A}B\overline{A}$$
$$= (A;B) + \left(\overline{A};B\right) + \partial(A, B)$$

---

1   Nietegge, 2008; Blutner and Graben, 2016

이다. 여기서 $\partial(A, B) = AB\overline{A} + \overline{A}BA$는 간섭항이다. 이들 항은 모두 상호 직교이므로, 다음을 얻는다.

$$p_u(B) = p_u(A; B) + p_u(\overline{A}; B) + p_u(\partial(A, B))$$

그리고 조건부 확률의 정의를 적용하면, 다음을 얻는다.

$$p_u(B) = p_u(B|A)p_u(A) + p_u(B|\overline{A})p_u(\overline{A}) + p_u(\partial(A, B))$$

이것은 간섭으로 인한 추가 항 $p_u(\partial(A, B))$이 존재하는 것을 제외하고는 총 확률 법칙과 같다.

허미션 행렬은 켤레 전치 행렬과 같으므로, $AB\overline{A} = (\overline{A}BA)^\dagger$가 성립하고, 따라서

$$
\begin{aligned}
p_u(\partial(A, B)) = p_u(AB\overline{A} + \overline{A}BA) &= u^\dagger(AB\overline{A} + \overline{A}BA)u \\
&= (u^\dagger\overline{A}BAu)^\dagger + u^\dagger\overline{A}BAu = 2RE(u^\dagger\overline{A}BAu) \\
&= 2RE((B\overline{A}u)^\dagger BAu) = 2|B\overline{A}u||BAu|\cos(\Delta) \\
&= 2\sqrt{p_u(B|\overline{A})p_u(\overline{A})} \cdot \sqrt{p_u(B|A)p_u(A)} \cdot \cos(\Delta)
\end{aligned}
\tag{4.1}
$$

이다. 여기서 복소 위상 이동 Δ은 다음을 계산함으로써 얻어진다.

$$(B\overline{A}u)^\dagger BAu = |B\overline{A}u||BAu|e^{i\Delta} = \sqrt{p_u(B\overline{A})p_u(BA)}e^{i\Delta}$$

이는 실수 부분 $\sqrt{p_u(B|A)p_u(A)} \cdot \sqrt{p_u(B|A)p_u(A)} \cdot \cos(\Delta)$을 가진다.

따라서 간섭 항은 측정 A의 결과가 B의 기대 측정에 미치는 영향을 측정한다. 만약 답이 A인지 $\overline{A}$인지를 아는 것이 효과가 없다면, 이것은 측정 A와 B(또는 더 정확히는 그들이 투영하는 부분 공간)가 서로 직교하는 경우에 해당하므로 간섭은 0이다. 이것은 고전적 확률의 영역이다. 일반적으로 두 측정 A와 B는 직교하지 않으므로 간섭 효과가 발생한다. 이것들은 행동 심리학자들에 의해 연구된 많은 인지적 "이상 현상 anomalies"의 핵심인 것으로 밝혀졌다.

4.3 분리 효과

논리학에서 분리[disjunction]란 OR문을 말하며 결합[conjunction]은 AND문을 말한다. 분리 효과의 예는 트버스키와 샤피르의 실험으로, 한 그룹의 학생들에게 다음과 같은 질문을 했다.[2]

> 당신이 방금 어려운 자격 시험을 치렀다고 상상해보라. 가을 분기가 끝나가고, 피곤하고 지칠 대로 지치고, 시험에 합격했는지 확신이 서지 않는다. 만약 당신이 합격하지 못한다면, 당신은 크리스마스 연휴가 끝난 몇 달 후에 시험을 다시 봐야 한다. 당신은 지금 하와이에서 아주 매력적인 5일간의 크리스마스 휴가 패키지를 저렴한 가격에 살 수 있는 기회를 갖게 됐다. 특별 할인 혜택은 내일 만료되며, 시험 성적은 다음날까지 받을 수 없다. 어떻게 할 것인가?
>
> (a) 휴가 패키지를 구입한다.
>
> (b) 휴가 패키지를 구입하지 않는다.
>
> (c) 시험 합격 여부를 확인한 후, 모래에 같은 예외적으로 저렴한 가격으로 휴가 패키지를 구입할 수 있는 권리를 유지하기 위해 5달러의 환불 불가 수수료를 지불한다.

이 실험에서 32%는 옵션 (a), 7%는 옵션 (b), 61%는 옵션 (c)를 선택한다. 이 결과는 정확히 같은 문구를 사용하는 두 번째 버전의 실험과 비교될 수 있다. 단, 두 번째 실험에서 이제 학생들은 시험에 합격했는지 안 통과했는지에 대해 통지를 받는다. 이 경우 합격(54% 구매 선택)인지 불합격(57%)인지에 상관없이 절반 이상의 학생들은 휴가 패키지 구매를 선택했다. 이것은 결과를 모를 때 이 패키지를 구매하는 것을 선택한 32%보다 훨씬 높은 수치다.

그러므로 중요한 것은 시험의 결과가 아니라 시험에 관련된 불확실성인 것 같았다. 실제로 후속 실험에서 옵션(c)을 생략하면 효과가 사라진 것으로 나타나 불확실성의 성격이 중요하다는 것을 알 수 있다.[3]

V는 휴가 구매 사건을, T는 시험 합격, $\overline{T}$는 시험 불합격 사건을 나타낸다고 하자. 시험을 합격하면 휴가를 구매할 확률은 $p(V|T) = 0.54$이고, 시험에 불합격하면 $p(V|\overline{T}) = 0.57$이다. 그러나 시험 결과를 모르고 휴가를 살 확률은 $p(V) = 0.32$이다. 총 확률의 법칙에 따르면 다음이 성립한다.

---

2   Tversky and Shafir, 1992
3   Bagassi and Macchi, 2007

$$p\left(V\right) = p\left(V|T\right)p\left(T\right) + p\left(V|\overline{T}\right)p\left(\overline{T}\right)$$

다른 말로 하면 V의 확률은 시험이 T이든 $\overline{T}$이든 결과에 상관없이 같아야 한다. 이를 여기 적용하면, $p(V|T) > 0.5$이고 $p((V|\overline{T}) > 0.5$이므로 다음이 성립한다.

$$p\left(V\right) > 0.5\left(p\left(T\right) + p\left(\overline{T}\right)\right) = 0.5$$

이는 $p(V) = 0.32$라는 사실과 위배된다.

트버스키와 샤피르는 분리 효과는 "불확실성의 존재에 의해 유도되는 예민함의 손실"에 의해 기인한다고 설명했다."[4] 즉, 사람들은 혼동된다. 그러나 부세마이어와 브루자는 간섭의 양자 개념과의 유사성에 주목했다. "만약 선택이 이성에 근거한다면, 알려지지 않은 조건에는 두 가지 좋은 이유가 있다. 어찌된 일인지 이 두 가지 좋은 이유는 전혀 이유 없이 사라진다! 이는 두 파동이 만나 한 파동이 상승하고 다른 파동이 하강하고 있어 상쇄되는 파장의 간섭과 유사하다"고 설명했다.[5]

분리 효과는 알레와 엘스버그 역설과 다르다. 문제는 확률에 의해 가중되는 돈의 양 사이에서 선택하는 것이 아니라 시험 결과에 대한 정보를 고려할 때 휴가를 가거나 집에 머무르는 것 사이에서 선택하는 것이기 때문이다. 따라서 질문은 특정 맥락(따라서 효용이라기보다는 성향)이 주어진다면 하나의 옵션을 선택할 가능성에 관한 것이다. 양자 용어로, 이것을 두 개의 투영으로 생각할 수 있다. T는 먼저 맥락을 특정 부분 공간(테스트 합격 또는 불합격)에 투영하고 V는 휴가 결정을 예 또는 아니요로 투영한다.

시험 결과를 측정하지 않더라도, 시험을 치르는 사건은 계산에서 사라지지 않았는데, 이는 합격 또는 불합격의 정확한 가능성을 제시해야 하는 상태에 내포돼 있기 때문이다. 따라서 테스트는 프레이밍 사건 역할을 한다.

우리는 투영 행렬 항으로 문제를 다시 쓸 수 있다.

$$p\left(V\right) = p\left(V|T\right)p\left(T\right) + p\left(V|\overline{T}\right)p\left(\overline{T}\right) + p\left(\partial\left(T,V\right)\right)$$

여기서 간섭 항은

---

4   Tversky and Shafir, 1992

5   Busemeyer and Bruza, 2012: p. 267

$$p\left(\partial\left(T, V\right)\right) = 2\sqrt{p\left(V|\overline{T}\right)p\left(\overline{T}\right)} \cdot \sqrt{p\left(V|T\right)p\left(T\right)} \cdot \cos\left(\Delta\right)$$

이다. 실험 결과로부터 $p(T) = \mathbf{p}(\overline{T}) = 0.5$, $p(V|T) = 0.54$, $p(V|\overline{T}) = 0.57$, 그리고 $p(V) = 0.32$을 얻는다. 따라서 다음을 추론할 수 있다.

$$p\left(\partial\left(T, V\right)\right) = p\left(V\right) - p\left(V|T\right)P\left(T\right) - p\left(V|\overline{T}\right)P\left(\overline{T}\right) = -0.235$$

그리고

$$\cos\left(\Delta\right) = \frac{p\left(\partial\left(T, V\right)\right)}{2\sqrt{p\left(V|\overline{T}\right)p\left(\overline{T}\right)} \cdot \sqrt{p\left(V|T\right)p\left(T\right)}} = -0.424$$

이다. 따라서 위상 차이는 다음과 같다.

$$\Delta = \mathrm{acos}\left(-0.424\right) = 115°$$

위에서 본 바와 같이 $p(\partial(T,\ V)) = -p(\partial(T,\ V))$을 얻는다. 따라서 선택이 휴가를 구매할 것인지 안 할 것인지 여부에 따라 간섭 효과는 반대로 더해진다. 간섭 항의 이 비대칭성은 정확히 분리 효과를 생성하는 것이다.

고전적 모델에서 대안적 경로의 확률을 합함으로써 사건의 확률을 얻을 수 있다. 그래서 $p(V) = p(V|T) + p(V|\overline{T})$이다. 양자 확률에서, 확률 진폭은 먼저 합해진 다음, 실제 확률을 주기 위해 제곱된다. 이것은 고전적 이론에서는 일어나지 않는 간섭 효과로 이어진다.

4.4 상호작용 함수

앞에 언급한 바와 같이 유칼로프와 솔네트의 양자 의사결정 이론QDT, Quantum Decision Theory은 유사한 접근법이지만 현재 텐서 공간 $\mathcal{H} = \mathcal{H}_B \otimes \mathcal{H}_A$에 존재하고, 디랙 표기법으로 $|\pi_1\rangle = a_{11}|BA\rangle$에 해당하는 $\pi_1 = BA$ 형태의 전망 측면에서 문제를 나타낸다.[6] 시스템을 측정하는 연산자는 $S(\pi_1) = |a_{11}|^2|BA\rangle\langle BA|$ 형태의 **전망 연산자**prospect operators로 대체된다. 8장에서 자세히 살펴볼 것으로 주요 차이점은 사건들이 순차적

---

6   Yukalov and Sornett, 2008

으로 처리되기보다는 병렬로 처리되기 때문에 프레임이 얽힘[entanglement]을 통해 발생하지만 결과는 정확히 같다는 것이다.[7] 밀도 행렬 표현에서 전망 확률 또는 우리가 말하는 성향함수는 전망 연산자 $S(\pi_1)$의 정규화된 기댓값과 같으므로, 따라서

$$p(\pi_1) = Tr(\rho S(\pi_1)) = \sum_{n,m} S_{m,n}\rho_{n,m}$$

이다. 그들은 이것을 다음과 같이 표현한다.

$$p(\pi_1) = f(\pi_1) + q(\pi_1)$$

여기서 효용[utility] 항

$$f(\pi_1) = \sum_{n} S_{n,n}\rho_{n,n} = Tr(\rho S_d(\pi_1))$$

은 단지 S의 대각 원소만을 가진 대각 연산자 S_d에 상응하고, 상호작용[attraction] 항

$$q(\pi_1) = \sum_{n \neq m} S_{m,n}\rho_{n,m} = Tr(\rho S_o(\pi_1))$$

은 비대각 원소에 상응한다.[8]

위에서 제시된 분리 효과에 대해서 만약 $\pi_1 = VT$가 시험 합격 후 휴가 구입 전망을 나타내고, $\pi_1 = V\overline{T}$가 시험에 합격하지 못한 후 휴가 구입 전망을 나타낸다면, 해당 간섭항은 $q(\pi_1) = -0.235$, $q(\pi_2) = 0.235$로 나타나며, 이는 위에서 계산한 것과 동일하다.[9]

4.6 결합 효과

분리 효과와 비슷한 것이 결합 효과다. 이것은 1983년 트버스키와 카네만에 의해 논문에 실렸다. 그들은 참가자들에게 다음과 같은 프로필을 제시한 실험을 기술하고 있다. "린다는 31살이고, 독신이며, 솔직하고, 매우 밝다. 그녀는 철학을 전공했다. 학생 시절 차별이나 사회 정의 문제를 깊이 고민했고, 반핵 데모에도 참여했다고 말

---

7   Agrwal and Sharda, 2013

8   Yukalov and Sornett, 2015

9   Yukalov and Sornette, 2009

했다. 그러고 나서 그들은 현재 (A) 린다가 페미니스트 운동에서 활동하고 있거나, (B) 린다가 은행 출납원이거나, 마지막으로 (A&B) 린다가 은행 출납원이면서 동시에 (AND) 페미니스트 운동에서 활동하고 있을 가능성을 질문했다. 결과 확률은 페미니스트의 경우 $p(A) = 0.61$, 은행 출납원의 경우에 대해서는 $p(B) = 0.38$, 그리고 모두다인 경우에는 $p(A\,;B) = 0.51$이었다.[10]

확률 이론에서의 결합 규칙에 따르면, 두 사건이 함께 발생할 확률은 한 사건만 발생할 확률보다 작거나 같아야 한다. 그러나 여기서 A와 B가 함께 발생할 확률은 B만의 확률보다 크다. 고전적 논리와 모순되지만 다시 양자 모델의 간섭 항이 등장한다. 전망 "페미니스트 은행 출납원"은 광범위한 페미니스트 범주가 먼저 처리된다는 근거로 전망 효용 이론에서 $(A\,;B)$로 표현할 수 있으며, 반면 공동 전망 "은행 출납원"은 $B = B(A + \overline{A})$이다. 결합 효과는 $p(A\,;B) - p(B) = 0.13$항으로 정의된다. 앞에서와 유사한 분석으로 $\cos(\Delta) = -0.9$, 따라서 $\Delta = 154$이다.[11]

4.6 순서 효과

양자 확률에 대한 간섭 역할의 또 다른 예는 소위 순서 효과^{order effect}에 의해 제공된다. 여론조사 기관과 설문 조사 작성자들은 그들이 받는 답은 질문의 정확한 표현뿐만 아니라 그들의 순서에도 달려 있다는 것을 오래전부터 알고 있었다. 첫 번째 질문에 대한 응답은 두 번째 질문의 맥락을 변경한다. 여기서 맥락은 응답자 자신의 심리 상태를 포함한다. 심리학자 하랄드 아트만스파허^{Harald Atmanspacher}와 하르트만 뢰머^{Hartmann Romer}에 따르면 이 현상은 너무 일반적이어서 심리학에서는 "비교환성이 보편적 규칙이 돼야 한다"고 한다.[12] 이는 고전적 효용 이론의 관점에서는 말이 되지 않지만, 입자의 위치 측정이 입자의 운동량에 영향을 주고 그 반대도 마찬가지인 양자 물리학에서 경험하는 것과 유사하다.

10 Tversky and Kahneman, 1983
11 Blutner and Graben, 2016
12 Wendt, 2015: p158에서 인용

　순서 효과는 미국 설문 조사 결과 70개를 분석한 한 2014년 논문에 예시됐다.[13] 저자들이 사용한 한 예는 응답자들이 빌 클린턴(C) 전 대통령과 앨 고어(G)전 부대통령을 신뢰할 수 있다고 생각하는지를 연속적으로 묻는 1997년 갤럽 조사였다. 클린턴 이름이 먼저 나오면($C;G$) 둘 다를 신뢰할 수 있다고 묘사하는 사람들이 49%였지만 고어 이름이 먼저 나오면($\overline{G};\overline{C}$) 이 수치가 56%로 올라 7% 차이가 났다. 반대로 클린턴이 먼저 나올 경우($\overline{C};\overline{G}$) 이 둘을 신뢰할 수 없다고 묘사하는 수치는 28%였으나, 고어가 먼저 나오는 경우($G;C$) 이 수치는 21%로 떨어져 다시 7%의 차이를 보였다. 그래서 공동 신뢰도의 증가는 공동 신뢰성의 감소로 균형을 이루었다.

　이 실험의 양자 모델은 그림 4.2에 설명돼 있다(그림 2.1과 비교하라). 분석은 위상 이동phase shift이 아무 역할을 하지 않아, 계수가 복소수가 아니라 실수로 가정될 수 있다.[14] 굵은 회색 선은 클린턴의 질문에 답할 때 그 사람의 상태를 보여준다. 따라서 신뢰와 불신이라는 두 가지 상태의 중첩에 있는 확률론적 파동함수의 스냅샷을 나타낸다. 만약 클린턴에 대한 신뢰가 확실하다면 이 선은 수평 "C yes"축과 밀접하게 일치할 것이고, 만약 그들이 매우 불신했다면 수직 "C no"축과 일치할 것이다. 이 사람은 다소 확신이 없어서 대략 같은 강도로 두 옵션을 중첩해 잡고 있으며 선은 각 θ가 수평축에 대한 각도가 40도로 거의 대각선이다.

---

13 Wang et al., 2014

14 Moreira and Wichert, 2017

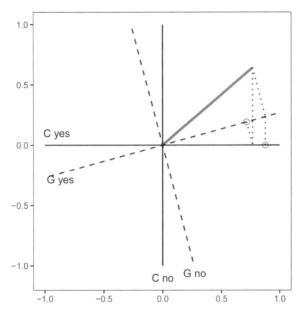

그림 4.2 의사결정자의 초기 상태는 수평축으로부터 $\theta = 40$도만큼 회전한 굵은 회색 선으로 표현된다. 그들은 상응하는 "yes" 또는 "no" 고유 상태 중 하나에 투영함으로써 첫 번째 질문에 응답한다. 그들은 $\phi = 15$도만큼 회전한 다른 한 쌍의 고유 상태에 투영함으로써 두 번째 질문에 응답한다. 결과는 질문의 순서에 따라 달라진다.

yes라고 대답하는 결정은 불확실한 중첩 상태의 붕괴에 해당하며, 흰색 원이 나타내는 지점까지 "C yes"축에 투영하는 것으로 대표된다. 양자 모델에 따르면 이 선택의 확률은 중앙에서 그 점의 거리의 제곱이다. 이 붕괴된 상태는 다음 질문에 대한 답의 초기 조건으로 사용된다. 이 질문에 대한 축은 여기서 15도로 설정된 각 ϕ만큼 회전된다. 예를 들어 만약 클린턴 질문이 먼저 주어지면, 이들 확률은 표 4.1에서와 같다는 것을 쉽게 확인할 수 있으며, 간섭항은 다음과 같다.

$$
\begin{aligned}
p_u\left(\partial\left(C,G\right)\right) &= p_u\left(G\right) - p_u\left(C;G\right) - p_u\left(\overline{C};G\right) \\
&= p_u\left(G\right) - p_u\left(G|C\right) p_u\left(C\right) - p_u\left(G|\overline{C}\right) p_u\left(\overline{C}\right) \\
&= \cos(\theta - \phi)^2 - \cos^2(\theta)\cos^2(\phi) - \sin^2(\theta)\sin^2(\phi) \\
&= 2\cos(\theta)\cos(\phi)\sin(\theta)\sin(\phi)
\end{aligned}
$$

이는 복소 위상 이동 파라미터가 $\Delta = 0$로 설정된 식 4.1에 해당한다. 질문 순서를 변경하면 표 4.2에 보이는 바와 같이 응답 확률에 영향을 미친다. 결과는 다음 식을 준수한다.

$$p_u\left(\overline{C};\overline{G}\right) - p_u\left(\overline{G};\overline{C}\right) = p_u\left(G;C\right) - p_u\left(C;G\right)$$

이는 경험적 결과에서 보여진 공동 신뢰와 공동 불신 간의 대칭성을 반영한다.

표 4.1 클린턴 질문 다음에 고어 질문이 따르는 경우의 확률

클린턴	고어	확률
예	예	$\cos^2(\theta)\cos^2(\phi)$
예	아니요	$\cos^2(\theta)\sin^2(\phi)$
아니요	예	$\sin^2(\theta)\sin^2(\phi)$
아니요	아니요	$\sin^2(\theta)\cos^2(\phi)$

표 4.2 코어 질문 다음에 클린턴 질문이 따르는 경우의 확률

클린턴	고어	확률
예	예	$\cos^2(\theta-\phi)\cos^2(\phi)$
예	아니요	$\cos^2(\theta-\phi)\sin^2(\phi)$
아니요	예	$\sin^2(\theta-\phi)\sin^2(\phi)$
아니요	아니요	$\sin^2(\theta-\phi)\cos^2(\phi)$

그림 4.2에서 클린턴 문제와 고어 문제 사이의 관점의 이동은 투영 축을 ϕ만큼 회전시킴으로써 모델링된다는 것을 유의하라. 그러나 2장에서 언급했듯이, 같은 일을 하는 또 다른 방법은 상태 벡터를 같은 양만큼 회전시킨 다음 원래의 축에 투영하는 것이다. 그림 4.1을 참조하면 A와 B라고 표시된 상자는 각각 θ와 ϕ의 회전 행렬로 해석될 수 있으며, 측정은 표준 기저로의 투영으로 해석될 수 있다. 우리는 양자 회로를 사용해 유사한 문제를 표현하는 방법을 보여주는 5장에서 이 문제를 다시 살펴본다.

4.7 1/4 법칙

위에서 본 바와 같이 양자 확률은 부분공간으로 투영함으로써 확률을 측정하며, 이는 간섭 효과로 이어진다. 기본적인 질문은 우리가 이러한 효과의 크기를 추정할 수 있는가 하는 것이다. $(A;B)$와 $(\overline{A};B)$로 표시된 두 가지 다른 시나리오의 매력도를 비교하려고 한다고 가정하자. 여기서 B는 의사결정을 표현할 수 있고 A와 $\overline{A}$는 두 가지 다른 맥락을 표현할 수 있다. 따라서 맥락의 영향은 최종 결정에 간섭할 수 있다.

$p_u(\partial(A,\ B)) + p_u(\partial(\overline{A},\ B)) = 0$이므로, $p_u(\partial(\overline{A},\ B)) = -p_u(\partial(A,\ B))$이 성립하는 것은 쉽게 확인할 수 있다. 또한 식 4.1은 다음이 성립한다고 하므로,

$$p_u\left(\partial\left(A, B\right)\right) = 2\sqrt{p_u\left(B|\overline{A}\right) p_u\left(\overline{A}\right)} \cdot \sqrt{p_u\left(B|A\right) p_u\left(A\right)} \cdot \cos\left(\Delta\right)$$

간섭을 평가하기 위해 사용되는 모든 확률적 항은 0과 1 사이의 범위에 있다. 유칼로프Yukalov와 솔네트Sornette(2009)를 따라, 만약 이 항들(cos(Δ) 항을 포함하며, Yukalov와 솔네트는 정신 간섭을 생성하는 데 있어 불확실성의 역할을 반영하는 불확실성 요인이라 명칭했다)에 대한 무정보 균등 사전분포uninformative uniform prior를 가정하면 기댓값은 모두 1/2이고 간섭 항의 크기는 1/4이다.[15] 따라서 가장 매력적인 옵션은 1/4의 양의 간섭을 가지는 반면, 가장 덜 매력적인 옵션은 −1/4의 음의 간섭을 가진다.

유칼로프와 솔네트는 그들의 양자 의사결정 이론에서 이것을 "1/4 법칙"이라고 부르며 다양한 범위의 심리 대조 실험에서 경험적으로 검증했다.[16] 1/4 법칙의 이점은 어떠한 파라미터도 적합화할 필요 없이 간섭 효과를 평가하는 강건한 경험 법칙을 제공한다. 예를 들어 분리 효과에 대한 간섭 항의 크기는 0.235로 1/4에 가까웠다.

또 다른 예는 소유 효과endowment라고 부르는 현상이다. 이는 많은 실험에서 설명됐는데, 가장 잘 알려진 실험은 실험 대상자들에게 머그잔을 준 다음 그것을 팔거나 교환할 수 있는 기회를 제공하는 것이다.[17] 따라서 맥락 A는 소유 또는 소유하지 않는 것이며, 반면 의사결정 B는 가격을 할당하는 것이다. 실험에 따르면 머그잔을 구입하기 위해 본인들이 기꺼이 지출한 금액(중위 구매가격 2.87달러)보다 2배 이상의 돈(중위 판매 가격 7.12달러)을 요구하는 것을 발견했다.

따라서 맥락의 변화는 물건의 가치에 대한 사람의 마음을 유의하게 바꾸기에 충분하다. 여기서의 차이는 가격이 예/아니요의 선택이 아니라 연속변수라는 것이다. 이 가격들을 비교하기 위해 가격을 상대적 상호작용을 반영하는 성향으로 전환해야 한다. 유칼로프와 솔네트(2018)를 따라 구매자 또는 판매자에 대한 상대적 성향을 다음과 같이 부과한다.

---

15 만약 대신 균등 분포의 각 Δ를 가정하면, 기대 간섭값은 0.32다.

16 Yukalov and Sornette, 2015; Favre et al., 2016을 참조하라.

17 Kahneman, Knetsch and Thaler, 1990

$$p_1 = \frac{2.87}{2.87 + 7.12} = 0.29$$

$$p_2 = \frac{7.12}{2.87 + 7.12} = 0.71$$

이는 합이 1이며, 1/4법칙에 의해 예측된 스프레드에 멀리 떨어져 있지 않다.

1/4 법칙에 대한 한 가지 사고 방법은 이것은 사람이 마음을 바꾸기 위해 필요한 (또는 광고와 같은 것을 통해 다른 사람이 그들의 마음을 바꾸기 위한) '정신 에너지'를 나타낸다는 것이다. 2장의 그림 2.2에서 논의한 바와 같이 연관 엔트로피의 힘에 대한 작용에 연관된 에너지는 다음과 같이 주어진다.

$$\Delta E = \gamma \log \left(\frac{p_2}{p_1} \right)$$

만약 1/4 법칙을 이런 변화의 일반적인 첫 번째 근사치로 취한다면, 상응하는 에너지량은 $\Delta E \cong \gamma \log (3)$으로서 γ보다 조금 크다. 수학적 편의를 위해 임계값을 e로 설정할 수 있으며 그러면, $\Delta E \cong \gamma$이다. 이는 물리학에서 원자가 전자를 방출하기 위해 양자만큼의 에너지를 받아야 하는 광전효과에서와 같이 변화를 유발하기 위해 필요한 최소 에너지양에 대한 임계값으로 작용한다. 이 주제에 대해서 13장에서 다시 살펴보는데, 거기서 모기지 부도와 관련된 대규모 "자연 실험"을 고려한다.

4.8 요약

양자 인지는 효용 기반에서 성향 기반의 프레임워크로의 전환에 관련된다. 이 성향을 양자 항으로 표현해 불확실성 회피와 정신 간섭과 같은 효과를 설명할 수 있도록 한다. 5장에서 양자 컴퓨터의 언어로 재조명될 수 있는 투영 형식주의를 사용해 어떻게 문제를 다룰 수 있는지를 보일 것이다.

양자 우월성

양자 모델은 고전적 모델과 구조적으로 다르며, 주관적 상호작용 항의 효과와 같은 비고전적 현상에 대해 비모수적 예측을 할 수 있다.

05 유채색 컴퓨팅

양자역학은 확률 이론에서 출발해서 우리가 "확률"이라고 부르던 숫자가 음수가 될 수 있도록 일반화해보자고 하면 필연적으로 생각해낼 수 있는 것이다. 따라서 이 이론은 실험의 어떤 조언도 없이 19세기에 수학자들에 의해 발명될 수 있었다. 발명되지 않았지만, 그럴 수 있었다.
– 스콧 애론슨Scott Aaronson, 『Quantum Computing Since Democritus(데모크리토스 이후 양자
   컴퓨팅)』, 2013년

고전적인 비트는 흑백이지만 큐비트는 당신이 좋아하는 모든 색을 가지고 있다.
– 팀 스필러(Tim Spiller), 2020년

비트보다는 큐비트를 기반으로 한다는 점에서 기존과 다른 양자 컴퓨터 개발에 엄청난 연구 노력이 쏟아지고 있다. 리처드 파인만Richard Feynman을 비롯한 물리학자들이 이 머신에 대한 아이디어를 내놨지만, 최초의 상세한 제안은 1985년 물리학자 데이비드 도이치David Deutsch가 그의 논문에서 내놓았다.

기존 비트와는 달리 큐비트는 측정될 때까지 중첩된 상태로 존재하므로 더 많은 값을 취할 수 있다. 예를 들어 하나의 고전적 비트는 단일 동전 던지기의 하나의 결과(머리 또는 꼬리)를 나타낼 수 있다. 따라서 4비트는 HTTH와 같이 연속으로 4번 토스를 포함하는 게임에서 가능한 머리(H)와 꼬리(T)의 한 시퀀스를 나타낸다. 반면 4큐비트는 동시에 가능한 모든 시퀀스를 나타낼 수 있으며, 그중 $2^4 = 16$이다. 동전 던지기가 50개인 게임은 가능한 모든 시퀀스를 나타내려면 $2^{50} = 1,125,899,906,842,624$비트가 필요하지만, 단지 50큐비트로 모든 가능한 시퀀스를 표현할 수 있다.

양자역학은 중첩, 간섭, 얽힘 등의 현상을 이용해 계산할 수도 있다. 큐비트를 위한 후보 저장 장치 중 하나는 단일 광자이지만, 전자기장에 의해 고정되는 전하를 띤 원자와 같은 다른 많은 옵션이 있다. 큐비트가 얽힌 시스템을 형성하기 때문에 특정 큐비트의 상태를 변경하거나 큐비트 간의 커플링을 조정하는 등의 연산은 전체 파동함수로 계산을 수행하는 것과 동일하지만 고전적인 논리보다는 양자 방식을 기반으로 한다. 특정 시뮬레이션의 결과는 각 큐비트의 상태를 단일 값으로 축소하는 관찰을 수행해 결정된다. 이것은 가능한 결과 중 하나에 불과하지만, 많은 시뮬레이션을 수행함으로써 다른 결과의 확률을 결정할 수 있다.

양자 컴퓨터의 즉각적이고 직접적인 적용은 양자 화학에서 상태를 모델링하는 것이다. 하지만 양자 컴퓨팅도 금융에 특히 큰 영향을 미칠 것으로 예상돼 은행들이 대거 참여하고 있다. 금융 분야의 양자 알고리즘에 대한 주요 적용 분야로는 최적화, 머신러닝, 몬테카를로 시뮬레이션 등이 있다. 그러나 이 책에서 논한 바와 같이 금융 시스템 자체가 양자 기법을 사용해 가장 잘 모델링돼 있다면, 명백한 양자 알고리듬의 채택을 기대할 수 있다.

5장에서는 양자 컴퓨팅에 사용되는 기본적인 양자 논리 게이트 중 일부를 설명하고 양자 회로가 양자경제와 금융의 여러 문제를 어떻게 단순하게 나타낼 수 있는지를 보여준다.

5.1 큐비트

단일 큐비트는 $|0\rangle = \begin{pmatrix} 1 \\ 0 \end{pmatrix}$와 $|1\rangle = \begin{pmatrix} 0 \\ 1 \end{pmatrix}$의 중첩으로 표현된다. 다중 큐비트 시스템은 부호 $\otimes$로 표기되는 텐서곱을 사용해 표현된다. 두 행렬의 텐서곱은 다음과 같이 계산된다.

$$|ab\rangle = |a\rangle \bigotimes |b\rangle = \begin{pmatrix} a_1 \\ a_2 \end{pmatrix} \bigotimes \begin{pmatrix} b_1 \\ b_2 \end{pmatrix} = \begin{pmatrix} a_1 \begin{pmatrix} b_1 \\ b_2 \end{pmatrix} \\ a_2 \begin{pmatrix} b_1 \\ b_2 \end{pmatrix} \end{pmatrix}$$

$$= \begin{pmatrix} a_1 b_1 \\ a_1 b_2 \\ a_2 b_1 \\ a_2 b_2 \end{pmatrix}$$

예를 들어

$$|00\rangle = |0\rangle \bigotimes |0\rangle = \begin{pmatrix} 1 \\ 0 \end{pmatrix} \bigotimes \begin{pmatrix} 1 \\ 0 \end{pmatrix} = \begin{pmatrix} 1 \\ 0 \\ 0 \\ 0 \end{pmatrix}$$

유사하게,

$$|01\rangle = \begin{pmatrix} 0 \\ 1 \\ 0 \\ 0 \end{pmatrix}, |10\rangle = \begin{pmatrix} 0 \\ 0 \\ 1 \\ 0 \end{pmatrix}, |11\rangle = \begin{pmatrix} 0 \\ 0 \\ 0 \\ 1 \end{pmatrix}$$

힐버트 공간 $\mathcal{H}_A \otimes \mathcal{H}_B$의 상태 ψ는 만약 이것을 $\psi = \psi_A \otimes \psi_B$의 형태로 인수분해되지 않는다면 얽힘 상태라 한다. 여기서 $\psi_A \in \mathcal{H}_A$이고, $\psi_B \in \mathcal{H}_B$이다. 예를 들어 $\frac{1}{\sqrt{2}}|00\rangle + \frac{1}{\sqrt{2}}|01\rangle = \frac{1}{\sqrt{2}}|0\rangle \otimes (|0\rangle + |1\rangle)$이며, 여기서 상태 $|00\rangle$ 또는 $|01\rangle$에서 관측될 확률이 같으며, 텐서곱으로 표현할 수 있으므로 얽힘 상태가 아니다. 그러나 상태 $|00\rangle$와 $|11\rangle$에서 관측될 확률이 같은 상태 $\frac{1}{\sqrt{2}}|00\rangle + \frac{1}{\sqrt{2}}|11\rangle$는 유사하게 분해할 수 없으며 따라서 얽힘 상태에 있다.

5.2 기본 논리 게이트

양자 컴퓨팅에서 논리 게이트는 입력 벡터에 작용하는 유니터리 (그리고 따라서 확률 보손) 행렬로 표현된다. 예를 들어 파울리 게이트Pauli gate는 파울리 스핀 행렬Pauli spin matrix에 기초하고 있는데, 물리학에서는 입자의 스핀에 대한 변화를 계산하는 데 사용된다. 이 게이트들은 한 번에 한 큐비트에 대해 작용한다.

파울리 X 게이트 $\sigma_x = \begin{pmatrix} 0 & 1 \\ 1 & 0 \end{pmatrix}$는 고전적 NOT 게이트의 양자 버전이다. 따라서 예를 들면 다음과 같다.

$$\sigma_x \left| 0 \right\rangle = \begin{pmatrix} 0 & 1 \\ 1 & 0 \end{pmatrix} \begin{pmatrix} 1 \\ 0 \end{pmatrix} = \begin{pmatrix} 0 \\ 1 \end{pmatrix} = \left| 1 \right\rangle$$

파울리 Y 게이트는 $\sigma_y = \begin{pmatrix} 0 & -i \\ i & 0 \end{pmatrix}$이고, 따라서

$$\sigma_y \left| 0 \right\rangle = \begin{pmatrix} 0 & -i \\ i & 0 \end{pmatrix} \begin{pmatrix} 1 \\ 0 \end{pmatrix} = \begin{pmatrix} 0 \\ i \end{pmatrix} = i \left| 1 \right\rangle$$

이다.

Z 게이트 $\sigma_z = \begin{pmatrix} 1 & 0 \\ 0 & -1 \end{pmatrix}$는 $\left| 0 \right\rangle$를 변화시키지 않으며, $\left| 1 \right\rangle$를 $-\left| 1 \right\rangle$에 매핑한다.

또 하나의 공동적으로 사용하는 게이트는 아다마르 게이트 $H = \frac{1}{\sqrt{2}} \begin{pmatrix} 1 & 1 \\ 1 & -1 \end{pmatrix}$인데, 이는 양자 동전에서 이미 본 바와 같이 계산 기저로 초기화된 큐비트를 중첩 상태로 놓는다. 예를 들어 다음과 같다.

$$H \left| 0 \right\rangle = \frac{1}{\sqrt{2}} \begin{pmatrix} 1 & 1 \\ 1 & -1 \end{pmatrix} \begin{pmatrix} 1 \\ 0 \end{pmatrix} = \frac{1}{\sqrt{2}} \begin{pmatrix} 1 \\ 1 \end{pmatrix}$$

다른 많은 양자 게이트가 있으며 이들은 모두 유니터리 행렬에 기반을 둔다. 예를 들어 NOT 게이트의 제곱근을 갖는데, 종종 $\sqrt{X}$으로 표기된다.

$$\sqrt{X} = \frac{1}{2} \begin{pmatrix} 1+i & 1-i \\ 1-i & 1+i \end{pmatrix}$$

이는 다음으로부터 이름을 얻었다.

$$\left(\sqrt{X} \right)^2 = \begin{pmatrix} 0 & 1 \\ 1 & 0 \end{pmatrix} = X$$

큐비트의 상태가 2차원 복소수 공간에 존재하기 때문에 시각화하는 데는 보통 4차원이 필요하지만, 크기가 1이라는 제약은 이를 블로흐 구$^{Bloch\ sphere}$라고 알려진 3차원 구로 축소할 수 있다는 것을 의미한다. 북극은 $\left| 0 \right\rangle$, 남극은 $\left| 1 \right\rangle$, 그리고 다른 점은 선형 조합을 나타낸다. 파울리 게이트의 이름은 파이 라디안만큼 이 구의 세 축을 중심으로 회전하는 것을 가리킨다. 일반적으로 회전 행렬은 다음과 같다.

$$R_x(\theta) = \begin{pmatrix} \cos\left(\frac{\theta}{2}\right) & -i\sin\left(\frac{\theta}{2}\right) \\ -i\sin\left(\frac{\theta}{2}\right) & \cos\left(\frac{\theta}{2}\right) \end{pmatrix}$$

$$R_y(\theta) = \begin{pmatrix} \cos\left(\frac{\theta}{2}\right) & -\sin\left(\frac{\theta}{2}\right) \\ \sin\left(\frac{\theta}{2}\right) & \cos\left(\frac{\theta}{2}\right) \end{pmatrix}$$

$$R_z(\theta) = \begin{pmatrix} \exp\left(-i\frac{\theta}{2}\right) & 0 \\ 0 & \exp\left(i\frac{\theta}{2}\right). \end{pmatrix}$$

솔로베이–키타예프 정리^{Solovay-Kitaev theorem}로 알려진 결과에 따르면 회전 게이트와 같은 더 복잡한 게이트는 일련의 기본 게이트를 사용해 임의의 정확도로 구현할 수 있다.

5.3 다중 큐비트에 대한 게이트

게이트는 또한 다중 큐비트에 대해 작동한다. 예를 들어 SWAP 게이트는 다음 행렬이다.

$$S = \begin{pmatrix} 1 & 0 & 0 & 0 \\ 0 & 0 & 1 & 0 \\ 0 & 1 & 0 & 0 \\ 0 & 0 & 0 & 1 \end{pmatrix}$$

이는 첫째와 두 번째 요소를 스왑한다. 따라서

$$S\,|01\rangle = \begin{pmatrix} 1 & 0 & 0 & 0 \\ 0 & 0 & 1 & 0 \\ 0 & 1 & 0 & 0 \\ 0 & 0 & 0 & 1 \end{pmatrix} \begin{pmatrix} 0 \\ 1 \\ 0 \\ 0 \end{pmatrix} = \begin{pmatrix} 0 \\ 0 \\ 1 \\ 0 \end{pmatrix} = |10\rangle$$

그리고

$$S\,|10\rangle = \begin{pmatrix} 1 & 0 & 0 & 0 \\ 0 & 0 & 1 & 0 \\ 0 & 1 & 0 & 0 \\ 0 & 0 & 0 & 1 \end{pmatrix} \begin{pmatrix} 0 \\ 0 \\ 1 \\ 0 \end{pmatrix} = \begin{pmatrix} 0 \\ 1 \\ 0 \\ 0 \end{pmatrix} = |01\rangle$$

이다.

C–NOT 게이트 X_c는 마치 if-then문에서처럼 제어 큐비트의 상태에 따라 큐비트를 뒤집을 때 사용된다.

$$X_c = \begin{pmatrix} 1 & 0 & 0 & 0 \\ 0 & 1 & 0 & 0 \\ 0 & 0 & 0 & 1 \\ 0 & 0 & 1 & 0 \end{pmatrix}$$

이로부터 $X_c|00\rangle = |00\rangle$, $X_c|01\rangle = |01\rangle$, $X_c|10\rangle = |11\rangle$, $X_c|11\rangle = |10\rangle$를 얻는다. 첫 번째 큐비트는 제어 큐비트이므로 같은 값으로 유지되나, 두 번째 큐비트를 뒤집을지에 대한 시그널을 보낸다.

토폴리^{Toffoli} 게이트는 3개의 큐비트 게이트이다. 만약 처음 두 큐비트가 상태 $|1\rangle$에 있으면, 이는 세 번째 큐비트에 NOT 연산을 적용한다. 그렇지 않으면 아무것도 수행하지 않는다. 따라서 세 번째 큐비트의 출력은 입력이 $|0\rangle$ 또는 $|1\rangle$인지의 여부에 따라 두 제어의 고전적 AND 또는 NAND(즉 NOT AND)와 같다. 게이트는 예를 들어 기본적인 거래 모델로 사용될 수 있는데, 여기서 거래는 제어 큐비트로 표현되는 구매자와 판매자 모두가 거래를 원할 때만 발생한다. C-NOT에 대한 회로 표현과 토폴리 게이트는 그림 5.1에 보여진다. 여기서 상단 선은 제어를 나타낸다.

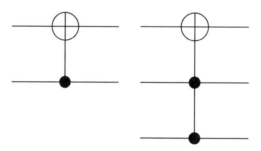

그림 5.1 C-NOT과 토폴리의 회로 표현

5.4 회로 표현

게이트가 직렬로 연결될 때 효과는 행렬곱과 동일하다. 그림 A.2는 행렬 BA와 동일하다.

그림 5.2 행렬 BA에 대한 양자 회로

게이트가 병렬로 연결될 때, 효과는 텐서 곱셈과 동일하다.

두 개의 2×2 행렬의 텐서곱은 다음과 같이 계산된다.

$$
\begin{pmatrix} a_{11} & a_{12} \\ a_{21} & a_{22} \end{pmatrix} \otimes \begin{pmatrix} b_{11} & b_{12} \\ b_{21} & b_{22} \end{pmatrix}
$$

$$
= \begin{pmatrix} a_{11} \begin{pmatrix} b_{11} & b_{12} \\ b_{21} & b_{22} \end{pmatrix} & a_{12} \begin{pmatrix} b_{11} & b_{12} \\ b_{21} & b_{22} \end{pmatrix} \\ a_{21} \begin{pmatrix} b_{11} & b_{12} \\ b_{21} & b_{22} \end{pmatrix} & a_{22} \begin{pmatrix} b_{11} & b_{12} \\ b_{21} & b_{22} \end{pmatrix} \end{pmatrix}
$$

$$
= \begin{pmatrix} a_{11}b_{11} & a_{11}b_{12} & a_{12}b_{11} & a_{12}b_{12} \\ a_{11}b_{21} & a_{11}b_{22} & a_{12}b_{21} & a_{12}b_{22} \\ a_{21}b_{11} & a_{21}b_{12} & a_{22}b_{11} & a_{22}b_{12} \\ a_{21}b_{21} & a_{21}b_{22} & a_{22}b_{21} & a_{22}b_{22} \end{pmatrix}
$$

그림 5.3의 두 회로는 모두 행렬 $A \otimes B$와 동일하다. 여기서 A는 상단 입력에 작용하고, B는 하단 입력에 작용한다. 유용한 관계는 다음과 같다.

$$
\left(A \otimes B \right) |u\rangle |v\rangle = A|u\rangle \otimes B|v\rangle \tag{5.1}
$$

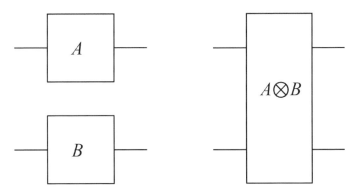

그림 5.3 행렬 $A \otimes B$에 대한 동일한 양자 회로

예를 들어 이중 큐비트 병렬 아다마르 게이트는 다음과 같다.

$$
H^{\otimes 2} = H \otimes H = \frac{1}{\sqrt{2}} \begin{pmatrix} 1 & 1 \\ 1 & -1 \end{pmatrix} \otimes \frac{1}{\sqrt{2}} \begin{pmatrix} 1 & 1 \\ 1 & -1 \end{pmatrix}
$$

$$
= \frac{1}{2} \begin{pmatrix} 1 & 1 & 1 & 1 \\ 1 & -1 & 1 & -1 \\ 1 & 1 & -1 & -1 \\ 1 & -1 & -1 & 1 \end{pmatrix}
$$

만약 입력이 $|00\rangle$이면, 식 5.1을 사용해서 결과는 다음과 같다.

$$H^{\otimes 2} |00\rangle = (H |0\rangle) \bigotimes (H |0\rangle) = \frac{1}{2} (|0\rangle + |1\rangle)^2$$
$$= \frac{1}{2} |00\rangle + \frac{1}{2} |01\rangle + \frac{1}{2} |10\rangle + \frac{1}{2} |11\rangle$$

여기서 4개의 계산 기저 상태 어느 곳에서도 관측될 확률이 동일하다.

일반적으로 n 큐비트에 대한 병렬 아다마르 게이트는 다음과 같이 표현될 수 있다.

$$H^{\otimes n} = \bigotimes_{1}^{n} H$$

이 게이트는 고전적인 CPU 레지스터와 유사한 큐비트의 시퀀스인 양자 레지스터를 초기화하는 데 종종 사용된다. 만약 큐비트가 원래 모두 $|0\rangle$ 상태라면, 레지스터의 초기화된 상태는 n개의 기저 상태 중 어느 하나에서 측정될 확률과 같다.

큐비트의 측정은 비가역적이며, 계산 기저 $\{|0\rangle, |1\rangle\}$의 원소로 상태를 투영하는 것을 포함한다. 측정에 사용되는 기호는 그림 5.4와 같다. 왼쪽의 단일 화살표는 양자 입력을 나타내고 오른쪽의 이중 선은 이진 고전 출력을 나타낸다. 두 큐비트가 얽힘 상태이면, 한 큐비트의 측정이 다른 큐비트에 대한 측정으로 작용한다.

그림 5.4 측정을 위한 기호

5.5 예제: 얽힘 회로

4장에서 우리는 그림 4.1에 묘사된 종류의 투영 시퀀스를 고려했다. 측정이 끝까지 연기되는 하단 패널의 경우는 게이트가 두 사건 A와 B를 나타내는 단일 큐비트를 사용해 모델링할 수 있다. B를 적용하기 전에 A의 출력이 측정되는 상단 패널은 큐비트를 붕괴시키는 것과 관련되기 때문에 더 복잡하며, 정보 손실을 수반하기 때문에 우리는 이것을 하고 싶지 않을 수 있다. 따라서 각 사건에 대해 하나씩 두 개의 큐비트를 가지고 정확한 확률을 복구할 수 있도록 어떻게든 그것들을 얽힘 상태로 만드는 것이 더 바람직할 것이다.

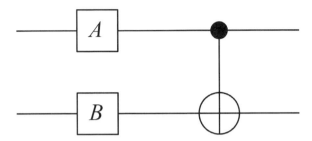

그림 5.5 인지와 금융 모두에 사용되는 기본 양자 회로

이 회로를 포함해 여러 응용에 사용할 기본 2 큐비트 회로는 그림 5.5에 나와 있다. 상단 큐비트는 1 큐비트 게이트 A에 의해 작용되고 하단 큐비트는 게이트 B에 의해 작용된다. 이것들은 큐비트를 얽힘 상태로 만드는 C-NOT 게이트가 뒤따르고, 그런 다음 이들이 측정된다. 위와 같은 게이트 A 및 B의 경우, 회로의 출력은 다음과 같다.

$$X_c \left(A|0\rangle \bigotimes B|0\rangle \right) = \begin{pmatrix} a_{11}b_{11} \\ a_{11}b_{21} \\ a_{21}b_{21} \\ a_{21}b_{11} \end{pmatrix} \tag{5.2}$$

이는 우리가 투영 시퀀스와 동일한 출력 확률을 제공한다고 주장한다.

이 첫 번째 참고를 보면, 두 개의 유니터리 행렬의 곱도 유니터리이기 때문에 우리는 일반성 손실 없이 계산 기저 위에 투영됨으로써 측정이 수행된다고 가정할 수 있다 (필요한 경우 적절한 유니터리 행렬로 작용함으로 행렬 A와 B는 항상 변환될 수 있다).[1] 따라서 그림 4.1의 상단 패널을 참조하면 이 다이어그램을 입력 $|0\rangle$이 있는 양자 회로로 해석할 수 있다. 다이어그램의 첫 번째 게이트 A로부터의 출력은 다음과 같다.

$$A|0\rangle = \begin{pmatrix} a_{11} \\ a_{21} \end{pmatrix}$$

이는 다음의 투영을 가진다.

$$A^+ = \begin{pmatrix} a_{11} \\ 0 \end{pmatrix}, A^- = \begin{pmatrix} 0 \\ a_{21} \end{pmatrix}$$

---

1 Nelsen(2002)에서 지적한 바와 같이, 비계산 기저의 측정은 모두 유니터리 행렬을 적용하고 계산 기저로 측정하는 것과 동일하다.

게이트 B를 이들 중 첫 번째에 적용하면 다음을 얻는다.

$$BA^+ = \begin{pmatrix} a_{11}b_{11} \\ a_{11}b_{21} \end{pmatrix}$$

이는 다음 투영을 가진다.

$$B^+A^+ = \begin{pmatrix} a_{11}b_{11} \\ 0 \end{pmatrix}, B^-A^+ = \begin{pmatrix} 0 \\ a_{11}b_{21} \end{pmatrix}$$

따라서 $|B^+A^+| = |a_{11}b_{11}|$와 $|B^-A^+| = |a_{11}b_{21}|$이다. 유사하게, $|B^+A^-| = |a_{21}b_{12}|$이고, $|B^-A^-| = |a_{21}b_{22}|$이다.

B는 유니터리 행렬이기 때문에 이것의 열(또는 이것의 행)은 정규직교 기저를 형성한다.[2] 따라서 우리는 $|b_{11}|^2 + |b_{12}|^2 = |b_{11}|^2 + |b_{21}|^2 = 1$을 얻으며, 이는 $|b_{12}|^2 = |b_{21}|^2$와 $|b_{11}|^2 + |b_{21}|^2 = |b_{21}|^2 + |b_{22}|^2 = 1$를 의미하고, 이는 $|b_{11}|^2 = |b_{22}|^2$를 의미한다. 따라서 1-큐비트 투영 회로의 출력 확률은 식 5.2의 2-큐비트 얽힘 회로에서 얻은 출력 확률과 동일하다.[3]

예를 들어 순서 효과는 2개의 큐비트를 사용해 두 질문에 대한 응답을 표현함으로써 나타낼 수 있다. 그림 4.2를 참조해 A를 다음의 회전 행렬로 설정한다.

$$A = R_y(2\theta) = \begin{pmatrix} \cos(\theta) & -\sin(\theta) \\ \sin(\theta) & \cos(\theta) \end{pmatrix}$$

여기서 θ는 상태의 각이며, 유사하게 $B = R_y(2\phi)$이며, 여기서 ϕ는 두 쌍의 축 사이에 각 오프셋angular offset이다. 회로의 출력은 다음과 같다.

$$X_c \left(A|0\rangle \bigotimes B|0\rangle \right) = \begin{pmatrix} a_{11}b_{11} \\ a_{11}b_{21} \\ a_{21}b_{21} \\ a_{21}b_{11} \end{pmatrix} = \begin{pmatrix} \cos(\theta)\cos(\phi) \\ \cos(\theta)\sin(\phi) \\ \sin(\theta)\sin(\phi) \\ \sin(\theta)\cos(\phi) \end{pmatrix}$$

이는 표 4.1에서와 같은 출력 확률을 가진다. 표 4.2에서처럼 C-NOT 게이트의 역행렬을 구해서 두 번째 큐비트가 제어로 작용하고 $A = R_y(2\phi)$와 $B = R_y(2(\theta - \phi))$로 설정하도록 함으로써 유사한 계산이 문제의 순서를 바꿔서 수행될 수 있다.

---

2   Steeb, 2006

3   Orrell and Houshmand, 2022

따라서 if-then문처럼 C-NOT 게이트는 조건을 테스트하지만 큐비트를 붕괴시키지 않고 중첩된 상태에서 테스트한다. 계수가 실수인 순서 효과의 경우, 투영 회로(그림 4.1), 그림 4.2에 나타난 투영 다이어그램 및 얽힘 회로(그림 5.5)가 모두 동등한 표현이다. 좀 더 일반적으로 양자 회로는 또한 양자 인지에서 통상적으로 사용되는 투영 접근법과 양자 의사결정 이론에서 사용되는 얽힘 접근법 사이의 동등성을 명시적으로 보여준다.

이 2-큐비트 얽힘 회로는 양자 인지 및 양자 게임 이론의 여러 문제에 나중에 적용될 것이다. 또한 13장에서 부채 관계를 모델링하는 데 사용될 것이며, 다음에서와 같이 머신러닝 알고리듬에 나타나는데, 이는 정신 현상과 금융 현상 사이의 밀접한 연관성을 보여준다.

5.6 예제: 양자 워크

그림 5.6은 두 개의 양자 회로를 보여준다. 각각 3-큐비트의 입력을 가지고 있는데, 이것은 $|000\rangle$에서 $|111\rangle$까지의 8개 상태(즉, 소수 표기법으로 0~7의 숫자)를 인코딩한다. 토폴리 게이트와 마찬가지로, 채워진 제어 원filled control circle은 연산을 진행하기 위해서 제어 큐비트가 상태 $|1\rangle$이어야 함을 의미하며, 빈 제어 원empty control circle은 연산을 진행하기 위해서는 $|0\rangle$ 상태이어야 함을 의미한다. 첫 번째 게이트의 효과는 상태를 1씩 증가시키는 것이므로 $|000\rangle$은 $|001\rangle$로 가는 식으로 진행되고, 두 번째 게이트는 1만큼 상태를 감소시킨다. 이것은 어떠한 숫자의 큐비트로도 일반화할 수 있다.

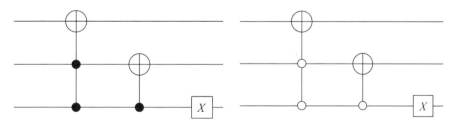

그림 5.6 3개 큐비트 상태를 증가시키는 양자 회로(좌측 패널)와 감소시키는 양자 회로(우측 패널). 하단 큐비트에 대한 최종 게이트는 큐비트를 뒤집는 파울리 X 게이트다.

그림 5.7에서 증가 또는 감소시키는 게이트는 단일 블록으로 보여지며, 아다마르 게이트가 코인의 방향을 제어한다. 6장에서 논의하는 바와 같이 이 회로가 사용돼 양자 워크를 수행할 수 있다.

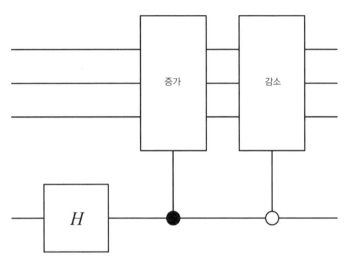

그림 5.7 양자 워크에 대한 양자 회로

5.7 예제: 양자 학습

파동함수 진폭의 확률 해석을 처음 고안한 막스 본의 이름을 따서 양자 본^Born 머신으로 알려진 더 복잡한 회로의 예는 그림 5.8.4에 나와 있다. 오른쪽에서 측정했을 때 12-큐비트는 함께 실수의 12자리 이진 표현을 생성한다. 밝은 회색 게이트는 $R_x(\theta_j)$ 형태의 단일 큐비트 회전이고, 어두운 회색 게이트는 $R_z(\theta_k)$ 형태의 회전이며, 여기서 각도 θ_j, θ_k는 최적화할 파라미터다. 이것들은 큐비트 쌍에 작용하는 C-NOT 게이트와 결합된다.

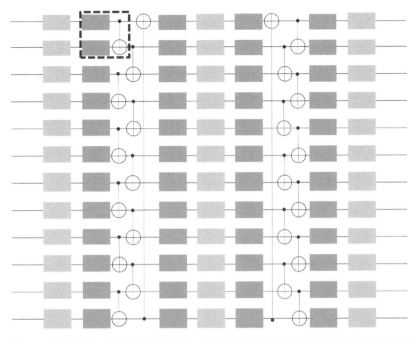

그림 5.8 머신러닝 알고리듬을 위한 양자 회로. 상단 좌측의 파선 박스는 5.5절의 기본 얽힘 회로다.

따라서 회로는 위의 5.5절에 설명된 기본 회로의 확대 버전과 유사하며, 이는 왼쪽 상단에 있는 파선 상자에서 강조 표시된 2-큐비트 섹션과 동일하다. 여기서 회로는 의사결정을 시뮬레이션하기 위해 사용되는 것이 아니라 금융 데이터를 맞추기 위한 머신러닝 알고리듬의 핵심 역할을 한다. 이 아키텍처는 2단계 신경망과 유사하며, 조정 가능한 1-큐비트 게이트 사이에 끼워진 고정 2-큐비트 얽힘 게이트가 비선형 활성 유닛의 역할을 한다(단일 큐비트에 작용하는 회전의 순서는 단일 유니터리 변환으로 볼 수 있다). 양자 머신러닝은 이 책의 범위를 벗어나지만,[4] 인간 인지 모델과의 유사성에 주목하는 것은 흥미롭다.

---

4 금융 응용 리뷰를 위해서는 Pistoia et al., 2021을 참조하라.

5.8 양자 프로그래밍

양자 알고리듬의 주요 단계는 일반적으로 다음과 같다. 입력 데이터는 우선 다수의 큐비트의 초기 상태로 표현된다. 그 후 큐비트는 중첩 상태가 되고, 알고리듬은 모든 상태에 동시에 적용되며, 큐비트 간의 얽힘을 이용한다. 이러한 상태 중 하나가 정답이 될 것이므로 양자 간섭을 사용해 해당 상태를 측정할 확률을 증폭시키고 다른 상태를 측정할 확률을 취소시킨다. 마침내 상태는 측정돼 답을 얻는다.

양자 논리 게이트의 한 가지 특성은 적어도 최종 측정 시점까지는 어떠한 정보도 손실되지 않기 때문에 어떠한 계산도 실행 취소할 수 있다는 점에서 가역적이라는 것이다. 예를 들어 고전적인 AND 게이트는 결과를 아는 것으로 입력을 추론할 수 없기 때문에 가역적일 수 없다. 그러나 양자 컴퓨터는 예를 들어 환경 잡음을 통해 결어긋남decoherence에 취약하며, 이는 오류를 초래할 수 있다. 양자 컴퓨터를 구축하는 데 있어 주요 과제 중 하나는 원치 않는 결어긋남을 최소로 유지하는 방식으로 큐비트를 분리하는 것이다. 다른 하나는 이러한 결함을 허용할 수 있는 오류 수정 코드를 개발하는 것이다.

5.9 요약

양자경제학은 고전 논리가 아닌 양자 논리에 기반을 두고 있으며, 양자 컴퓨터에서 사용되는 형태의 회로를 사용해 계산이 가장 쉽게 표현되는 경우가 많다. 참고로 이 책에서 논의된 알고리듬은 부분적으로 양자 컴퓨팅에서 영감을 얻었지만, 양자 컴퓨터를 실행할 필요는 없다(고전적 컴퓨터에서 매우 쉽게 프로그래밍할 수 있다). 양자 컴퓨팅이 금융 분야에서 폭넓게 채택된다면 양자 워크와 같은 양자 고유 알고리듬을 활용하는 데 분명히 이점이 있을 것이다. 그러나 15장에서 논의한 바와 같이 양자 컴퓨팅의 또 다른 효과는 고전적 논리에 기반을 둔 우리의 세계 정신 모델을 보다 양자적인 것으로 전환하는 데 도움을 주는 것일 수 있다.

우리의 목적상 양자 회로는 간섭과 얽힘과 같은 양자 효과를 토론할 수 있는 편리한 언어를 제공하는 것이 주요 용도다. 예를 들어 보이지 않는 아원자 입자subatomic particle로 설명할 때보다 두 큐비트를 연결하는 얽힘 게이트로 묘사할 때 얽힘의 개념

을 상상하기가 훨씬 쉽다. 6장에서는 간섭이 여러 단계에 걸쳐 진화하고 형성되는 양
자 회로를 살펴보겠다.

양자 이점

양자 컴퓨터는 고전적 예/아니요 논리가 아닌 확률론적 성향을 다루기 때문에 훨씬
더 다양한 행동과 결과를 허용한다. 양자경제학은 당신이 경제에 대해 같은 방식으로
생각할 때 나타난다.

5.10 추가 참고문헌

양자 컴퓨팅에 대한 좋은 참고 서적이 많이 존재한다. 예를 들면 다음과 같다.

- Aaronson S(2013). Quantum Computing Since Democritus. Cambridge：
  Cambridge University Press.
- National Academies of Sciences, Engineering, and Medicine. 2019.
  Quantum Computing：Progress and Prospects. The National Academies
  Press, Washington, DC. 다음 사이트에서 얻을 수 있다. https://www.nap.
  edu/read/25196

양자 컴퓨팅 회로로 직접 실험하는 것이 유용하다고 생각하는 독자들은 다음을 참고
하라.

- https://quantum-computing.ibm.com/

06 양자 워크

경제학자나 은퇴한 엔지니어가 물리학의 개념과 경제학의 개념 사이에 유사성을 강요하는 것만큼 한심한 일은 정말 없다... 경제학자가 사회적 세계에서 하이젠베르크의 불확정성 원칙을 언급할 때, 양자역학의 관계를 유효하게 적용하기보다는 기껏해야 이것은 언어적 비유나 유희로 간주돼야 한다.

– 폴 새뮤얼슨(Paul Samuelson), 1970년. 이러한 논리가 새뮤얼슨이 이후에 '경제학의 양자 이론(A quantum theory model of economics)'에 대한 논문을 저술하는 것을 막지는 못했지만, 이 논문은 과학사 역사가인 과학사 역사학자 미로브스키(Mirowski, 1989)가 지적 했듯이 양자역학과 전혀 관련이 없다.

금융공학이라고 부르는 분야는 오랫동안 물리학에서 영감을 받아왔다. 이는 단지 양자 역학 이전의 물리학이었을 뿐이다. 6장에서 우리는 물리학과 금융 모두에서 항상 제 기되는 전형적인 문제에 대한 고전적 접근법과 양자적 접근법의 차이를 보여주는 시 스템인 랜덤 워크를 살펴본다.

6.1 배경

랜덤 워크random walk라는 용어는 1905년 술 취한 사람이 광활한 들판에서 무작위로 걸 어가는 사례를 통해 이를 예시한 수학자 칼 피어슨Karl Pearson에게서 기인한다. 그러나 1900년 박사학위 논문 투기 이론Theorie de la Speculation에서 파리 증권거래소의 증권의 매수와 매도를 연구한 프랑스의 수학자 루이 바셸리에Louis Bachelier가 실제로 금융에서 개척한 방법이다. 바셸리에는 가격 변동이 랜덤하다고 가정했고, 이익에 대한 수학적인 기댓값은 제로였다. 따라서 주식의 가격 히스토리는 개별 원자와의 충돌에 의해 충격을 받은 먼지 입자의 소위 브라운 운동^{Brownian motion}과 유사했다(1905년 아인슈타인은 이와 유사한 기술을 사용해 이러한 효과를 모델링하고 원자의 크기를 파악했다). 바셸리에는 이 모델을 사용해 매수자가 미래에 일정한 가격으로 자산을 매수하거나 매도할 수 있는 권리를 부여하는 옵션 가격 결정에 대한 방법을 도출했다.

바셸리에의 논문은 그의 시대에 거의 주목을 받지 못했으나, 점차적으로 증시가 본질적으로 예측할 수 없고 브라운 운동의 통계적 행태를 보여준다는 경험적 증거가 축적되기 시작했다.[1] 경제학자 폴 새뮤얼슨이 바셸리에의 논문 사본을 우연히 발견해 번역을 주선하자 관심이 더욱 고조됐다.[2] 랜덤 워크 모델은 유진 파마^{Eugene Fama}가 이듬해 박사 학위 논문에서 제시한 효율적인 시장 가설에 대한 핵심 영감이었다.[3] 이 기법은 또한 새뮤얼슨이 "성배… 옵션의 평가와 가격 결정을 위한 완벽한 공식"이라고 부르는 것을 찾는 것을 도우리라 전망됐다.[4]

우리는 6장에서 옵션 가격의 문제로 눈을 돌리지만, 5장에서는 랜덤 워크의 양자 버전을 개발하고, 그것의 수학적인 특성들 중 일부를 조사하며, 그것이 고전 버전과 어떻게 다른지 보여주고, 그것이 어떻게 적용될 수 있는지 (모델 가격 자체뿐만 아니라) 가격에 대한 우리의 주관적인 생각을 모델링하는 것이 목적이다.

6.2 고전적 랜덤 워크

먼저 1차원 그리드에서 고전적 랜덤 워크를 고려해보자. 각 단계마다 보행자는 균형 잡힌 동전을 던지며, 동전이 머리(H)이면 좌측(-1)으로, 동전이 꼬리(T)이면 우측(+1)으로 한 걸음씩 움직인다. n단계를 밟은 후 2^n의 다른 경로가 있고 보행자의 최종 위치는 $-n$에서 n까지의 범위에 있다. 보행자가 위치 j에서 다음 단계 이후에 종료될 확률 $P_j(n + 1)$를 결정하고자 한다. 그 지점의 경로는 이전 단계에서 $j - 1$ 또는 $j + 1$ 위치에 있었을 것이므로, 우리는 다음과 같이 쓸 수 있다.

1   Kendall, 1953, Osborne, 1958
2   Cootner, 1964
3   Fama, 1965
4   Clark, 1965

$$P_j\,(n+1) = \frac{1}{2}\,[P_{j+1}\,(n) + P_{j-1}\,(n)]$$

이 과정을 여러 단계로 진행하면 다음 표 6.1에 표시된 확률분포가 나타나는데, 이는 파스칼의 삼각형Pascal's triangle이다.

　인지 모델의 관점에서 랜덤 워크 모델은 의사결정자가 각 시간 단계에서 무작위 결정(예: 왼쪽 또는 오른쪽으로 이동)을 하는 경우에 해당한다. 양자 인지에서 우리는 객관적 요소와 주관적인 요소를 설명하는 양자 파동함수를 이용해 의사결정자의 정신 상태를 모델링하고, 측정될 때 최종 결정으로 붕괴할 뿐이다. 따라서 초기 중첩된 양자 상태가 양자 법칙에 따라 미래로 투영될 때 어떻게 진화하거나 확산될 수 있는지 묻는 것이 적절하다.

　시스템이 시간이 지남에 따라 진화하기 때문에 우리는 인지의 동적 행태에 초점을 맞춘다는 점을 주의하라. 이 책에서 이러한 상황을 다루는 전략은 시스템의 동학을 파악하고, 그다음 양자역학의 법칙을 이용해 양자 버전을 도출하는 것이다. 이 경우 보행의 각 단계는 양자이며, 이들이 고전적인 것과 매우 다른 확률분포를 생성한다.

6.3 양자 버전

다음 달에 주가가 오를 수 있다고 가정하자. 만약 1개월에 상승한다면, 다음 달 2에 상승하거나 하락할 수도 있다. 마찬가지로, 1개월의 하향 이동에 이어 2개월의 상향 이동 또는 하향 이동이 뒤따를 수 있다. 그러므로 가능성의 범위는 고전적인 랜덤 워크와 마찬가지로 시간이 지남에 따라 퍼져 나간다. 그러나 양자 인지에서 볼 수 있듯이 상반되는 잠재적 상태가 중첩 상태에 있다는 사실은 동일한 상태로 이어지는 별도의 경로가 위상을 벗어날 수 있으며, 이에 따라 각 시간 단계에서 확률분포를 바꾸는 간섭 효과를 초래할 수 있다는 것을 의미한다.

　랜덤 워크의 양자 버전은 2장에서 소개된 종류의 양자 동전quantum coin과 이동 연산자translation operator 두 부분으로 구성돼 있다.[5] 첫 번째는 고전적 랜덤 워크에서 동전 던지기 역할을 하는 반면, 두 번째는 왼쪽이나 오른쪽 위치를 증가시켜 동전 던지기 결

5　Kempe, 2003

과를 결정한다. 알겠지만, 시스템의 상태가 각 단계에서는 정보를 잃지 않지만 진화하는 파동함수의 형태로 다음 단계로 정보를 가져간다는 차이점이 있다.

물리학자들에 의해 확인됨!

나중에 논의하겠지만 양자 워크는 물리학과 양자 컴퓨팅 모두에서 진행 중인 연구 영역이다.

양자 동전 던지기에 대한 힐버트 공간 $\mathcal{H}_C$는 우리가 $|{\uparrow}\rangle = \begin{pmatrix} 1 \\ 0 \end{pmatrix}$와 $|{\downarrow}\rangle = \begin{pmatrix} 0 \\ 1 \end{pmatrix}$로 식별한 두 개의 기저 벡터에 의해 생성된다. 동전 던지기는 2×2 연산자 R에 의해 표현된다. 다시 아다마르 동전 $C = \frac{1}{\sqrt{2}} \begin{pmatrix} 1 & 1 \\ 1 & -1 \end{pmatrix}$을 사용한다.

이제 힐버트 공간 $\mathcal{H}$를 텐서 곱 $\mathcal{H} = \mathcal{H}_C \otimes \mathcal{H}_P$로 정의된다고 하자. 여기서 $\mathcal{H}_C$는 $\{|{\uparrow}\rangle, |{\downarrow}\rangle\}$에 의해 생성되는 동전 공간이고, 위치 공간 $\mathcal{H}_P$는 위치 기저 상태 $\{|j\rangle : j \in \mathbb{Z}\}$의 이산집합에 의해 생성^{span}된다. 여기서 기저 상태는 정규직교이므로, $k \neq j$에 대해 $\langle k|j \rangle = 0$이고, $\langle j|j \rangle = 1$이다. 이동 연산자를 다음과 같이 정의한다.

$$T = |{\uparrow}\rangle \langle{\uparrow}| \bigotimes \sum_j |j+1\rangle \langle j| + |{\downarrow}\rangle \langle{\downarrow}| \bigotimes \sum_j |j-1\rangle \langle j|$$

복잡해 보이지만 기본 벡터의 정규직교성은 이것이 하는 모든 것이 동전 상태가 위인지 아래인지에 따라 위치를 위(즉, 오른쪽)나 아래(왼쪽)로 이동하는 것이라는 것을 의미한다. 5장에서 보듯이 양자 컴퓨터의 이에 상응하는 회로는 매우 간단하며, 물리적 구현 또한 7장에서 제시된다. T는 투영 연산자가 아니며, 파동함수를 붕괴하지 않고 단지 변환할 뿐이라는 점에 유의하라.

N단계의 양자 워크는 U가 $U = T \cdot (C \otimes I)$에 의해 주어지는 변환 U^N으로 정의된다. 즉, 우리는 동전 던지기 연산자 C를 현재 상태에 적용한다. 변환 연산자를 위치 상태에 적용하며, 이 프로세스를 N번 반복하고, 단지 최종 상태에서 측정이 일어난다.

우리는 n단계에서의 파동함수를 다음과 같이 쓸 수 있다.

$$|\psi(n)\rangle = \sum_{j=-\infty}^{\infty} (a_j(n)|{\uparrow}\rangle + b_j(n)|{\downarrow}\rangle) \bigotimes |j\rangle$$

여기서 $a_j(n)$와 $b_j(n)$는 위^{up}와 아래^{down} 성분에 대한 계수이다. 만약 앞에서 정의된 바와 같이 C와 함께 연산자 U를 적용하면 계수는 다음과 같이 된다.

$$a_j\left(n+1\right) = \frac{1}{\sqrt{2}}a_{j-1}\left(n\right) + \frac{1}{\sqrt{2}}b_{j-1}\left(n\right)$$
$$b_j\left(n+1\right) = \frac{1}{\sqrt{2}}a_{j+1}\left(n\right) - \frac{1}{\sqrt{2}}b_{j+1}\left(n\right)$$

그러면 파동함수가 위치 j에서 위 또는 아래일 것을 찾는 확률분포는 본 법칙$^{Born\ rule}$을 적용해 다음과 같이 찾을 수 있다.

$$P_j\left(n+1\right) = \frac{1}{2}\left\|a_{j-1}\left(n\right) + b_{j-1}\left(n\right)\right\|^2 + \frac{1}{2}\left\|a_{j+1}\left(n\right) - b_{j+1}\left(n\right)\right\|^2$$

이는 단지 파동함수 진폭의 제곱이다. 여기서 아래와 위의 요소 모두를 포함하고 있다.

예로서 초기 상태 $\Phi_0 = |{\uparrow}\rangle \otimes |0\rangle$를 고려하자. 따라서 보행자가 위치 $\langle0|$에 있고 동전이 위라고 가정하자. 동전 던지기를 동전 상태 $|{\uparrow}\rangle$에 적용하면 $C|{\uparrow}\rangle = \frac{1}{\sqrt{2}}|{\uparrow}\rangle + \frac{1}{\sqrt{2}}|{\downarrow}\rangle$이 되고, 이에 따라 동전은 이제 중첩 상태에 놓이게 된다.

다음 변환 연산자를 적용하면 다음을 얻을 수 있다.

$$U\left|\Phi_0\right\rangle = \frac{1}{\sqrt{2}}\left|{\uparrow}\right\rangle\bigotimes\left|1\right\rangle + \frac{1}{\sqrt{2}}\left|{\downarrow}\right\rangle\bigotimes\left|-1\right\rangle$$

따라서 $P_{-1}(1) = \frac{1}{2}$이고, $P_1(1) = \frac{1}{2}$이다. 다음 단계에서

$$\begin{aligned}
U^2\left|\Phi_0\right\rangle &= \frac{1}{\sqrt{2}}U\left(\left|{\uparrow}\right\rangle\bigotimes\left|1\right\rangle\right) + \frac{1}{\sqrt{2}}U\left(\left|{\downarrow}\right\rangle\bigotimes\left|-1\right\rangle\right) \\
&= \frac{1}{\sqrt{2}}\left(\frac{1}{\sqrt{2}}\left|{\uparrow}\right\rangle\bigotimes\left|2\right\rangle + \frac{1}{\sqrt{2}}\left|{\downarrow}\right\rangle\bigotimes\left|0\right\rangle\right) \\
&\quad + \frac{1}{\sqrt{2}}\left(\frac{1}{\sqrt{2}}\left|{\uparrow}\right\rangle\bigotimes\left|0\right\rangle - \frac{1}{\sqrt{2}}\left|{\downarrow}\right\rangle\bigotimes\left|-2\right\rangle\right) \\
&= \frac{1}{2}\left(\left|{\uparrow}\right\rangle\bigotimes\left|2\right\rangle + \left|{\downarrow}\right\rangle\bigotimes\left|0\right\rangle + \left|{\uparrow}\right\rangle\bigotimes\left|0\right\rangle - \left|{\downarrow}\right\rangle\bigotimes\left|-2\right\rangle\right)
\end{aligned}$$

그래서 $P_{-2}(1) = \frac{1}{4}$, $P_0(1) = \frac{1}{2}$, $P_2(1) = \frac{1}{4}$이다. 처음 몇 번 단계에 대한 결과 확률분포는 아래의 표 6.2에 보여준다. 여기서 열은 위치 j, 행은 반복 시행 n, 그리고 수치는 2^n으로 정규화한다. 파스칼의 삼각형(표 6.1)과 달리 분포는 세 번째 반복 시행부터 비대칭이다.

표 6.1 고전적 랜덤 워크에 대해 n단계의 함수로서 위치의 확률. 각 단계 n에서의 확률은 2^n으로 정규화된다. 결과는 파스칼의 삼각형과 같다.

n \ j	−5	−4	−3	−2	−1	0	1	2	3	4	5
0						1					
1					1		1				
2				1		2		1			
3			1		3		3		1		
4		1		4		6		4		1	
5	1		5		10		10		5		1

표 6.2 동전이 위로 나오는 것으로 시작하는 양자 워크. 분포는 3단계부터 스큐된다.

n \ j	−5	−4	−3	−2	−1	0	1	2	3	4	5
0						1					
1					1		1				
2				1		2		1			
3			1		1		5		1		
4		1		2		2		10		1	
5	1		5		4		4		17		1

그림 6.1의 상단 패널은 100번의 반복 시행 후에 확률분포의 그래프를 보인다. 따라서 간섭은 분포에 대한 커다란 효과를 가져서 이를 고전적 이항분포에서 스큐가 된, 불규칙한 무엇인가로 변화시킨다. 분산은 2차 함수로 증가하고 큰 n에 대해서 다음으로 주어지는 것이 보여질 수 있다.[6]

---

6 Chandrashekar, Srikanth and Laflamme, 2008

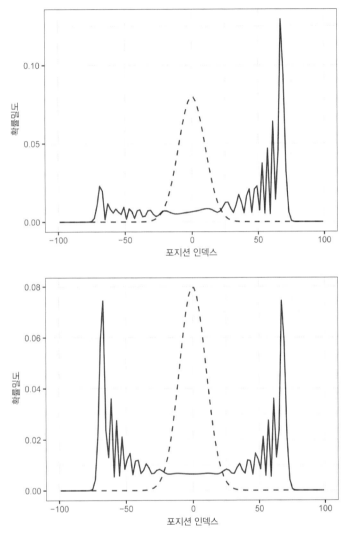

그림 6.1 굵은 선은 아다마르 동전을 사용하고, 초기 상태 $\psi = |\uparrow\rangle$(상단 패널)와 $\psi = \frac{1}{\sqrt{2}}|\uparrow\rangle + \frac{1}{\sqrt{2}}|\downarrow\rangle$(하단 패널)로 시작하는 100단계의 양자 워크에 대한 확률분포를 보인다. 점선은 고전 경우를 보인다.

$$\sigma^2 \cong \left(1 - \frac{1}{\sqrt{2}}\right) n^2$$

비대칭성은 2장에서 논의한 종류의 균형된 초기 상태를 선택함으로 제거될 수 있다. 아다마르 동전에 대해 초기 상태를

$$\psi = \frac{1}{\sqrt{2}} \left|\uparrow\right\rangle + \frac{i}{\sqrt{2}} \left|\downarrow\right\rangle = \frac{1}{\sqrt{2}} \begin{pmatrix} 1 \\ i \end{pmatrix}$$

로 설정하면, 하단 패널에서 보인 대칭적 분포를 얻을 수 있다.

6.4 양자 확산

따라서 양자 워크는 고전적 랜덤 워크와 많은 중요한 측면에서 다르다. 하나는 파동 함수가 랜덤이 아니라 완전히 결정론적이라는 것이다. 랜덤성은 파동함수가 확률 파동으로 해석되고 측정을 통해 위치 고유 상태 중 하나로 붕괴되는 마지막에만 나타난다. 이러한 이유로 양자 랜덤 워크라기보다는 보통 양자 워크라고 부른다.

또 다른 중요한 차이점은 이미 언급했듯이 분산이 고전 버전과 같이 선형적으로 증가하기보다는 2차적으로 증가한다는 것이다. 이 특징은 양자 컴퓨팅에서 검색 알고리듬과 같은 것들을 빠르게 하기 위해 이용된다. 어떻게 작동하는지 확인하려면, 고전적 랜덤 워크의 경우 보행자가 $(n+1)$번째 반복 시행에서 특정 위치에 있을 확률에 대한 방정식이 다음을 충족한다는 점을 기억하라.

$$P_j\left(n+1\right) = \frac{1}{2}\left[P_{j+1}\left(n\right) + P_{j-1}\left(n\right)\right]$$

이 방정식의 양변으로부터 $P_j(n)$를 차감하면 다음을 얻는다.

$$P_j\left(n+1\right) - P_j\left(n\right) = \frac{1}{2}\left[P_{j+1}\left(n\right) - 2P_j\left(n\right) + P_{j-1}\left(n\right)\right]$$

만약 이산 미분을 다음같이 정의한다면,

$$\frac{\partial f_j}{\partial t} \equiv \frac{1}{2}\left[f_j\left(t+1\right) - f_j\left(t-1\right)\right]$$

$$\frac{\partial f_j}{\partial x} \equiv \frac{1}{2}\left[f_{j+1}\left(t\right) - f_{j-1}\left(t\right)\right]$$

$$\frac{\partial^2 f_j}{\partial x^2} \equiv f_{j+1}\left(t\right) - 2f_j\left(t\right) + f_{j-1}\left(t\right)$$

다음과 같이 쓸 수 있다.

$$\frac{\partial P_j}{\partial t} = \frac{1}{2}\frac{\partial^2 P_j}{\partial x^2}$$

이 방정식은 암묵적으로 시간 또는 공간상의 단계 크기를 1로 가정한다. 더 일반적으로, 만약 시간 단계를 τ로 가정하고 각 단계의 크기를 a로 가정하면, 결과를 스케일링할 때 다음과 같은 확산 방정식을 얻는다.

$$\frac{\partial P_j}{\partial t} = D\frac{\partial^2 P_j}{\partial x^2}$$

확산 상수diffusion constant는 다음과 같다.

$$D = \frac{a^2}{2\tau}$$

확산방정식diffusion equation은 금융파생상품의 가격 결정 등에 사용되는 계량 금융의 주요 요소다. 양자 워크의 경우 확률분포는 상기와 같이 이산 미분 측면에서도 표현할 수 있는데, 이는 다음의 편미분방정식으로 이어진다.[7]

$$\frac{\partial P_j}{\partial t} = \frac{1}{2}\left(\frac{\partial^2 P_j}{\partial x^2} - \frac{\partial^2 P_j}{\partial t^2}\right) + \frac{\partial \beta_j}{\partial x}$$

여기서 β_j는 $\psi_j(1)\psi_j^*(2)$의 실수 부분으로서 정의된 간섭 항으로서, 여기서 ψ_j는 위치 j의 2개 성분 파동함수값이다. 괄호 안의 표현은 소멸 매체dissipative media에서 파동 전파wave propagation를 기술하는 데 사용되는 텔레그래프 방정식Telegraph equation에 해당한다. $\frac{\partial^2 P_j}{\partial x^2}$항은 위에서 본 바와 같이 고전적인 랜덤 워크의 확산에 해당하며, $\frac{\partial^2 P_j}{\partial t^2}$항은 파동 전파wave propagation에 해당한다. 후자는 계열 자기 상관을 포함함으로써 고전적 랜덤 워크에서 유도될 수 있지만, 자기 상관을 가지고도 산출되는 분산은 여전히 시간에 따라 선형적으로 스케일링된다.[8] 따라서 분산의 2차적 증가를 생성하는 양자 워크의 고유한 기여는 β_j항에 기인한다.

그러나 여기서 중요한 점은 계량 금융에서 흔히 볼 수 있는 것처럼 양자 접근법이 항상 미분 방정식을 사용한 분석과 같은 방식으로 나타나는 것은 아니라는 것이다.

---

7 Romanelli et al., 2004
8 Wilmott, 2013

이것은 확률분포의 들쭉날쭉한 성격으로도 암시된다. 보게 되겠지만 이 분포는 양자 조화 진동자quantum harmonic oscillator라는 또 다른 물리학에서 흔히 나오는 시스템과 매우 유사하다.

6.5 결어긋남

완벽한 간섭과 간섭이 없는 경우 (즉, 고전적인 경우) 사이에 어느 정도의 간섭이 있는 중간 경우도 있다. 이것은 예를 들어 양자 시스템이 그것의 환경과 상호작용을 할 때 나타나는 결어긋남decoherence의 효과에 기인할 수 있다. 이 경우 분산이 점근적으로 선형인 것으로 나타날 수 있다.[9] 결어긋남은 다양한 방법으로 더해질 수 있다. 아마도 가장 간단한 것은 각 단계에서 동전 던지기 연산자를 약간 교란시키는 것으로, 이것은 의사 결정자의 정신 프레임워크에서의 랜덤 이동에 해당한다.

아다마르 동전은 다음 형태의 3개 파라미터 SU(2) 연산자[10]의 특별한 경우 $R_{0,\frac{\pi}{4},0}$ 이다.

$$C_{\xi,\theta,\varsigma} = \left(\begin{array}{cc} e^{i\xi}\cos(\theta) & e^{i\varsigma}\sin(\theta) \\ e^{-i\varsigma}\sin(\theta) & -e^{-i\xi}\cos(\theta) \end{array} \right)$$

그림 6.2는 400번 시뮬레이션의 앙상블 평균을 보여준다. 여기서 동전 던지기 연산자 는 다음과 같은 불완전한 아다마르다.

$$C_{0,\frac{\pi}{4},\varsigma} = \frac{1}{\sqrt{2}} \left(\begin{array}{cc} 1 & e^{i\varsigma} \\ e^{-i\varsigma} & -1 \end{array} \right)$$

여기서 파라미터 ς는 평균 0 표준편차 $\sigma_{dec} = 1$의 정규분포로부터 각 시간 단계 n에서 랜덤하게 샘플링된 것이다.[11] 만약 시스템이 각 시간 단계에서 측정된다면, 결어긋남은 완전하고 양자 모델은 고전 경우로 붕괴된다.

---

9   Brun, Carteret and Ambainis, 2003

10   이 이름은 2차(degree)의 특수 유니터리 군(Special Unitary group)을 지칭한다.

11   Mackay et al., 2002

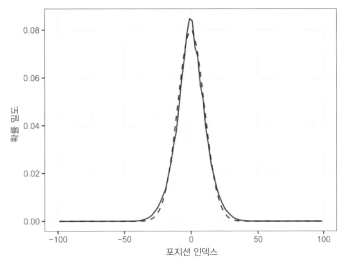

그림 6.2 굵은 선은 결어긋남 $\sigma_{dec} = 1$인 불완전한 아다마르 동전에 대한 400번 시뮬레이션의 앙상블 평균을 나타낸다. 각 시뮬레이션은 100단계 이상이다. 점선은 고전적인 경우를 보여준다.

6.6 응용

물리학에서 양자 워크의 아이디어는 파인만으로 거슬러 올라가지만, 1990년 초에 처음 개발됐다.[12] 양자 워크는 최근 크게 확장됐는데 부분적으로 이들이 양자 컴퓨팅의 기초를 제공한다고 인식되고 많은 양자 컴퓨팅 알고리듬이 데이터베이스 검색, 네트워크 항법, 이미지 암호화 등과 같은 작업을 위해 개발됐다.[13] 이들은 또한 광합성 에너지 전송에도 역할을 하는 것으로 발견되고, 공학적 물리적 시스템에 양자 워크를 구현하는 데 더욱 관심이 모아졌다.[14]

경제학에 좀 더 관련성이 있는 양자 워크는 또한 인간 인지 모델로서 유용성을 발견했다. 의학, 법률, 군사 전략, 사업 또는 그 밖의 다른 분야에서든, 의사 결정은 신념 상태가 증거의 축적과 상호작용하는 역동적인 과정이다. 순차 분석과 같은 고전적 모델에서는 새로운 정보가 도착할 때마다 의사결정 상태가 업데이트된다.[15] 증거의 잡음적 성질은 한 가지 옵션 또는 다른 옵션으로 향하는 랜덤 워크와 같은 궤적을 만

12 Wang and Manouchehri, 2013; Aharonov, Davidovich and Zagury, 1993

13 Childs and Goldstone, 2004; Sanchez-Burillo et al., 2012; Yang et al., 2015

14 Sephton et al., 2019; Mohseni et al., 2008

15 Gold and Shadlen, 2007

들어낸다. 양자 모델에서, 최종 결정 전에 언제든지 의사결정자는 상태의 중첩에 있으며, 각 선택 사항의 확률 진폭이 일치하도록 진화하는 것이다. 그러므로 간섭과 같은 효과는 최종 결정이 내려질 때까지 역할을 한다.

예를 들어 Kvam et al.(2015)은 특정 작업(화면에서 점의 움직임을 판단)을 수행하면서 동시에 판단에 대한 신뢰도를 평가하도록 요구하는 심리학적 실험을 위한 양자 워크 모델을 만들었다. 피실험자의 심리 상태는 양자 파동함수에 의해 모델링됐다. 그들은 신뢰도 평가를 더 정확하고 덜 극단적으로 만드는 방식으로 판단 의사결정이 신뢰도 평가와 간섭 작용을 한다는 것을 발견했다.

양자 워크 모델은 신호 감지, 자극에 대한 등급 부여 방법 및 일반적인 의사결정과 같은 인지 효과를 모델링하는 데 사용해왔다.[16] 신경 프로세스의 측면에서 양자 워크 모델은 협력적(흥분) 상호작용과 경쟁적(억제) 상호작용을 모두 포함하는 대규모 병렬 인지 아키텍처에 해당한다.[17] 따라서 우리가 미래에 대해 어떻게 생각하는지를 보여주는 모델로서, 그것은 고전적 랜덤 워크(먼지 입자처럼 미래에 대해 생각하지 않는 어떤 것의 모델)보다 개선된 것처럼 보인다.

6.7 요약

양자 워크는 랜덤프로세스를 모델링하기 위해 물리학에서 사용되고, 금융에서 자산 가격의 진화 같은 것들을 모델링하는 데 사용되는 랜덤 워크의 양자 버전이다. 양자 워크는 고전적 버전과 매우 다른 행태를 갖고 있는데, 더 빠르고(분산의 선형 증가보다는 2차 증가), (정규분포가 아닌) 양극분포를 가진다.

금융 의사결정에 미래에 대한 예측이 수반된다는 점을 감안할 때, 양자 워크가 금융에도 적용될 수 있는 것은 타당해 보인다. 금융에서 정신 상태가 아니라 가격을 모델링하는 것에 대해 반대할 수 있다. 그러나 옵션 가격은 가격 자체가 아니라 정신 현상인 미래 주가에 대한 예측에 기초한다. 더 일반적으로, 가격은 시장 참여자들의 인지 상태에 따라 달라지는 금융 시장에서 나온다. 우리는 11장에서 인지와 금융의 연

---

16 Busemeyer and Bruza, 2012; Wang and Busemeyer, 2016; Martinez-Matinez and Sanchez-Burillo, 2016
17 Fuss and Navarro, 2013

결고리를 다시 살펴본다. 7장에서는 양자 워크를 사용해 옵션 가격 결정 모델을 구축하는 방법을 보여준다.

양자 우월성

랜덤 워크는 많은 계량 금융의 기본이지만, 사람들이 실제로 의사결정을 내리거나 미래에 대해 생각하는 방식에는 부합하지 않는다. 양자 워크는 주관적 효과와 객관적 효과 사이의 상호작용을 포착할 수 있는 방법을 제공한다. 이는 여러 심리학 연구에서 활용하고 검증이 됐다.

07 옵션 가격 결정

금융에 무리야!

– 확률 이론가 폴 레비(Paul Levy)의 1900년 루이 바셸리에(Louis Bachelier) 박사 논문에
  관한 사적인 논평

6장에서 논의한 바와 같이 랜덤 워크 모델은 1900년 루이 바셸리에에 의해 원래 금융 옵션 가격 결정 방법으로 금융에 도입됐다. 1950년대에 경제학자들에게 재발견된 후, 그것은 효율적 시장 이론과 옵션 가격 결정의 블랙–숄즈black-Scholes 모델에 모두에 영감을 제공했다.[1]

블랙-숄즈 모델의 주요 통찰력은 시장 효율성과 같은 가정을 고려할 때, 서로 균형을 맞추는 방식으로 주식과 옵션을 지속적으로 거래함(동적 헷징)으로써 무위험 포트폴리오를 구축할 수 있다는 것이었다. 따라서 옵션 가격은 헷징된 수익률과 무위험 계정에서 얻을 수 있는 수익률을 같다고 놓음으로써 유도할 수 있다. 이 모델은 금융계에 혁명을 일으켰지만, 1998년 숄즈와 머튼을 같이 참여한 투자회사 롱텀 캐피털 매니지먼트의 붕괴를 시작으로 그 이후 그 단점이 점점 뚜렷해지고 있다. 7장에서는 양자 워크에 기초한 금융 옵션의 대안 모델을 설명한다.

6장 마지막에서 언급된 Kvam et al.(2015년) 실험으로 돌아가서, 참가자들에게 의사결정을 하라는 것은 그들의 신뢰도 판단이 더 정확해지고 덜 극단적이 되는 것을

---

1 Black and Scholes, 1973

의미하는 것이 밝혀졌다. 그 연구에서 의사결정은 양자 워크로 기술된 정신 파동함수를 붕괴시킴으로써 일종의 측정으로 작용했다. 금융 옵션의 경우 사람들에게 기초자산 가격이 미래에 오를지 혹은 내릴지에 대해 예측을 하도록 요구한다. 따라서 사람들이 실험에서와 같이 측정의 영향을 받지 않으므로, 미래에 대한 투자자들의 신념이 실제보다 더 극단적일 수 있다는 것은 타당해 보인다. 실제로 만약 그렇지 않고 투자자들은 자산 가격이 안정적일 것이라고 생각했다면, 옵션 매수에 대한 인센티브는 거의 없을 것이다. 동시에 옵션 가격은 역사적 데이터와 다른 시장 참여자의 의견과 비교되는데, 이는 자산 행태에 관한 정보를 제공한다는 점에서 일종의 부분적 측정 과정으로 볼 수 있다.

다음에서 보듯이 양자 워크 모델은 이러한 다양한 효과 사이의 상호작용을 수용할 수 있는 방법을 제공한다. 기존의 양자 방법이 옵션 가격의 주제에 적용됐지만, 노력은 블랙-숄즈 모델과 같은 고전적 결과를 재현하거나 수정하는 데 집중하는 경향이 있었다.[2] 대신 여기서의 목적은 간섭과 같은 비고전적 속성의 효과를 탐구하는 것이다.

7.1 줄타기

먼저 $j \in \mathbb{Z}$에 대한 일정 간격 포인트 $x_j = j\Delta_x$와 어떤 간격 Δ_x로 구성된 1차원 그리드에서 고전적인 랜덤 워크를 고려하자. 보행자는 초기 위치 $x_0 = 0$에서 시작하고, 이후 각 시점 $t_n = n\Delta_t$에서 균형 잡힌 동전을 던지며, 동전이 머리(앞면)이면 왼쪽으로 한 걸음($-\Delta_x$), 동전이 꼬리(뒷면)이면 오른쪽으로 한 걸음($+\Delta_x$) 간다. 따라서 현재 공간 단계와 시간 단계에 대한 스케일을 제공한다는 점을 제외하고, 상황은 6장에서 고려된 경우와 동일하다. n단계를 취한 후 2^n의 다른 경로가 있고 보행자의 최종 위치는 $-n\Delta x$에서 $n\Delta x$의 범위에 있게 된다(참고: 그리드 위에 하나씩 건너뛴 공간만 점유할 수 있음). n개의 시간 단계 후 위치의 분산은 다음과 같이 주어진다.

$$Var\left(x\right) = n\Delta_x{}^2 = \frac{t_n}{\Delta_t}\Delta_x{}^2$$

2   Chen, 2002; Baaquie, 2007; Haven and Khrennikov, 2013

따라서 시간에 따라 선형적으로 증가한다.

6장에서처럼 양자 버전에 대해 $\mathcal{H} = \mathcal{H}_C \otimes \mathcal{H}_P$를 정의한다. 여기서 $\mathcal{H}_C$는 $\{|{\uparrow}\rangle, |{\downarrow}\rangle\}$에 의해 생성되는 동전 공간이고, 위치 공간 $\mathcal{H}_P$은 위치 기저 상태의 이산적 집합 $\{|x_j\rangle : j \in \mathbb{Z}\}$에 의해 생성된다. 그리고 이동 연산자translation operator를 다음과 같이 정의하자.

$$T = |{\uparrow}\rangle \langle {\uparrow}| \bigotimes \sum_j |x_{j+1}\rangle \langle x_j| + |{\downarrow}\rangle \langle {\downarrow}| \bigotimes \sum_j |x_{j-1}\rangle \langle x_j|$$

이는 다시 동전 상태가 위 또는 아래인가에 따라 위치 x_j를 위로 (즉 오른쪽으로) 또는 아래로 (즉 왼쪽으로) 이동하는 효과를 가진다. n단계의 양자 워크를 U가 $U = T \cdot (C \otimes I)$에 의해 정의되는 변환 U^n로 정의한다. n단계에서의 파동함수는 다음과 같다.

$$|\psi(n)\rangle = \sum_{j=-\infty}^{\infty} (a_j(n)|{\uparrow}\rangle + b_j(n)|{\downarrow}\rangle) \bigotimes |x_j\rangle$$

여기서 $a_j(n)$와 $b_j(n)$는 위와 아래 성분에 대한 계수이다. 파동함수가 위치 x_j에서 위 또는 아래인 것을 발견하는 확률분포는 다음과 같다.

$$P_j(n+1) = \frac{1}{2}\|a_{j-1}(n) + b_{j-1}(n)\|^2 + \frac{1}{2}\|a_{j+1}(n) - b_{j+1}(n)\|^2$$

7.2 양자 변동

6장에서 보듯이 인지 모델로 사용될 때, 양자 워크는 고전적 랜덤 워크 모델과 구별되는 많은 특성을 가지고 있다. 하나는 이 시스템이 어느 정도 운동량을 가지고 있기 때문에 "위" 설정에서 시작하는 것은 편향된 분포를 초래하는 반면, 균형 잡힌 초기 상태는 쌍봉 분포bimodal distirubtion를 발생시킨다. 그림의 불규칙하고 들쭉날쭉한 특성은 이상하게 보일 수 있지만, 나중에 논의할 양자 진동자quantum oscillator와 마찬가지로 거시 수준에서 중요한 것은 평활화smoothed된 행태다. 양자 모델의 또 다른 특징은 시스템의 분산이 선형적이 아니라 2차적으로 증가한다는 것인데, 이것은 다시 한쪽 또는 다른 쪽으로 미는 선형 운동량의 아이디어와 일치한다. 마지막으로 시스템은 결어굿남^{decoherence}에 민감하며, 각 시간 단계에서 측정이 발생하면 고전적인 사례로 붕괴된다. 양자 시스템에서 항상 그렇듯이 (이 경우 거래를 통한) 측정은 측정되는 시스템에 영향을 미친다.

따라서 주가 변동이라는 주제에 적용할 때 이러한 인지 모델은 상당히 현실적인 것으로 보인다. 바셸리에(1900년)는 논문에서 "이러한 변동에 대한 상반된 의견이 너무 분분해서 같은 시점에서 시장이 상승하고 있다고 믿는 매수자들도 있고, 하락한다고 믿는 매도자들도 존재한다"라고 기술하고 있다. 콜옵션 매수자들은 양의 운동량으로 가격이 상승할 것이라고 가정하는 반면, 매도자들은 하락할 것으로 가정한다. 그러나 "각 호가에 매도자만큼의 매수자가 있기 때문에 어떤 주어진 순간에 투기자 전체로는 가격이 상승하거나, 가격이 하락하는 것을 믿지 않는다." 따라서 총 분포는 대략 대칭이어야 하지만, 매수자와 매도자를 나타내는 두 개의 뚜렷한 봉이 있어야 하며, 이들은 가격이 측정될 때 단일 데이터 포인트로 붕괴된다. 따라서 바셸리에와 그 뒤를 잇는 모델 개발자들은 그들의 모델을 고전적 랜덤 워크에 기초했지만, 양자 워크가 어떤 면에서는 투자자 심리를 좀 더 정확하게 표현하는 것으로 보인다.

7.3 이항 모델

바셸리에와 마찬가지로, 우리의 관심사는 양자 워크를 이용해 주가의 상상적 진화를 모델링하는 것이다. 블랙-숄즈와 같은 전통적 모델들은 시장 가격이 확률적 미분 방정식을 따른다고 가정한다.

$$dA_t = \mu A_t dt + \sigma A_t W_t$$

여기서 A_t는 시점 t의 자산 가격이고, μ는 추세^{drift}, σ는 변동성^{volaitility}이며, W_t는 브라운 운동 항이다. 이를 풀면 다음을 얻는다.

$$\ln \frac{A_t}{A_o} = \left(\mu - \frac{\sigma^2}{2} \right) t + \sigma W_t$$

이 방정식의 이산 버전은 칵스, 로스, 루빈스타인Cox, Ross and Rubinstein이 1979년 처음 개발한 고전적 이항 모델을 생성하며, 여러 버전으로 존재한다.[3] 여기서 우리가 사용할 것은 재로우-러드Jarrow-Rudd의 **동일 확률**equal probability 모델인데, 상승 또는 하락 확률이 같고, 추세항이 무위험 이자율로 설정된다.[4] 비례적 변화에 관심이 있기 때문에 주가 $S = \ln \frac{A_t}{A_o}$를 로그 변수로 정의한다.

일반적 모델에서 로그 가격의 위와 아래 단계는 다음과 같이 주어진다.

$$u = \left(r - \frac{\sigma^2}{2} \right) \Delta_t + \sigma \sqrt{\Delta_t}$$
$$d = \left(r - \frac{\sigma^2}{2} \right) \Delta_t - \sigma \sqrt{\Delta_t}$$

고정 단계 크기를 가정하기 때문에, 이를 무위험 이자율과 기인한 추세 항 $r\Delta_t$과 작은 조정항 $-\frac{\sigma^2}{2}\Delta_t$과 함께 $u = \sigma \sqrt{\Delta_t}$와 $d = -\sigma \sqrt{\Delta_t}$의 랜덤 워크로 해석한다.

양자 버전에서도 유사하게 자산 가격 진화를 추가적인 추세를 가진 그리드상의 양자 워크로 해석한다. 양자 모델은 고전적 모델보다 더 빨리 발산하므로, 최종 시점에 원하는 분산을 얻기 위해 그리드 크기를 조정할 필요가 있다. 결어긋남이 없는 경우, 양자 모델의 분산은 이미 언급한 대로 $\left(1 - \frac{1}{\sqrt{2}}\right)t^2$로 크기가 조정되지만, 고전적 모델에서는 t로 스케일 조정된다. 따라서 고전적 모델과 동일한 최종 분산을 얻기 위해 양자 모델에서 변동성 파라미터는 $\left(\sqrt{1 - \frac{1}{\sqrt{2}}}\right)t$ 비율로 나눠야 한다. 또는 시간 단계를 스케일 조정해 동일한 최종 분산을 얻을 수 있는데, 이 경우 양자 검색 알고리듬에서처럼 고전적 모델보다 훨씬 크게 속도가 증가한다.[5]

그림 7.1은 연율화된 변동성 20%, 연율화된 무위험 이자율 2%, 그리고 초기 가격 $S_0 = 1$인 자산에 대한 6개월 이후 양자와 고전 가격 분포의 결과를 보여준다. 두 곡선의 모양은 6장의 그림 6.1의 하단 패널과 동일하지만 수평축이 이제 위치 인덱스가 아니라 로그 가격을 나타내며 분산은 동일하다.

---

3   Cox, Ross and Rubinstein, 1979
4   Jarrow and Rudd, 1983
5   Grover, 1996

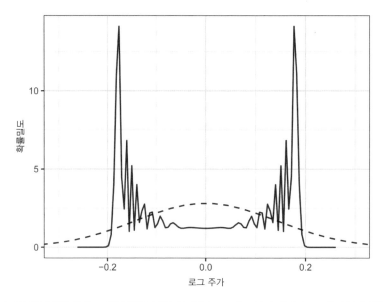

그림 7.1 연율화된 변동성 20%, 연율화된 무위험 이자율 2% 그리고 초기 가격 $S_0 = 1$인 자산에 대한 6개월 이후 로그 주가의 확률분포. 굵은 선은 양자 모델, 파선은 고전적 경우다.

7.4 옵션 가격 결정

이제 행사 가격 K의 유럽형 콜옵션을 고려해보자. n시간 단계가 지나면 보상의 기댓값은 $[\exp(S_n) - K]^+$이다(주가 S_n은 로그이기 때문에 지수화가 필요하다). 옵션 가격 V_n은 0시점으로 할인된 기대 수익이다. 즉 $V_n = \left\langle \frac{1}{(1+r)^n} [\exp(S_n) - K]^+ \right\rangle$이다.

이는 그림 7.1에서 보인 확률분포에서 양자 또는 고전적인 경우로 직접 계산할 수 있으므로 알고리듬은 매우 간단하다. 즉 위치 인덱스에 대해 양자 워크를 수행하고, 위치를 로그 가격으로 해석하며, 원하는 변동성을 얻도록 가격 증분을 조정하고, 추세를 무위험 이자율로 설정하며, 로그 가격에 대한 최종 확률분포를 사용해 위의 방정식으로부터의 공식으로 옵션 가격을 계산한다.

그림 7.2는 양자와 고전적 경우에 대해서 최초 매수 가격이 1인 경우 상이한 행사가격 값에 대해 계산된 옵션 가격을 보여준다. 모델들은 더 짧은 만기에 대해서 더 근접하게 일치한다. 양자 및 고전적 방법의 일치는 원한다면 $\sigma_{dec} = 0.25$로 설정된 그림 7.3에서처럼 후자에 결어긋남 정도를 더함으로써 개선할 수 있다. 이러한 결어긋남은

예를 들어 역사적 옵션 가격이나 다른 시장 참여자의 의견을 기반으로 정보의 영향을 시뮬레이션하는 방법으로 사용될 수 있는데, 이는 고전적 모델에 더 가까운 미래에 대한 투자자의 예측을 가능하게 한다. 하단 패널은 6개월 옵션의 경우 양자 옵션과 고전적 옵션 가격을 비교하는데, 이는 이 두 모델이 현재 매우 일치하도록 근접했음을 보여준다. 다음 절에서는 양자 모델과 고전적 모델을 더 자세히 비교한다.

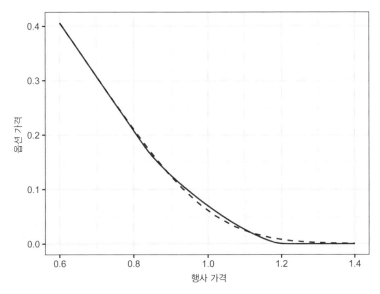

그림 7.2 옵션 가격 대 행사 가격 그림(초기 매수 가격 1, 연간 변동성 20%, 무위험 이자율 2% 및 만기 4주 (상단 패널) 및 6개월(하단 패널)). 실선은 양자 모델을 나타내고, 파선은 고전적인 경우를 나타낸다.

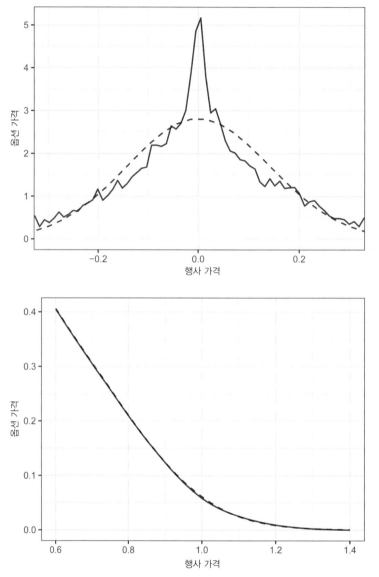

그림 7.3 상단 패널은 위와 같은 파라미터에 대해 6개월 후의 로그 주가 확률분포를 보여준다. 굵은 선은 결어긋남 $\sigma_{dec} = 0.25$를 갖는 양자 모델이고, 파선은 고전적인 경우다. 하단 패널은 동일한 시나리오에 대한 옵션 가격 그림을 보여주며, 양자 결과는 이제 고전적인 경우와 거의 동일하다.

7.5 양자 이상 현상

옵션 가격과 기초 주식의 가격을 모델링하는 중요한 차이점은 옵션 가격은 주식의 실제 가격 진화가 아니라 상상 가능한 미래 진화를 고려한다는 것이다. 고전적 랜덤 워크 모델에서는 이들이 같은 것으로 취급되며, 따라서 투자자들이 옵션이나 주식을 매수할 동기를 거의 갖지 않게 된다는 역설로 이어진다. 하지만 양자 워크에서는 둘 사이에 갈등이 존재한다.

이를테면 위에서 언급한 바와 같이 주식에 대해 긍정적인 최초 견해를 가지고 있던 투자자는 주식에 대해 양의 모멘텀을 나타내는 큰 왜도^{skew}를 가진 그림 6.1의 상단 패널과 같이 진화하는 것을 볼 수 있다. 부정적인 견해를 가진 투자자는 거울 이미지인 정신 상태를 갖게 될 것이고, 두 개를 합치면 하단 패널에서와 같이 대칭적인 분포를 갖게 될 것이다. 그러나 주식의 실제 진화는 여기서 거래를 통한 정기적인 측정에 의해 날어긋남이 제공되는 경우(그림 6.2)와 더 근접하게 유사할 것이다.

물론 투자자들은 주가의 정신적 모델뿐만 아니라 옵션 가격 데이터에도 영향을 받는다. 이는 일반적으로 고전적 모델과 상당히 근접하게 일치하는데, 단순히 모델이 매수자와 매도자 모두에게 광범위하게 사용되기 때문이다. 투자자들은 또한 그들의 정신적 예측이 항상 시장의 행태와 완벽하게 일치하지 않는다는 것을 알게 될 것이고, 따라서 시장 컨센서스에 더 가깝게 그들의 포지션을 조정하는데, 특히 빈번하게 거래되는 옵션의 경우 더욱 그러하다.

마지막으로 가격은 매수자와 매도자의 협상으로 결정되며, 수요와 공급의 힘의 영향을 받게 된다. 그렇다면 문제는 투자자들의 내부 정신 상태와 객관적 시장 조건 사이의 이러한 불일치성과 상호작용이 옵션의 가격 결정에서 어떻게 나타나는가 하는 것이다.

이러한 효과를 분석하는 한 가지 방법은 내재 변동성^{implied volatility}을 살펴보는 것이다. 특정 옵션의 경우 이는 옵션의 시장 가격을 취하고 블랙-숄즈 또는 (여기서의) 고전적 이항 모델과 같은 특정 모델을 사용해 해당 가격을 산출하는 변동성을 계산하는 최적화 루틴을 사용함으로 발견된다. 따라서 내재 변동성은 기초 증권의 가격 변화 가능성에 대한 시장의 견해를 반영한다.

그림 7.2는 양자 모델의 옵션 가격은 행사 가격과 주가의 비율이 1에 근접하는 소위 등가격 옵션의 고전적 가격과 약간 다르다는 것을 보여주며, 이는 양자 모델의 내재 변동성이 이 영역의 기준값에서 벗어난다는 것을 보여준다. 그림 7.4는 이 영역의 내재 변동성을 행사 가격의 함수로 나타낸 것이다. 이러한 모양은 실증적 옵션 데이터에서 접하는 변동성 스마일과 다소 유사하다.[6] 하지만 수요와 공급, 거래 전략, 손실 회피를 포함한 행동경제적 효과와 같은 많은 다른 요인들도 작용한다는 사실 때문에 분석이 복잡하다.[7]

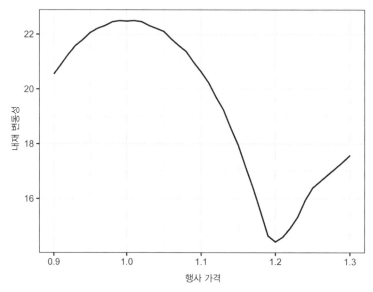

그림 7.4 최초 매수 가격이 1, 연간 변동성이 20%, 무위험 이자율이 2%, 만기 6개월인 콜옵션의 경우 행사 가격의 함수로 표현한 양자 모델 내재 변동성

일례로 위험 회피 매도자는 옵션의 행사 가격이 높은 옵션이 행사될 경우 더 높은 잠재적 손실을 나타내기 때문에 등가격 콜옵션의 매도를 선호할 수 있다. 그 결과는 등가격 옵션의 내재 변동성을 낮출 것이다. 양자 모델의 한 가지 이점은 11장에서 논의할 수요와 공급의 양자 모델과 양자 결정 이론 모델과 통합될 수 있어 이러한 효과를 설명할 수 있다는 것이다. 어느 정도 결어긋남을 더하면 이 곡선을 평활하게 만드

---

6   Cont and Fonseca, 2002

7   Wilmott, 2013; Versluis, Lehnert and Wolff, 2010

는 효과가 있다. 앞서 논의했듯이 걸어긋남은 부분적으로 일종의 측정으로 작용하고 투자자의 정신 모델을 고전적인 것에 더 가깝게 하는 외부 정보의 효과에 기인한다고 해석될 수 있다.

옵션 가격 결정의 또 다른 수수께끼는 왜 대부분의 옵션 거래 활동이 자산 가격에 가까운 행사 가격을 가진 등가격 옵션 중심으로 집중되는가이다. 예를 들어 Bergsma et al.(2020)은 2006년부터 2017년까지 미국 거래소 상장 옵션에 대한 데이터를 연구했다.[8] 연구된 옵션들은 만기까지의 시간이 10일에서 60일 사이였고 평균적으로 39.5%의 내재 변동성을 가지고 있었다. 그들은 콜옵션의 평균 "머니니스^{moneyness}" 즉 정규화된 행사 가격이 0.057의 표준편차에서 0.988임을 발견했다. 흥미롭게도 이 높은 수요 범위는 고전적 가격이 양자 가격보다 더 낮은 행사 가격과 일치한다. 가격이 고전적 모델에 의해 영향을 받지만 매수자들이 좀 더 주관적인 양자 모델에 의해 영향을 받는다면 이러한 등가격 옵션들은 매력적인 가격으로 보일 것이고, 이것이 그들이 투자자들에게 인기가 있는 이유를 설명해준다.

또한 양자 워크 모델을 통해 내재 변동성이 만기까지의 시간의 제곱근에 반비례해 변하기 때문에, 시간 의존 항을 포함한다는 실증적으로 주목되는 특성을 설명할 수 있다.[9] 양자 변동성은 시간에 따라 선형적으로 스케일이 변하지만 관측된 변동성은 시간의 제곱근에 따라 스케일링되기 때문에, 투자자의 관점에서 일정한 변동성의 고전적 랜덤 워크에 따르는 자산 변동은 6개월과 같은 긴 기간에 걸쳐 봤을 때보다 약 1개월에 걸쳐 볼 때 더 높은 내적 (즉, 양자) 변동성을 의미한다고 할 수 있다. 따라서 내적(주관적) 증가율과 제곱근의 시간 의존성을 갖는 측정(객관적) 증가율 사이의 불일치는 옵션 가격에 대한 조정으로 나타날 수 있다(그림 7.5 참조).

---

8 Bergsma et al., 2020
9 Fouque et al., 2004; Daglish, Hull and Suo, 2007

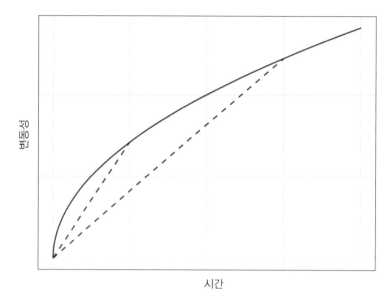

시간

그림 7.5 만기까지의 시간 대비 변동성의 요약도. 자산의 실제 변동성은 시간의 제곱근(굵은 선)에 따라 증가하지만 인식된 변동성은 선형적으로 증가한다. 따라서 양자 모델의 관점에서 보면, 단기 변동성은 장기 변동성보다 훨씬 더 커 보인다.

시장 가격 데이터의 완전한 실증적 분석은 이 책의 범위를 벗어나지만, 이러한 결과는 양자 모델이 투자자 행동의 고전 모델로부터의 일부 이탈을 설명하는 데 유용할 수 있음을 시사한다.

실제로 "최첨단" 위험 가격 모델에 관한 유럽연합의 NEXT ApplicationS of Quantum Computing[NEASQC] 프로젝트의 보고서는 양자 워크 모델에 의해 포착된 복잡한 인지 상호 작용을 금융 동학을 모델링하는 "아마도 중요한 장치"로 식별했다.[10] 또는 〈이코노미스트〉가 요약했듯이 "넓게 말해서, 고전적 랜덤 워크가 자산 가격이 어떻게 움직이는지에 대한 더 나은 기술이다. 하지만 양자 워크는 투자자들이 콜옵션을 살 때 그들의 움직임에 대해 어떻게 생각하는지 더 잘 설명해준다."[11] 이제 14장에서 이 주제로 돌아가 공급과 수요의 영향을 포함하는 옵션 가격의 통합 양자 모델을 살펴본다.

---

10 Nogueiras et al., 2021

11 익명

7.6 토론

전통적 관행의 관점에서, (적어도 걸어긋남이 없는 경우) 고전적 랜덤 워크에서 사용되는 표준 가우스 분포로부터 크게 벗어나는 주가 모델을 사용하는 것은 비현실적으로 보일 수 있다. 그러나 모델링하고 있는 것은 주가 움직임이 아니라 미래 주가 움직임에 대해 투자자들이 갖고 있는 생각이라는 점을 다시 한 번 주목해야 하는데, 이는 같은 것이 아니다. 11장에서 보듯이 양자 형식주의를 이용해 주가를 모델링하는 것은 확실히 가능하고 적절하지만, 거래가 있을 때마다 (비록 거래가 드물 수도 있지만) 가격 파동 함수는 붕괴된다.[12] 옵션에 대해서는 단지 가격이 가상적이라는 이유만으로 이 붕괴는 같은 방식으로 일어나지 않는다. 따라서 가격에 대한 투자자들의 생각이 가격 자체보다 더 극단적이고 분단적일 것으로 예상할 수 있다.

동시에 옵션 가격도 시장 동학에 의해 결정되는데, 이는 결국 매수자와 매도자 모두가 옵션 가격 결정의 고전적 모델에 어느 정도 의존한다는 사실에 의해 영향을 받는다. 흥미로운 주제는 양자 모델에서 투자자 예측과 객관적 데이터 사이의 상호작용 수준을 조정할 수 있는 방법을 제공하기 때문에 보다 세부적으로 날어긋남의 역할을 탐구하는 것이다.

이미 논의한 좀 더 일반적인 우려는 모델을 물리학으로부터 경제학으로 직접 불러오는 것은 위험하다는 것이다(주류 경제학에서 그러한 모델이 채택되고 종종 남용되는 방법에 대한 논의는 나의 책『Economyths(경제 신화)』(Icon Books, 2010)를 참조하라). 그러나 이 경우에는 두 가지 유의할 점이 있다. 하나는 고전적 랜덤 워크는 이미 1950년대에 물리학에서 도입된 것이기 때문에(실제로 금융에서 처음 사용된 이래 다시 도입됐다) 업데이트하는 것이 타당해 보인다는 것이다. 두 번째는 정확히 말하면 여기서 고려된 양자 워크 모델이 물리학에서 도입한 것이 아니라 금융의 영역으로 확장되고 있는 인지심리학에서 실증적으로 검증된 모델이라는 점이다.

여기서 사용되는 기본 형태로 양자 모델은 간결하며, 원하는 경우 걸어긋남의 정도 외에는 추가 파라미터를 도입하지 않는다. 인지의 다른 영역에서 유용하다는 것이 입증된 양자 모델의 우아한 특징은 소멸되지 않았을 때 투자자들이 보유한 시장에 대한

---

12 Sarkissian, 2020

주관적 시각을 포착하는 반면 붕괴된 상태는 객관적으로 측정된 시장의 특성을 포착한다는 것이다. 또한 양자 모델은 예를 들어 투자자 낙관론이나 경제 주체 간의 얽힘에 대한 효과와 같은 것을 시뮬레이션하기 위해 인지 및 그룹 행동의 다른 양자 모델을 통합하는 인터페이스도 제공한다.

마지막으로, 양자 계산의 관점에서 양자 워크 모델의 또 다른 이점은 연구자들이 특정 클래스의 문제[13]에 대해 잠재적으로 상당한 속도 이점을 제공할 것이라고 주장했던 양자 컴퓨터에서 직접 구현될 수 있다는 것이다.

이러한 장치의 일례로 그림 7.6은 광자를 이용해 양자 워크를 수행하는 빔 스플리터 어레이의 개략도다.[14] 광자는 단일 광자 소스를 사용해 상단에서 생성되며, 이를 빔 스플리터의 어레이를 통과시키기 위해 웨이브 가이드가 사용된다. 각 빔 스플리터는 광자를 전송하거나 반사할 수 있는 동등한 기회를 갖는다. 날어긋남은 각 빔 스플리터 후에 활성 위상 이동기를 도입함으로써 추가될 수 있다.

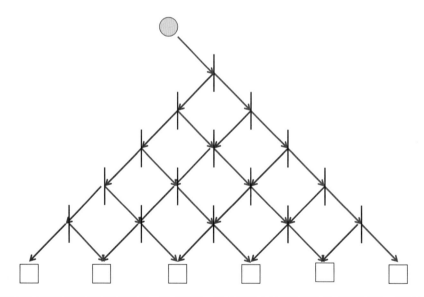

그림 7.6 5단계 양자 워크를 계산하는 데 사용되는 빔 스플리터 어레이 단일 광자(회색 원)는 배열의 맨 위로 들어가 중첩 상태로 빔 스플리터를 통해 계단식으로 이동한다. 결과는 일련의 광자 검출기를 사용해 바닥에서 측정된다.

---

13 Rebentrost, Gupt and Bromley, 2018; Orús, Mugel and Lizaso, 2019.
14 Quantum Dice, personal communication, 2021

이러한 광자 회로는 활발한 연구 영역이다.[15] 현재 완전히 작동하는 양자 컴퓨터가 언제 일반적으로 유용하게 응용돼 쓰일지는 불확실하지만, 계산의 일부는 여기와 같은 양자 회로를 사용해 수행되는 반면, 나머지 계산은 재래식 컴퓨터를 사용해 처리하는 특수 하이브리드 장치를 생산하는 것은 훨씬 더 간단하다.

7.7 요약

7장에서 보듯이 양자 워크 모델은 금융에서 전통적으로 사용되던 랜덤 워크에 대해 개연성 있는 대안을 제시하며 다음과 같은 장점을 제공한다.

- 양자 워크 모델은 투자자 행동의 주요 측면을 포착하고 미래에 대한 투자자들의 주관적인 믿음을 반영한다.
- 양자 모델에 날어긋남을 추가하면 임의적으로 고전 모델에 가까워지며, 외부 정보의 역할을 반영하는 방법으로 사용될 수 있다.
- 이 모델은 금융 거래 및 의사결정의 양자 모델과 통합될 수 있다.
- 이 모델은 행사 가격과 거래량 간의 관계 또는 만기까지의 시간에 대한 가격의 의존성과 같은 현상에 대한 설명을 제공한다.
- 이 모델은 양자 컴퓨터에서 직접 구현될 수 있고, 더 일반적으로 양자 워크를 수행할 수 있는 모든 장치에 구현될 수 있다는 장점이 있다.

8장에서는 양자 컴퓨팅의 등장이 어떻게 또 다른 관련 분야인 게임 이론에 대한 새로운 접근법에 영감을 줬는지 보여준다.

양자 우월성

옵션 가격을 위한 양자 모델은 의사 결정의 역학을 통합하고 주관적이자 객관적인 인지 효과를 모두 설명할 수 있는 고전적인 블랙-숄즈 모델에 대한 대안을 제공한다. 이 알고리듬은 양자 컴퓨터를 기본으로 한다는 장점도 있다.

---

15 일례로 Sansoni et al., 2012를 참조하라.

08 양자 게임

일상적인 시장 거래의 정당한 의식을 관찰하는 동안 우리는 사실 고전적인 설명이 불가능한 양자 게임에서 비롯된 자본 흐름을 관찰하고 있는지도 모른다. 만약 인간의 결정이 미시적인 양자 사건으로 추적될 수 있다면, 복잡한 두뇌의 진화 과정에서 자연이 양자 계산을 이용했을 것이라고 예상할 수 있을 것이다. 그런 점에서 양자 컴퓨터들이 양자 법칙에 따라 그들의 시장 게임을 하고 있다고 말할 수 있다.

– 갓프리드 메이어(Gottfried Mayer), 「Quantum Games and Quantum Algorithms
    (양자 게임과 양자 알고리듬)」, 2000년

2019년 구글이 고전적 컴퓨터가 실용적 관점에서 풀 수 없는 문제를 풀 수 있는 양자 컴퓨터를 사용함으로써 '양자 패권'을 달성했다고 발표하면서 양자 컴퓨팅 분야의 흥분은 새로운 수준에 도달했다. 그러나 실용적인 양자 컴퓨터가 나오기 훨씬 전에 물리학자들은 이미 양자 컴퓨터로 (또는 적어도 양자 법칙에 의해 게임을 하는 일반 컴퓨터로) 게임을 할 수 있는 방법을 찾았다. 8장에서는 양자 게임의 몇 가지 간단한 예를 살펴보고, 양자 인지와 양자 게임 이론 사이의 연관성에 대해 알아본다.

물리학자들에 의해 확인됨!

양자 게임 이론은 물리학자들에 의해 발명됐다. 물리학자들은 그것이 항상 앨리스와 밥이라고 불릴 것 같은 두 명의 꾸며낸 등장인물들 사이에서 행해지는데, 이는 양자 컴퓨터상에서의 추상적인 게임만을 언급하는 한 아무런 문제가 없어 보인다. 문제는 그것이 실제 상황에 적용될 때 발생한다(물론 어떤 이유에서인지 3장에서 언급한 고전적 게임 이론은 핵 분쟁을 포함한 많은 중요한 것에 적용돼 기준을 통과한 것처럼 보이기는 하지만).

8.1 동전 뒤집기

양자 게임 이론은 1999년 두 개의 논문에서 시작된 것으로 보이며, 이를 차례대로 고려할 것이다. 수학자 데이비드 메이어$^{David\ Meyer}$에 의해 첫 번째는 "양자 전략"이라고 불렀다. 메이어가 고려했던 경기 중 하나는 하나의 동전과 A와 B 두 명의 플레이어를 포함하는 동전 뒤집기$^{Penny\ Flip}$ 게임이었다. 규칙은 다음과 같다.

1. 플레이어 A는 동전을 위 상태로 위치시키는 것으로 시작한다.
2. 플레이어 B는 A에게 보이지 않고 동전을 뒤집거나 뒤집지 않는 것을 선택할 수 있다.
3. 플레이어 A는 B에게 보이지 않고 동전을 뒤집거나 뒤집지 않는 것을 선택할 수 있다.
4. 플레이어 B는 A에게 보이지 않고 동전을 뒤집거나 뒤집지 않는 것을 선택할 수 있다.
5. 동전이 위로 끝나면 B가 이기고, 그렇지 않으면 A가 이긴다.

동전의 두 상태를 $|\Uparrow\rangle = \begin{pmatrix} 1 \\ 0 \end{pmatrix}$와 $|\Downarrow\rangle = \begin{pmatrix} 0 \\ 1 \end{pmatrix}$로 표현한다. 동전을 뒤집는가 뒤집지 않는가에 대한 선택은 첫 번째 파울리 행렬 $\sigma_x = \begin{pmatrix} 0 & 1 \\ 1 & 0 \end{pmatrix}$과 항등행렬 $I = \begin{pmatrix} 1 & 0 \\ 0 & 1 \end{pmatrix}$에 의해 표현될 수 있다. 게임 이론에서 순수 행동$^{pure\ action}$은 플레이어가 σ_x 또는 I를 그의 행동^{move}으로 선택하는 것으로 의미하며, 혼합 행동$^{mixed\ action}$은 다음 형태의 확률적 선형 결합이다.

$$p\sigma_x + (1-p)\,I = \begin{pmatrix} 1-p & p \\ p & 1-p \end{pmatrix}$$

여기서 $0 \le p \le 1$이다. 전략은 플레이어가 현재 상태에 대한 정보를 기반으로 다음 행동을 결정하기 위한 규칙이다. 만약 확률이 관련된다면, 전략은 혼합 전략$^{mixed\ strategy}$이다. 게임 이론의 목적은 각 플레이어에 대한 최적 전략을 발견하는 것이다(게임 이론과 양자 물리학 모두에 순수와 혼합이란 이름이 나타나는 것은 우연이 아니다. 폰 노이만이 각각에 관련됐기 때문이다). 게임의 가능한 결과는 다음 장에 있는 표 8.1에 열거돼 있다.

표 8.1 동전 뒤집기 게임의 가능한 수. 플레이어 A는 동전을 초기 조건 $\psi_0 = |\uparrow\rangle$에 넣는다. 플레이어 B의 첫 번째 동작 R_{B1}은 동전을 변경하지 않고 그대로 두는 $R_{B1} = I$이거나 동전을 뒤집는 $R_{B1} = \sigma_x$이다. 각 플레이어가 한 바퀴씩 더 돌고 나면 동전 ψ_3의 상태가 측정되고, 동전이 위를 향하면 플레이어 B가 승리한다.

ψ_0	R_{B1}	ψ_1	R_A	ψ_2	R_{B2}	ψ_3
$|\uparrow\rangle$	I	$|\uparrow\rangle$	I	$|\uparrow\rangle$	I	$|\uparrow\rangle$
$|\uparrow\rangle$	I	$|\uparrow\rangle$	I	$|\uparrow\rangle$	σ_x	$|\downarrow\rangle$
$|\uparrow\rangle$	I	$|\uparrow\rangle$	σ_x	$|\downarrow\rangle$	I	$|\downarrow\rangle$
$|\uparrow\rangle$	I	$|\uparrow\rangle$	σ_x	$|\downarrow\rangle$	σ_x	$|\uparrow\rangle$
$|\uparrow\rangle$	σ_x	$|\downarrow\rangle$	I	$|\downarrow\rangle$	I	$|\downarrow\rangle$
$|\uparrow\rangle$	σ_x	$|\downarrow\rangle$	I	$|\downarrow\rangle$	σ_x	$|\uparrow\rangle$
$|\uparrow\rangle$	σ_x	$|\downarrow\rangle$	σ_x	$|\uparrow\rangle$	I	$|\uparrow\rangle$
$|\uparrow\rangle$	σ_x	$|\downarrow\rangle$	σ_x	$|\uparrow\rangle$	σ_x	$|\downarrow\rangle$

이제 플레이어 A가 매번 무작위로 뒤집거나 뒤집지 않는 것을 선택하는 혼합 전략을 사용한다고 가정하자. 따라서 확률 $\frac{1}{2}$로 I를, 확률 $\frac{1}{2}$로 σ_x를 게임을 한다. 그러면 A 플레이어에 대한 기대 보상 π_A이나 B 플레이어에 대한 기대 보상 π_B은 모두 0이 된다. 하지만 게임을 몇 번 하고 나면, 플레이어 B가 매번 이긴다. 이건 말이 안 된다. 무슨 일이 일어나고 있는가?

물론 그 이유는 플레이어들이 실제로 양자 코인을 사용하고 있기 때문이다. 동전 던지기 연산자가 랜덤이 아니라 결정론적이었다는 것을 상기하라. 랜덤성은 시스템이 측정될 때만 들어오는데, 이는 모든 동전 뒤집기가 특정한 결과를 내도록 조작될 수 있다는 것을 의미한다. 이것은 사실 양자 컴퓨팅의 본질이다.

그림 8.1은 이 게임의 양자 회로를 보여준다. 왼쪽에 있는 회로에 대한 입력은 초기 상태 $\psi_0 = |\uparrow\rangle$이다. 그런 다음 플레이어 B가 R_{B1}, 플레이어 A가 R_A를, 플레이어 B가 마지막 R_{B2}를 적용한다. 그런 다음 최종 상태가 측정된다.

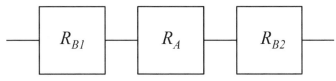

그림 8.1 동전 뒤집기 게임에 대한 양자 회로

설명은 플레이어 B가 행동 1에서 아다마르 변환 $H = \frac{1}{\sqrt{2}}\begin{pmatrix} 1 & 1 \\ 1 & -1 \end{pmatrix}$을 초기 동전에 적용하므로, 동전을 다음 상태에 놓이도록 한다.

$$\psi_1 = H \begin{pmatrix} 1 \\ 0 \end{pmatrix} = \frac{1}{\sqrt{2}} \left| \uparrow \right\rangle + \frac{1}{\sqrt{2}} \left| \downarrow \right\rangle = \frac{1}{\sqrt{2}} \begin{pmatrix} 1 \\ 1 \end{pmatrix}$$

반면 플레이어 A는 혼합 전략을 사용해 σ_x 또는 I를 적용한다. 그러나

$$\sigma_x \psi_1 = \begin{pmatrix} 0 & 1 \\ 1 & 0 \end{pmatrix} \frac{1}{\sqrt{2}} \begin{pmatrix} 1 \\ 1 \end{pmatrix} = \frac{1}{\sqrt{2}} \begin{pmatrix} 1 \\ 1 \end{pmatrix} = I \psi_1$$

따라서 A의 연산은 상태에 어떤 영향도 미치지 못한다. 이때 B가 아다마르 변환을 마지막에 다시 적용한다면, 그 결과는 다음과 같다.

$$H \psi_2 = \frac{1}{\sqrt{2}} \begin{pmatrix} 1 & 1 \\ 1 & -1 \end{pmatrix} \frac{1}{\sqrt{2}} \begin{pmatrix} 1 \\ 1 \end{pmatrix} = \begin{pmatrix} 1 \\ 0 \end{pmatrix} = \left| \uparrow \right\rangle$$

따라서 답은 항상 위이고 따라서 B가 승리한다.

고전적인 비유는 플레이어 B가 정상적인 동전을 90도만 뒤집어서 동전이 모서리로 서 있도록 한다는 것이다. 플레이어가 A가 동전을 넘기든 말든 동전이 그대로 서 있게 유지한다. 그러고 나서 플레이어 B는 다시 90도 회전해 동전을 위로 향하게 하고, 승기를 잡는다. 고전적 버전에서 모서리로 서 있는 동전은 어느 쪽으로든 떨어질 확률이 50:50이지만 양자 동전은 두 상태의 중첩으로 남을 수 있다.

마이어가 지적한 대로 이 게임의 교훈은 게임이 양자일 때 "양자 전략이 고전적인 전략보다 더 성공할 수 있다"는 것이다. 그의 주장대로, 게임은 구조적으로 양자 컴퓨터를 테스트하는 데 사용되는 많은 문제들과 유사하다. 예를 들어 고전적 검색 알고리즘은 고전적 확률에 기초해 데이터베이스를 검색하기 위해 혼합 전략에 해당하는 것을 사용한다. 컴퓨터 과학자 롭 그로버Lov Grover가 1996년 발명한 그로버의 알고리듬은 어떤 혼합 전략보다도 뛰어난 양자 전략이다.[1]

8.2 죄수의 딜레마

더 분명한 경제적 응용이 있는 게임은 죄수의 딜레마prisoner's dilemma다. 이 게임은 수학자인 메릴 플라드Merrill Flood와 멜빈 드레셔Melvin Dresher에 의해 1950년 랜드에서 일

---

1 Grover, 1996

하던 중 세계 핵 전략에 게임 이론의 적용에 대한 회사의 조사의 일환으로 처음 발명 됐다. 분쟁 대 협력conflict vs cooperaton이라는 이 게임의 주제는 후에 수학자 앨버트 터 커Albert Tucker에 의해 감옥-선고 해석으로 주어졌다. 양자 버전은 에이설트 등(Eisert et al.)에 의해 1999년 논문에서 제안됐다.[2]

이 게임은 범죄로 체포돼 별도로 잡혀 있는 범죄 조직의 두 가상의 조직원에 관련 된 것이다. 검사는 각 죄수에게 선택권을 준다. 즉, 상대방이 범죄를 저질렀다고 증언 하거나 묵비권을 행사한다. 그가 그들에게 말한 벌칙은 다음과 같다.

죄수 한 명만 다른 한 명을 배신하면, 그 죄수는 석방되고 다른 한 명은 모두 5년 선고를 받는다.

만약 두 죄수 모두 침묵을 지키면, 그들은 둘 다 작은 죄목으로 2년을 선고받게 된다.

두 죄수 모두 상대방을 배반하면 둘 다 4년(그래서 1년 더 적게)을 받는다.

아래 표 8.2에 표시된 보상은 각 사례에 대한 최대 벌칙으로부터 감소된 연수를 나 타낸다. 전략은 협력의 경우 C로 표시되고, 배신의 경우 D로 표시된다. 표준 이론에 따르면 각 플레이어는 예상되는 보상을 최적화해야 한다. 예를 들어 플레이어 A가 플 레이어 B를 배신하기로 선택했다면, 플레이어 B가 협력하거나 배신할 동등한 기회를 가정한 그의 기대 보상은 $\langle \pi_A \rangle = 0.5 \times 5 + 0.5 \times 1 = 3$이다. 그러나 만약 그가 동료 죄수와 협력하기로 선택한다면, $\langle \pi_A \rangle = 0.5 \times 1 + 0.5 \times 1 = 1$이다. 그러므로 최적 의 선택은 배신이다.

표 8.2 고전적 죄수의 딜레마에 대한 가능한 수

A 전략	B 전략	π_A	π_B
C	C	3	3
C	D	0	5
D	C	5	0
D	D	1	1

보다 일반적으로 A의 행동이 집합 $\{s_A^j\}$이고, B의 행동은 집합 $\{s_B^k\}$이며, A에 대 한 보상은 $\pi_A(s_A^j, s_B^k)$이면, A의 지배 전략dominant strategy은 모든 선택 s_A^j와 s_B^k에 대해

---

2   Eisert, Wilkens and Lewenstein, 1999; Grabbe, 2005를 참조하라.

$\pi_A(s_A,\ s_B^k) > \pi_A(s_A^j,\ s_B^k)$이 되도록 하는 행동 s_A이다. 죄수의 딜레마에서 A의 지배 전략은 $s_A = D$인데, 그 이유는 $\pi_A(D,\ C) = 5$가 $\pi_A(C,\ C) = 3$보다 크고, $\pi_A(D,\ D) = 1$이 $\pi_A(C,\ D) = 0$보다 크기 때문이다. 같은 이유로 B의 지배 전략은 $s_B = D$이다. 두 플레이어 모두 지배 전략을 택하면 어떤 플레이어도 자신의 전략을 일방적으로 변경해 더 개선될 수 없기 때문에 결과는 내쉬 균형Nash equilibrium이다. 예를 들어 A가 전략을 D에서 C로 전환하면 그 효용은 0이 된다. 한편 둘 다 협력을 선택한다면 전략은 파레토 최적Pareto Optimal이다. 그 이유는 어떤 변화도 플레이어들 중 한 명을 더 나쁘게 할 것이기 때문이다.

8.3 양자 법칙

죄수의 딜레마 게임은 카르텔의 동학 관계나 트레이더들의 행동과 같은 현상과 관련되기 때문에 경제학 수업에서 배우게 된다. 채권 트레이더들은 **최초 매도자의 이점**first redeemer's advantage으로 시장 폭락의 첫 힌트에 채권을 매도할 유인을 가지며, 이로 인해 시장 폭락의 가능성을 증가시키는 그들만의 버전의 게임에 구속된다.[3] 그러나 그것은 어떤 개인에게나 유일한 논리적 행동 방침이 동료들을 배신하는 데 있다는 점에서 세상을 다소 암울하게 그리는 것 같다.

1950년대와 1960년대에 수학자들은 게임의 다른 버전을 탐구했고, 이 딜레마를 피할 수 있는 전략을 찾았다. 그러나 그들 모두는 어느 누구도 깨지 않을 어떤 공유된 합의를 하는 것에 의존했다. 에이설트 등(Eisert et al.)은 1999년 논문에서 적어도 원칙적으로는 그러한 계약이 한 쌍의 얽힌 입자 형태를 취할 수 있다고 제안했다(13장에서는 다른 종류의 얽힘 상태의 계약, 즉 대출 계약을 고려한다). 입자가 얽혀 있다는 것은 플레이어들의 행동이 어떤 것이 될 것인지 미리 알지 못하더라도 조율이 이루어진다는 것을 의미한다. 2001년 쟝펑 두Jangfeng Du가 이끄는 팀은 두 개의 수소 핵에 얽힘 상태로 만든 다음, 라디오 펄스로 제어해 플레이하는 게임을 보여줬다.

물론 이것들은 갇힌 수소 핵이었는데, 실제 갇힌 죄수들과 같은 방식으로 행동하지는 않는다. 하지만 사람들도 이진 스위치나 고전적 원자처럼 행동하지 않는다.

---

3   Guthrie, 2016

양자 버전에서는 각 플레이어의 전략이 이제 $|C\rangle = \binom{1}{0}$ 또는 $|D\rangle = \binom{0}{1}$ 형태의 큐비트에 의해 인코딩된다. 따라서 결합 전략은 $|CC\rangle$, $|CD\rangle$, $|DC\rangle$, $|DD\rangle$에 의해 생성되는 4-D 힐버트 공간 $\mathcal{H}_4$에 존재한다. 여기서 처음 원소는 A의 전략이고, 두 번째 원소는 B의 전략이다. 예를 들어 A의 전략이 $|C\rangle$이고 B의 전략은 $|D\rangle$이면, 결합 전략은 $|C\rangle \otimes |D\rangle$인데, $|C\rangle|D\rangle$ 또는 $|CD\rangle$와 같이 더욱 간결하게 표현할 수 있다. 5장에서 본 바와 같이, 기저는 4-D 벡터로 다음과 같이 표현될 수 있다.

$$
|CC\rangle = \begin{pmatrix} 1 \\ 0 \\ 0 \\ 0 \end{pmatrix}, |CD\rangle = \begin{pmatrix} 0 \\ 1 \\ 0 \\ 0 \end{pmatrix},
$$

$$
|DC\rangle = \begin{pmatrix} 0 \\ 0 \\ 1 \\ 0 \end{pmatrix}, |DD\rangle = \begin{pmatrix} 0 \\ 0 \\ 0 \\ 1 \end{pmatrix}
$$

게임에 대한 양자 회로는 그림 8.2에서 보여진다. 입력은 상태 $\psi_0 = |00\rangle$에서 시작하는 큐비트다. 이는 우선 각 플레이어에게 알려진 유니터리 행렬 U에 의해 작동돼, $\psi_1 = U|00\rangle$를 산출한다(유니터리 행렬은 다시 그 역행렬이 켤레 전치인 행렬이며, 따라서 $U^{-1} = U^\dagger$이다).

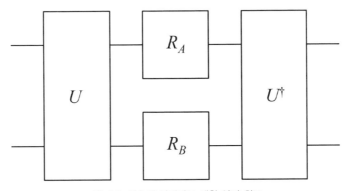

그림 8.2 죄수의 딜레마를 대한 양자 회로

두 플레이어에 대한 전략은 플레이어 자신의 큐비트에 대해서만 작동하는 유니터리 연산자 $s_A = R_A$와 $s_B = R_B$에 의해 주어진다. 각 플레이어의 행동 이후에 게임은 상태 $(R_A \otimes R_B)U|00\rangle$이다. 그리고 나서, 역행렬 $U^\dagger$가 적용돼 $U^\dagger(R_A \otimes R_B)U|00\rangle$가

산출된다. 마지막으로 (여기서 보이지는 않았으나) 측정이 취해져, 시스템이 기저 벡터 중 하나로 붕괴되고 보상이 고전 버전에서와 같은 표를 사용해 계산된다.

8.4 얽힘 상태의 죄수

행렬 U의 역할은 플레이어들의 큐비트를 얽히게 하는 것이다. 역행렬 $U^\dagger$를 적용하는 것은 고전적 전략이 고전적 결과를 산출하도록 보장한다.

2×2 공간 $\mathcal{H}_A \otimes \mathcal{H}_B$ 내의 상태 ψ는 만약 $\psi = \psi_A \otimes \psi_B$의 형태의 텐서곱으로 분해되지 않는다면 얽힘 상태다. 여기서 $\psi_A \in \mathcal{H}_A$이고 $\psi_B \in \mathcal{H}_B$이다. 예를 들어 $\psi_1 = a|CC\rangle + b|CD\rangle = |C \otimes (a|C\rangle + b|D\rangle)$는 텐서곱으로 표현될 수 있으므로 얽힘 상태가 아니다. 그러나 $\psi_2 = a|CC\rangle + b|DD\rangle$는 유사하게 분해될 수 없고, 따라서 얽힘 상태이다.

참고로 사회과학에서의 얽힘 사용에 대한 물리학자들의 일반적인 불평은 그 단어가 잘못 사용되고 있고 아원자 입자에만 적용된다는 것이다. 그러나 얽힘은 수학적인 개념이며 힐버트 공간의 기본 특성이다. 이것은 양자 컴퓨터를 사용해 게임을 시뮬레이션할 때 명백하게 나타나는데, 이 경우 얽힘은 큐비트 사이의 실제 물리적인 얽힘을 말한다. 그러나 양자 컴퓨터를 사용할 필요는 없다. 왜냐하면 고전적인 컴퓨터에서도 큐비트를 시뮬레이션할 수 있기 때문이다.

물론 양자 모델에서 얽힘을 사용한다고 해서 사람들이 큐비트를 회전시켜 결정을 내린다고 주장하는 것은 아니다. 그런 주장은 고전적 컴퓨터를 사용하는 것이 사람들이 뇌에서 비트를 뒤집으면서 결정을 내린다고 주장하는 것과 같다. 중요한 것은 결과로 얻는 모델이 인간의 행동에 적합한지 여부이며 이는 따른 질문이다. '얽힘'이라는 단어에 대한 혼란은 사실 사회과학자 측에서의 엉터리 용법이 아니라, 사회과학과 똑같이 물리학에도 적용되는 수학 모델과 현실의 구분에 대한 일반적인 오해에서 비롯된다.

어쨌든 이 문제에 대한 얽힘 행렬은 다음과 같이 표현될 수 있는 4×4 행렬이 될 것이다.

$$U = \frac{1}{\sqrt{2}} \left(I^{\otimes 2} + i\sigma_x^{\otimes 2} \right) = \frac{1}{\sqrt{2}} \begin{pmatrix} I & 0 \\ 0 & I \end{pmatrix} + \frac{i}{\sqrt{2}} \begin{pmatrix} 0 & \sigma_x \\ \sigma_x & 0 \end{pmatrix}$$

$$= \frac{1}{\sqrt{2}} \begin{pmatrix} 1 & 0 & 0 & 0 \\ 0 & 1 & 0 & 0 \\ 0 & 0 & 1 & 0 \\ 0 & 0 & 0 & 1 \end{pmatrix} + \frac{i}{\sqrt{2}} \begin{pmatrix} 0 & 0 & 0 & 1 \\ 0 & 0 & 1 & 0 \\ 0 & 1 & 0 & 0 \\ 1 & 0 & 0 & 0 \end{pmatrix}$$

$$= \frac{1}{\sqrt{2}} \begin{pmatrix} 1 & 0 & 0 & i \\ 0 & 1 & i & 0 \\ 0 & i & 1 & 0 \\ i & 0 & 0 & 1 \end{pmatrix}$$

이의 역행렬은 다음과 같다.

$$U^{\dagger} = \frac{1}{\sqrt{2}} \left(I^{\otimes 2} - i\sigma_x^{\otimes 2} \right)$$

초기 상태 $|CC\rangle$에서는 양 플레이어가 협력한다. U를 적용하면, 이 상태는 다음과 같이 된다.

$$\psi_1 = U |CC\rangle = \frac{1}{\sqrt{2}} \begin{pmatrix} 1 & 0 & 0 & i \\ 0 & 1 & i & 0 \\ 0 & i & 1 & 0 \\ i & 0 & 0 & 1 \end{pmatrix} \begin{pmatrix} 1 \\ 0 \\ 0 \\ 0 \end{pmatrix} = \frac{1}{\sqrt{2}} \begin{pmatrix} 1 \\ 0 \\ 0 \\ i \end{pmatrix}$$

$$= \frac{1}{\sqrt{2}} \left(|CC\rangle + i |DD\rangle \right)$$

다음 행동에서 A의 선택은 계속 협력해서 행렬 $R_A = I$를 적용하거나 배반해서 $R_A = \sigma_x$를 적용하는 것이다. B가 유사한 선택을 한 후, 게임의 상태는 $\psi_2 = (R_A \otimes R_B)\psi_1$가 된다. 그런 다음 역행렬 $U^{\dagger}$가 적용돼 마지막 상태 $\psi_3 = U^{\dagger}(R_A \otimes R_B)\psi_1$를 생성한다. 본 법칙 _{Born Rule}이 적용되면 기대 보상은 다음과 같이 된다.

$$\langle \pi_A \rangle = 3 |\langle \psi_3 | CC \rangle|^2 + 0 |\langle \psi_3 | CD \rangle|^2 + 5 |\langle \psi_3 | DC \rangle|^2 + 1 |\langle \psi_3 | DD \rangle|^2$$

가능한 결과가 다음의 표 8.3의 상단 4개의 행에 주어진다. 각 경우에 마지막 상태 ψ_3는 기저 벡터들 중 하나이므로, 결과는 고전적인 경우와 정확히 똑같아진다. 다음에서 몇 가지 양자 행동 _{quantum move}을 고려하자.

예를 들어 A는 협력해 I를 행동하지만, B는 아다마르 행렬 H를 행동한다고 가정하자. 여기서

$$H \left| 0 \right\rangle = \frac{1}{\sqrt{2}} \begin{pmatrix} 1 & 1 \\ 1 & -1 \end{pmatrix} \begin{pmatrix} 1 \\ 0 \end{pmatrix} = \frac{1}{\sqrt{2}} \begin{pmatrix} 1 \\ 1 \end{pmatrix} = \frac{1}{\sqrt{2}} \left(\left| C \right\rangle + \left| D \right\rangle \right)$$

이고,

$$H \left| 1 \right\rangle = \frac{1}{\sqrt{2}} \begin{pmatrix} 1 & 1 \\ 1 & -1 \end{pmatrix} \begin{pmatrix} 0 \\ 1 \end{pmatrix} = \frac{1}{\sqrt{2}} \begin{pmatrix} 1 \\ -1 \end{pmatrix} = \frac{1}{\sqrt{2}} \left(\left| C \right\rangle - \left| D \right\rangle \right)$$

이다.

I를 ψ_1의 첫 번째 원소에 적용하고, H를 두 번째 원소에 적용하면 다음을 얻는다.

$$\begin{aligned} \psi_2 &= \left(I \bigotimes H \right) \psi_1 = \left(I \bigotimes H \right) \frac{1}{\sqrt{2}} \left(\left| CC \right\rangle + i \left| DD \right\rangle \right) \\ &= \frac{1}{2} \left| C \right\rangle \left(\left| C \right\rangle + \left| D \right\rangle \right) + \frac{i}{2} \left| D \right\rangle \left(\left| C \right\rangle - \left| D \right\rangle \right) \\ &= \frac{1}{2} \left(\left| CC \right\rangle + \left| CD \right\rangle + i \left| DC \right\rangle - i \left| DD \right\rangle \right) \end{aligned}$$

그리고 나서 역행렬 $U^\dagger$를 적용하면,

$$\psi_3 = U^\dagger \left(I \bigotimes H \right) \psi_1 = \frac{1}{\sqrt{2}} \left(\left| CD \right\rangle - i \left| DD \right\rangle \right)$$

를 얻는다.

본 법칙으로부터 π_A=1/2 (0+1)=0.5와 π_B=1/2 (5+1)=3를 얻는다. 이와 유사하게 만약 A가 배반하고 B가 협력한다면, 기대 보상은 반대로 된다. 몇몇 가능한 행동과 그에 대한 보상에 대한 요약이 표 9.3의 하단 5개 행에 주어진다.

표 9.3 양자 버전의 죄수의 딜레마의 수와 결과. 상단 4개 행은 고전적 행동을 보이며, 하단 5개 행은 양자 행동 몇 개를 보인다.

R_A	R_B	ψ_2	ψ_3	π_A	π_B
I	I	$\frac{1}{\sqrt{2}}(\lvert CC\rangle + i\lvert DD\rangle)$	$\lvert CC\rangle$	3	3
I	σ_x	$\frac{1}{\sqrt{2}}(\lvert CD\rangle + i\lvert DC\rangle)$	$\lvert CD\rangle$	0	5
σ_x	I	$\frac{1}{\sqrt{2}}(\lvert DC\rangle + i\lvert CD\rangle)$	$\lvert DC\rangle$	5	0
σ_x	σ_x	$\frac{1}{\sqrt{2}}(\lvert DD\rangle + i\lvert CC\rangle)$	$\lvert DD\rangle$	1	1
I	H	$\frac{1}{2}(\lvert CC\rangle + \lvert CD\rangle) + \frac{1}{2}(\lvert DC\rangle - \lvert DD\rangle)$	$\frac{1}{\sqrt{2}}(\lvert CD\rangle - i\lvert DD\rangle)$	0.5	3
H	I	$\frac{1}{2}(\lvert CC\rangle + \lvert DC\rangle) + \frac{1}{2}(\lvert CD\rangle - \lvert DD\rangle)$	$\frac{1}{\sqrt{2}}(\lvert DC\rangle - i\lvert DD\rangle)$	3	0.5
H	σ_x	$\frac{1}{2}(\lvert CD\rangle + \lvert DD\rangle) + \frac{i}{2}(\lvert CC\rangle - \lvert DC\rangle)$	$\frac{1}{\sqrt{2}}(\lvert DD\rangle - i\lvert DC\rangle)$	3	0.5
σ_x	H	$\frac{1}{2}(\lvert DC\rangle + \lvert DD\rangle) + \frac{i}{2}(\lvert CC\rangle - \lvert CD\rangle)$	$\frac{1}{\sqrt{2}}(\lvert DD\rangle - i\lvert CD\rangle)$	0.5	3
H	H	$\frac{1}{2}(\lvert CC\rangle + \lvert DC\rangle) + \frac{1}{2}(\lvert CD\rangle + \lvert DD\rangle) + \frac{i}{2}(\lvert CC\rangle - \lvert DC\rangle) + \frac{i}{2}(\lvert CD\rangle + \lvert DD\rangle)$	$\frac{1}{2}(\lvert CC\rangle + \lvert DD\rangle) - \frac{i}{2}(\lvert CD\rangle + \lvert DC\rangle)$	2.25	2.25

각 플레이어가 $R_A = R_B = \sigma_x$를 선택해 보상을 $\pi_A = \pi_B = 1$로 갖는 게임은 더 이상 내쉬 균형이 아니다. 어느 플레이어이든 H를 선택함으로써 점수를 향상할 수 있기 때문이다. 그러나 $R_A = R_B = H$와 $\pi_A = \pi_B = 2.25$은 내쉬 균형을 나타낸다.

게임은 $\sigma_z = \begin{pmatrix} 1 & 0 \\ 0 & -1 \end{pmatrix}$와 같은 추가 행동을 허용함으로써 더 이상 확장될 수 있다. 실제로 $R_A = R_B = \sigma_z$의 게임은 $\pi_A = \pi_B = 3$의 보상을 가지며, 이는 이제 파레토 최적이다(즉, 어떠한 변화도 적어도 한 플레이어를 나쁘게 만든다). 양자게임 이론은 따라서 고전 버전보다 훨씬 넓은 집합의 결과를 제공한다. 행렬 U는 최대 수준의 얽힘을 갖지만, 더 낮은 수준의 얽힘을 갖는 것도 가능하다. (마치 양자 워크에서 걸어긋남이 제어될 수 있는 것처럼) 이는 13장에서 논의되는 사회적 얽힘과 같은 것을 암시한다.

7장에서 주장한 바와 같이 효용 이론은 우리가 고전적 논리에 따라 의사결정을 한다고 가정한다. 하지만 증거는 오히려 양자 논리 버전을 따른다는 것을 제시한다. 이는 죄수의 딜레마 게임에 대해서도 똑같이 사실이다. 트버스키와 샤피르에 의한 1992년 연구에서 플레이어가 단지 게임의 63%만이 배반한다는 것을 발견했으며, 이 결과는 이후 다른 연구들에 의해서도 동일한 결과를 얻었다. 그러나 플레이어들이 다른 사람의 반응을 들었을 때 이 결과는 변했다(실제로 선택은 사전에 프로그램됐다). 만약 사람들이 다른 플레이어들이 배반했다고 들으면, 그들 역시 배반했다(97%). 만약 다른 플레이어들이 협력했다고 들으면 그들은 84%의 경우 배반했다.

분리 효과disjunction에 대한 또 다른 예에서 추가 정보의 존재는 반응에 영향을 줬다. 런던 시티대학교의 심리학자 에마누엘 포토스Emmanuel Pothos는 다음과 같이 언급했다. "이들 개별적으로 좋은 두 이유가 서로 간섭하고 있어 사람이 배반할 가능성이 더 작아진다."[4] 정치과학자 제임스 더 데리안James Der Derian은 그가 국제정치 수업을 하는 가드너 주 교도소의 죄수에게 게임을 가르쳤는데, 의사결정이 침묵의 전통 규칙, 사전 설정된 스토리와 상호주관적 영예 의식과 같은 오래된 교도소 규범을 기반으로 한다는 것을 발견했다. 이는 양자 세계에서 합리적인 것이다.[5]

8.5 투영 게임

게임 모델에서의 얽힘은 사람들이 현실을 프레임하고 결정을 내리는 방법에 영향을 미치는 공유된 사회적 맥락을 나타내는 것으로 해석될 수 있다(나중에 논의된 바와 같이 금융 시스템은 대출과 같은 것들을 통해 더욱 직접적인 형태의 얽힘을 제공한다). 또 다른 설명은 상대방의 의도에 대한 불확실성에서 비롯된 것으로 보는 것이다. 따라서 그 사람은 자신과 일종의 게임을 하고 있으며, 그 결과에는 객관적 효용과 간섭 항의 혼합으로 볼 수 있는 얽힘 상태로 혼합된 항들이 관련될 것이다.

B를 한 사람의 객관적인 전망으로 정의하고, A는 다른 플레이어가 무엇을 할 것인지에 대한 동일한 사람의 주관적인 신념으로 정의한다고 가정하자. 유니터리 행렬

---

4   Musser, 2012에서 인용
5   Der Derian, 1998

R_A은 초기 상태를 변환하고, 이에 따라 기본 기저$^{elementary\ basis}$ $\{|C\rangle, |D\rangle\}$로의 투영은 특정 선택을 하는 다른 참가자의 주관적 확률을 반영한다. 앞의 식 2.1에서 정의된 어떤 각도 θ에 대한 회전 행렬을 예로 들 수 있다.

$$R_A = R(2\theta) = \begin{pmatrix} \cos(\theta) & -\sin(\theta) \\ \sin(\theta) & \cos(\theta) \end{pmatrix}$$

이 경우, 다른 플레이어의 협력에 대해 인식된 확률은 $\cos^2(\theta)$이고, 그의 배반에 대한 확률은 $\sin^2(\theta)$이다. 따라서 이 행렬은 양자 인지에서 주관적인 맥락 부분을 담당하는데, 단 이제 차이점은 다른 플레이어의 전략에 대한 정신적인 예측과 관련된다는 것이다.

객관적 전략은 최종 의사결정을 위한 변환된 기저를 만들기 위해 기본 기저에 대해 작용하는 또 다른 유니터리 행렬 R_B에 의해 정의된다. 한 예는 다시 $R_B = R(2\phi)$이다. 여기서 각도 ϕ가 두 프레임워크 간의 차이를 나타낸다. 따라서 상황은 그림 4.2에서 설명한 순서 효과와 동일하다. 이번에는 C-NOT 게이트로 두 플레이어를 얽힘 상태로 만들 것이다.

$$U = \begin{pmatrix} 1 & 0 & 0 & 0 \\ 0 & 1 & 0 & 0 \\ 0 & 0 & 0 & 1 \\ 0 & 0 & 1 & 0 \end{pmatrix}$$

이것은 순차적 의사결정이므로 이러한 얽힘은 A의 인지된 선택이 협력인지 배반인지의 여부에 따라 의사결정 B의 상태가 전환될 것이라는 아이디어를 반영한다. 이 경우 U는 초기화된 입력 큐비트에 영향을 미치지 않기 때문에 그림 8.3과 같이 회로를 더 간단하게 작성할 수 있다. 여기서 C-NOT 게이트는 일반적인 기호를 사용해 표기된다. 따라서 회로는 그림 5.5의 기본 얽힘 회로와 동일하며, 결과로 얻는 확률은 순서 효과에 대해 표 4.1에 표시된 종류의 투영 시퀀스(A 그리고 나서 B)로부터 얻은 확률과 동일하다.

$$\psi_3 = U^\dagger \left(R_A \bigotimes R_B \right) \psi_1 = \begin{pmatrix} \cos(\theta)\cos(\phi) \\ \cos(\theta)\sin(\phi) \\ \sin(\theta)\sin(\phi) \\ \sin(\theta)\cos(\phi) \end{pmatrix}$$

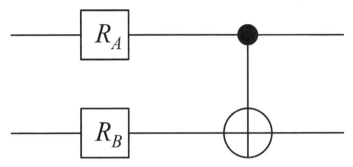

그림 8.3 투영 시퀀스로서의 죄수의 딜레마에 대한 양자 회로

앞서 언급했듯이 이것은 양자 의사결정 이론에서 사용된 프레임워크로, 객관적 요소와 주관적 요소를 순차적이 아닌 병렬로 다루고 있다. 따라서 이러한 유형의 문제에서 얽힘의 사용은 순전히 모델링 선택이다. 양자 의사결정 이론을 죄수의 딜레마에 적용하면, 상대방의 전략을 알 때 평균 약 10%가 협력하기 때문에 "1/4 법칙"에 따르면 불확실성이 존재할 때 35%가 협력을 선택하는 것을 의미하며, 이는 실험값에 근접한 것이다[6](아마도 약점은 이러한 해석이 불확실한 상황에서 왜 사람들이 협력할 가능성이 더 높은지에 대한 이유를 설명하지 않는다는 것이다).

경제학에 매우 관련이 있는 또 다른 게임은 최후통첩 게임ultimatum game이라고 부르는 잘 알려진 심리 실험이다.[7] 두 사람에게 10달러의 상이 주어지지만, 한 사람은 돈을 어떻게 나눌지를 결정해야 하고, 다른 사람은 그 제안을 받아들일지를 결정해야 한다. 제안이 거절되면 모든 돈을 돌려줘야 하기 때문에 둘 다 손해다. 효용 극대화하는 합리적인 행동에 근거한 표준 이론은 아무리 낮더라도, 없는 것보다는 낫기 때문에 받아들여질 것이라는 것을 의미할 것이다. 하지만 이 게임은 전 세계 많은 나라에서 행해졌고, 그 결과는 단지 부당한 이익을 내는 사람을 막기 위해서 사람들은 지나치게 싼 제안을 거절한다는 것을 일관되게 보여준다. 대부분의 제안은 거의 5달러에 가깝고, 전형적으로 최소 허용 제안은 약 3달러였다. 얽힘과 맥락과 같은 것들을 설명하는 양자 사회과학의 관점에서 보면 이 결과는 덜 놀라운 것으로 보인다. 그 이유는 두 플레이어 사이의 어느 정도의 얽힘은 제안자가 상대방에게 0을 제공함으로써

---

6   Yukalov and Sornette, 2018

7   Guth, Shmittberger and Schwarze, 1982

더 이상 "효용 극대화"를 할 수 없다는 것을 의미하기 때문이다. 실제로 최소 허용 임계값은 선호 반전으로 보이는 임계값 효과의 또 다른 예로 볼 수 있다. 여기서 맥락의 변화는 가격 설정자에서 가격 수용자로 바뀌는 것이다.

8.6 요약

여기에 제시된 게임은 이 연구 분야에 대한 간략한 소개에 불과하다. 예를 들어 금융 위기에 대한 2010년 연구는 단순하고 개략적인 양자 게임 이론 모델을 사용해 트레이더의 행동을 시뮬레이션했다.[8] 그들이 기술한 대로 "우리는 이러한 맥락에서 얽힘을 사회-경제적 맥락 요인의 객관적 영향이라고 해석하는 반면, 양자 전략의 적용은 의사결정자들이 이러한 요인들을 의사결정에 통합하는 정도를 보여준다"고 말했다. 2018년의 한 조사는 양자 게임을 이용한 실험이 "고전적 게임보다 이타주의가 더 만연하는 것과 같은 반직관적 결과를 낳는다."[9] (더 흥미로운 것은 어떻게 고전적 게임 이론의 몰입이 반직관적 결과로 묘사되는 이타주의와 같은 것을 생성할 수 있었는가이다)라고 결론짓는다. 우리의 목적을 위해 주요 포인트는 아마도 양자 게임 이론이 경제의 양자 모델과 양자 컴퓨터의 구조 간의 관계에 대한 통찰력을 제공한다는 것인데, 이 두 가지 모두 고전적 논리보다는 양자 논리에 기반을 두고 있다.

다음 몇 장에서는 행동 성향이 경제의 힘에 의해 영향을 받는 동적 시스템 분석으로 눈을 돌린다. 우리는 양자역학에서 동학이 어떻게 다뤄지는가에 대한 문제에 신중하게 발을 담그는 것으로 시작한다.

양자 우월성

양자 게임 이론은 사회적, 금융적 결속을 통해 얽힘과 같은 효과를 시뮬레이션할 수 있는 간결하고 일관된 방법을 제공한다. 이러한 효과는 고전적 모델로는 다루기 힘들다.

---

8   Hanauske et al., 2010
9   Khan et al., 2018

09 양자 진동

진실은 자연의 과학은 이미 너무 오래전부터 두뇌와 공상의 작품으로만 만들어졌다는 것이다. 이제 물질적이고 분명한 것에 대한 관찰의 평범함과 건전성으로 돌아가야 할 때가 됐다.

－ 로버트 훅(Robert Hooke), 『마이크로그라피아』, 1665년

수학은 엄격한 것과 물리적인 것 두 종류다. 전자는 좁고 후자는 굵고 넓다. 엄격한 증명을 공식화하기 위해 중단해야 한다면, 대부분의 물리 수학적 질문들을 중단시킬 것이다. 소화의 메커니즘을 완전히 이해하지 못하기 때문에 나는 먹는 것을 거부해야 하는가?

－ 올리버 헤비사이드(Olver Heaviside), 1850-1927[1]

이미 본 바와 같이 양자 접근법에서 핵심 아이디어는 확률이 양자 상태나 파동함수를 사용해 표현되고, 관측치를 연산자의 고윳값eigenvalues으로 대체하는 것이다. 이러한 **양자화**quantization 절차는 위에서 고려한 것과 유한 수의 고윳값을 가진 정적 모델에 대해서 비교적 간단하며, 행렬 곱셈으로 축소된다. 그러나 이는 더 복잡한 시스템의 동학을 연구할 때는 훨씬 복잡해진다. 8장에서는 양자 조화 진동자의 패러다임 예로서 예시되듯이 물리학에서 문제가 어떻게 다뤄졌는지 보인다. 좀 더 자세한 치료를 제공하는 우수한 출처가 많다(다음 '추가 참고문헌' 절 참조). 여기서 목적은 간략한 개요를 제공하고 양자경제 및 금융 분야에서 응용과 관련된 몇 가지 핵심 결과를 도출하는 것이다.

---

1 Edge, 1983에서 인용

9.1 배경

양자 이론은 전자기 방사선의 에너지가 hv의 배수로만 전달된다는 1900년 막스 플랑크Max Planck의 발견으로 거슬러 올라간다. 여기서 h는 플랑크의 상수, v는 방사선의 진동수다. 1905년 아인슈타인은 빛이 에너지 $E = hv$를 가진 개별 광자로 구성된 것으로 묘사될 수 있음을 보여주었다. 닐스 보어Niels Bohr, 루이 드 브로이Louis de Broglie를 포함한 다른 과학자들은 전자가 특정한 양자화된 에너지 수준만을 취할 수 있는 양자화된 원자 모델을 구축했다.

1925년 베르너 하이젠베르크Werner Heisenberg는 물리적인 양을 복잡한 행렬로 나타냄으로써 이러한 생각들(때로는 **구양자역학**old quantum mechanics이라고 부르기도 한다)을 일관된 수학의 틀처럼 보이는 것에 집어넣었다. 기본 방정식은 다음과 같다.

$$H\psi = E\psi$$

여기서 ψ는 상태를 나타내는 복소수 $N \times 1$ 벡터, H는 시간 가변 $N \times N$ 복소수 행렬이고, E는 에너지 수준을 나타내는 스칼라 고윳값이다. 만약 H가 축퇴되지 않으면nondegenerate, $n = 1$에서 N까지에 대해서 해 E_n과 그리고 기저 벡터 ψ_n이 존재한다.

이 버전에서 상태 벡터 ψ는 상수이고 H는 시간에 따라 변한다. 그러나 다음 해 어윈 슈뢰딩거Erwin Schrödinger가 상태 벡터가 시간에 따라 변하는 다른 버전을 제시한다. 슈뢰딩거 방정식은 다음과 같다.

$$i\hbar\frac{\partial}{\partial t}|\psi, t\rangle = \hat{H}(t)|\psi, t\rangle$$

여기서 $\hbar = h/(2\pi)$는 축약된 플랑크 상수다. 위치 기저position basis로 표현한 비상대론적 입자non-relativistic particle의 경우, 이는 다음과 같이 된다.

$$i\hbar\frac{\partial}{\partial t}\psi = \left[\frac{-\hbar^2}{2m}\nabla^2 + V\right]\psi$$

여기서 m은 입자의 질량이고, V는 퍼텐셜이며, ∇^2은 라플라시안(2차 미분 연산자)이다.

이 방정식은 확산 방정식diffusion equation이다. 그러나 허수 항 때문에 이는 또한 파동 방정식wave equation이기도 하다. 양자 금융 분야에서 연구하는 연구자들은 확산 방정식의 또 하나의 버전인 블랙-숄즈 방정식이 유사한 형태로 표현될 수 있다는 것을 주목했다. 다만 차이는 상응하는 연산자가 이제 비-허미션non-Hermitian이며, 이 차이를 해결하는 요령은 허수 시간의 관점에서 작업하는 것이다. 따라서 블랙-숄즈 방정식은 양자 물리학으로부터의 방법을 차용해 풀 수 있다.[2] 이 책에서는 그러한 연구 노선을 추구하지 않는다. 그 까닭은 이 책의 초점은 중첩과 간섭과 같은 양자 효과를 탐구하는 것이지 고전적 결과를 양자 도구로 다시 작업하는 것이 아니기 때문이다.

하이젠베르크와 슈뢰딩거의 이들 두 방법은 곧 동일한 것이 밝혀진다. 이후 폴 디랙과 존 폰 노이만에 의해 힐버트 공간에서 작동하는 허미션 연산자의 관점에서 수학적으로 공식화된다. 이는 양자역학을 엄격한 수학 기초를 가지게 했지만, 왜 이들 방정식이 작동하는지 또는 왜 이것이 정확한 양자화 절차인지에 대한 설명에는 도움이 되지 않았다. 실제로 양자역학이 물리적 시스템의 본질을 정확하게 포착하는 것 같지만, 방법론이 종종 투박해서 파동함수와 같은 것이 붕괴하는 것이 무엇을 의미하는지에 대한 대한 논쟁이 끊이지 않고 있다. 따라서 몇 가지 동기부여 작업을 우선적으로 수행하고자 한다.

전문 용어 주의

9장에서는 생성 및 소멸 연산자, 슈뢰딩거 방정식, 하이젠버그 불확실성 원리 그리고 친구, 가족, 동료들에게 깊은 인상을 주기 위해 사용할 수 있는 모든 종류의 양자 개념을 포함한 수많은 사상과 용어를 소개한다. 이제 11장과 12장에서 작동하도록 할 것이다.

물리학자들에 의해 확인됨!

9장은 물리학에서 개발된 방법에 관한 것으로, 후속하는 몇 장이 경제 응용에 적용된다.

---

2 Baaquie, 2007. 바키(Baaquie)는 그의 책에서 "금융의 기본 원리를 재정립하기 위해 양자이론을 적용하는 시도는 없었다"고 기술하고 있다.

9.2 이를 양자화하자

양자화 절차를 설명하는 데 도움이 되는 한 가지 단서는(19세기 후반 수학자 올리버 헤비사이드에 의해 처음 발견됨) 미분 연산자들^{differential operators}이 어떤 면에서는 보통 숫자처럼 행동한다는 사실이다. 예를 들어 다음 방정식을 고려해보자.

$$y + \frac{dy}{dx} = x^2$$

D를 미분 연산자 $D = \frac{d}{dx}$로 정의하면, $Dy = \frac{dy}{dx}$가 된다. D의 거듭제곱은 더 고차의 미분으로 해석된다. 따라서 다음과 같이 되면

$$D^2 = \frac{d^2}{dx^2}$$

이런 식으로 더 고차에 대해 진행할 수 있다. 그러면 위의 방정식은 다음과 같이 표현된다.

$$(1 + D)\, y = x^2$$

그러면 다음을 얻는다.

$$y = \frac{x^2}{1 + D}$$

$1/(1 + D)$를 다음과 같이 무한 급수로 표현하면,

$$\frac{1}{1 + D} = 1 - D + D^2 - D^3 \dots$$

x에 미분 연산자를 적용하고 2차보다 높은 모든 미분을 0이라는 것을 주목하면, 다음을 얻을 수 있다.

$$y = \left(1 - D + D^2 - D^3 \dots\right) x^2 = x^2 - 2x + 2$$

연산자가 오른쪽에 있는 대상에 작동하므로, 둘은 보통 교환 가능하지 않다. 어떤 함수 $\psi(x)$를 가지고 있다고 가정하고 이를 평가하면, 다음을 얻는다.

$$D\left(x\psi\right) = D\left(x\right)\psi + xD\left(\psi\right) = \psi + xD\left(\psi\right)$$

그러면,

$$D(x\psi) - xD(\psi) = D(x)\psi + xD(\psi) = \psi$$

또는 연산자 형태로 다음과 같다.

$$Dx - xD = 1$$

여기서 1은 항등 연산자^{identity operator}이다. 두 원소 f와 g에 대한 교환 연산자^{commutator}는 2장에서 $[f, g] = fg - gf$로 정의됐다. 따라서 여기서 $[D, x] = 1$로 표현할 수 있다. 이와 같은 교환 연산자 관계는 양자역학에서 중요한 역할을 한다. 연산의 순서에 주의해야 하며, 시스템을 양자화할 때 우선 어떤 것이 정확한 사용할 순서인지 명확하지 않을 수 있다.

이제 파동함수를 이용해 양자 상태를 표현하고자 한다. 물리학에서 많은 실험은 축약된 플랑크 상수 $\hbar$에 의존하는 방식으로 운동량에 따라 스케일링되는 주기성을 갖고 있는 파동을 제시한다. 공간 변이^{spatial variation}에 초점을 맞추면, 전형적인 파동함수는 다음 형태가 될 것이다.

$$\psi(x) = e^{-\frac{ipx}{\hbar}}$$

고전 역학에서 x는 공간 좌표를 언급하고, p는 운동량을 가리킨다. 만약 $\hat{p}$를 다음 미분 연산자로 식별하고,

$$\hat{p} = -i\hbar\frac{\partial}{\partial x}$$

이를 ψ에 적용하면 다음을 얻는다.

$$\hat{p}\psi = -i\hbar\frac{\partial\psi}{\partial x} = pe^{-\frac{ipx}{\hbar}} = p\psi$$

따라서 관측 가능한 p가 연산자의 고윳값이 된다. 따라서 $\hat{p}$를 운동량 연산자로 식별할 수 있다. 위치 연산자 $\hat{x}$는 단순하게 x 값을 반환한다. **운동량 공간**에서 이는 다음과 같이 정의될 수 있다.

$$\hat{x} = i\hbar\frac{\partial}{\partial p}$$

이는 고윳값 x를 갖는다.

유사한 슈뢰딩거와 하이젠베르크 접근법의 동일성을 설명하는 (그리고 상대성의 요구 조건에 관련 있는) 관계가 총 에너지 $\hat{H}$와 시간 t에 대해 성립한다. 슈뢰딩거 방정식으로부터 다음과 같이 표현할 수 있다.

$$\hat{H} = i\hbar\frac{\partial}{\partial t}$$

만약 다음과 같이 설정하면,

$$\psi = e^{\frac{-iEt}{\hbar}}$$

다음을 얻는다.

$$\hat{H}\psi = i\hbar\frac{\partial \psi}{\partial t} = E\psi$$

이는 고윳값 E를 가지며, 하이젠베르크 방정식과 동일하다.

운동량 연산자와 미적분의 곱셈법칙을 사용해 다음을 얻는다.

$$\hat{x}\hat{p}\psi - \hat{p}\hat{x}\psi = \hat{x}\left(-i\hbar\frac{\partial \psi}{\partial x}\right) + i\hbar\frac{\partial (\hat{x}\psi)}{\partial x}$$
$$= -\hat{x}\left(i\hbar\frac{\partial \psi}{\partial x}\right) + i\hbar\left(\hat{x}\frac{\partial \psi}{\partial x} + \frac{\partial \hat{x}}{\partial x}\psi\right) = i\hbar\frac{\partial \hat{x}}{\partial x}\psi$$

그러나 $\frac{\partial \hat{x}}{\partial x} = 1$이므로 $\hat{x}\hat{p}\psi - \hat{p}\hat{x}\psi = i\hbar\psi$가 되며, 따라서 교환 연산자는 $[\hat{x},\ \hat{p}] = \hat{x}\hat{p} - \hat{p}\hat{x} = i\hbar$ 관계를 만족한다. 이는 표준 교환 연산자^{canonical commutator} 관계로 알려져 있으며, 에너지와 시간과 같은 다른 쌍에 대해서도 성립한다. 이는 문제에 대한 응답이 질문을 받는 순서에 의존하는 순서 효과의 물리학적 버전이다.

9.3 조화 진동자

양자화 절차가 여전히 조금 특별하고 어색해 보인다면, 그것을 개발한 물리학자들이 파동/입자 이중성을 다루기 위해 미분방정식과 같은 고전적인 수학 도구를 적응시키려 했던 것이 한 가지 이유다. 또 다른 하나는 접근법이 직관에 기반을 두고 방정식을 채택했다는 것인데, 이는 그것이 사실임을 증명할 수 있기 때문이 아니라 데이터에 적합했기 때문이다(따라서 사회과학자들이 다른 용도로 그것들을 채택할 수 있는 약간의 여지를 제공한다). 리처드 파인만이 양자 파동함수에 대해 언급했듯이 "어디서 그것을 얻는가? 당신이 아는 어떤 것으로부터 그것을 도출할 수 없다. 그것은 슈뢰딩거의 마음으로부터 나왔다."[3] 하지만 우리의 목적을 위해 핵심은 양자역학이 양자 확률이 보존되는 동적 시스템을 묘사하는 데 사용될 수 있다는 것이다.

사실 양자역학에 대한 많은 해석은 양자 속성이 정보의 성격과 우리의 정보와의 상호작용으로부터 나온다는 생각에서 시작한다. 예를 들어 양자 베이지안주의Quantum Bayesianism로 알려진 이론은 파동함수의 확률을 시스템에 대한 주관적인 믿음의 정도로 해석한다. 만약 이것이 사실이라면, 우리가 볼 수 없는 입자에 대한 정보를 양자화하는 것만큼 불확실한 경제 정보도 양자화하는 것이 타당하다고 할 수 있다.

양자화 절차가 어떻게 작용하는지 더 잘 알기 위해, 단순하지만 매우 중요한 물리학적 예인 조화 진동자harmonic oscillator에 이 방법을 적용해보자. 우리는 이것이 더 복잡한 많은 시스템에 대한 일차적인 근사를 주기 때문에 그것을 선택한다. 즉 이것은 양자경제를 설명하는 데 나중에 사용되는 방법들을 뒷받침하는 양자장 이론quantum field theory에서 핵심적인 역할을 한다. 그리고 그것은 닫힌 형태의 방정식closed form equation으로 풀 수 있는 몇 안되는 양자 시스템 중 하나이다.

고전적인 경우를 시작으로, 조화 진동자는 $F = -kx$(후크의 법칙Hooke's law)에 의해 주어진 스프링과 같은 복원력으로 중심점을 중심으로 진동하는 질량 m의 물체를 대상으로 한다. 여기서 k는 상수, x는 변위이다. 운동 방정식은 운동량 p의 관점에서 다음과 같이 표현할 수 있다.

$$p = m\dot{x}$$
$$\dot{p} = F = -kx$$

또는 동일하게 $m\dot{x} = -kx$로서 표현할 수 있다. 이는 다음의 진동 해oscillatory solution를 갖는다.

$$x = A\cos(\omega t + \varphi)$$

---

3 Feynman, 1964

여기서 위상phase φ는 시작점에 의존한다. 에너지는 다음에 의해 주어진다.

$$E = \frac{p^2}{2m} + \frac{1}{2}m\omega^2 x^2$$

여기서 $\omega = \sqrt{k/m}$는 진동 주파수다. 첫째 항은 운동 에너지kinetic energy를 나타내고, 두번째 항은 퍼텐셜 에너지potential energy를 나타낸다.

　시스템을 양자화하기 위해서는 다시 고전 방정식을 양자 버전으로 대체할 필요가 있는데, 양자 버전에서는 운동 방정식은 파동함수에 작용하지만 관측 가능한 것들의 성질을 복원한다. 2장에서 언급했듯이, 양자역학에서 총 에너지는 연산자의 관점에서 표현된 해밀턴 연산자Hamiltonian, 또는 해밀토니안로 주어진다. 따라서 다음 같이 표현할 수 있다.

$$\hat{H} = \frac{\hat{p}^2}{2m} + \frac{1}{2}m\omega^2 \hat{x}^2$$

이는 다음과 같이 더 간단하게 표현될 수 있다.

$$\hat{H} = \hbar\omega\left(\hat{a}^\dagger \hat{a} + \frac{1}{2}\right) = \hbar\omega\left(\hat{N} + \frac{1}{2}\right)$$

여기서

$$\hat{a} = \sqrt{\frac{m\omega}{2\hbar}}\left(\hat{x} + \frac{i\hat{p}}{m\omega}\right),$$
$$\hat{a}^\dagger = \sqrt{\frac{m\omega}{2\hbar}}\left(\hat{x} - \frac{i\hat{p}}{m\omega}\right),$$
$$\hat{N} = \hat{a}^\dagger \hat{a}$$

　나중에 명확해지겠지만, $\hat{a}^\dagger$은 생성 연산자creation operator로 알려져 있고, $\hat{a}$은 소멸 연산자annihilation operator로, 그리고 $\hat{N}$은 숫자 연산자number operator로 알려져 있다. 이들을 곱하고, $\hat{x}$과 $\hat{p}$ 사이의 교환 연산자 관계를 이용함으로써 알 수 있는 것처럼, 생성과 소멸 연산자는, 이 스케일 조정으로 표준 교환 연산자 관계를 만족시킨다.

$$[\hat{a}, \hat{a}^\dagger] = \hat{a}\hat{a}^\dagger - \hat{a}^\dagger\hat{a} = 1$$

만약 ψ이 노름norm 1인 파동함수이면, 다음을 얻는다.

$$\langle \psi | \hat{H} | \psi \rangle = \hbar\omega \left\langle \psi \left| \left(\hat{a}^\dagger \hat{a} + \frac{1}{2} \right) \right| \psi \right\rangle = \hbar\omega \langle \hat{a}\psi | \hat{a}\psi \rangle + \frac{\hbar\omega}{2} \geq \frac{\hbar\omega}{2}$$

어떤 노름^{norm}도 0보다 작을 수 없기 때문에 위의 부등식이 성립한다.

이제 $|E\rangle$이 시스템의 규격화된 에너지 상태라고 가정하자. 관측가능변수들이 고윳값에 해당하므로, $|E\rangle$는 다음과 같이 연관된 고윳값 E를 가진 해밀턴 연산자의 고유벡터가 돼야 한다.

$$\hat{H} |E\rangle = E |E\rangle$$

이것과 위의 부등식으로부터 다음을 얻는다.

$$\langle E | \hat{H} | E \rangle = E \langle E | E \rangle = E \geq \frac{\hbar\omega}{2}$$

따라서 시스템은 $\hbar\omega/2$ 로 주어지는 최소 에너지 수준을 갖는다.

다음과 같이 정의된 두 상태를 고려하자.

$$|E_+\rangle = \hat{a}^\dagger |E\rangle,$$
$$|E_-\rangle = \hat{a} |E\rangle$$

우선 해밀턴 연산자의 상수항은 서로 상쇄되기 때문에 다음이 성립하는 것을 주목하자.

$$\left[\hat{H}, \hat{a}^\dagger \right] = \hat{H}\hat{a}^\dagger - \hat{a}^\dagger \hat{H} = \hbar\omega \left(\hat{a}^\dagger \hat{a} \right) \hat{a}^\dagger - \hat{a}^\dagger \hbar\omega \left(\hat{a}^\dagger \hat{a} \right) = \hbar\omega \left(\hat{a}^\dagger \hat{a} \hat{a}^\dagger - \hat{a}^\dagger \hat{a}^\dagger \hat{a} \right)$$

생성과 소멸 연산자의 교환 연산자 관계를 사용하면 다음을 얻는다.

$$\left[\hat{H}, \hat{a}^\dagger \right] = \hbar\omega \hat{a}^\dagger \left[\hat{a}, \hat{a}^\dagger \right] = \hbar\omega \hat{a}^\dagger$$

이와 유사하게

$$\left[\hat{H}, \hat{a} \right] = \hbar\omega \hat{a}$$

그리고 또한 다음을 얻는다.

$$\hat{N} |E\rangle = \left(\frac{\hat{H}}{\hbar\omega} - \frac{1}{2} \right) |E\rangle = \hat{N}_E |E\rangle$$

여기서

$$\hat{N}_E = \frac{\hat{H}}{\hbar\omega} - \frac{1}{2}$$

은 이 에너지 상태와 연관된 숫자 연산자 고윳값이다. 그러면 다음을 얻는다.

$$\begin{aligned}
\hat{H}\left|E_+\right\rangle &= \hat{H}\hat{a}^\dagger\left|E\right\rangle = \left(\left[\hat{H}, \hat{a}^\dagger\right] + \hat{a}^\dagger H\right)\left|E\right\rangle \\
&= (\hbar\omega + E)\,\hat{a}^\dagger\left|E\right\rangle = (E + \hbar\omega)\left|E_+\right\rangle, \\
\hat{H}\left|E_-\right\rangle &= \hat{H}\hat{a}\left|E\right\rangle = \left(\left[\hat{H}, \hat{a}\right] + \hat{a}H\right)\left|E\right\rangle \\
&= (-\hbar\omega + E)\,\hat{a}\left|E\right\rangle = (E - \hbar\omega)\left|E_-\right\rangle
\end{aligned}$$

따라서 $E_+ = E + \hbar\omega$와 $N_{E_+} = N_E + 1$을 가진 에너지 상태는 증가한 에너지 수준을 갖는 반면, $E_- = E - \hbar\omega$와 $N_{E_-} = N_E - 1$을 가진 에너지 상태는 감소한 에너지 수준을 갖는다.

9.4 생성과 소멸

$\hat{a}^\dagger$을 생성 연산자, $\hat{a}$을 소멸 연산자라고 하는 이유는 따라서 이들 연산자가 에너지를 $\hbar\omega$만큼 그리고 숫자 연산자를 1만큼 올리거나 낮추기 때문이다. 생성 연산자는 항상 에너지 상승을 위해 적용할 수 있지만, 소멸 연산자는 에너지가 음이 될 수 없기 때문에 기저 수준 이상의 에너지 수준에만 적용할 수 있다.

가장 낮은 기본 수준은 $\hat{a}$에 의해 소멸돼 $\hat{a}\left|E_0\right\rangle = 0$가 되는 영이 아닌 상태 $\left|E_0\right\rangle$가 있다고 가정하면 찾을 수 있다. 따라서 $\hat{a}^\dagger\hat{a}\left|E_0\right\rangle = N\left|E_0\right\rangle = 0$이며, 이는 $E_0 = \hbar\omega/2$인 에너지 상태이고 $N_{E_0} = 0$임을 의미한다. 위치 x와 작용함으로써 이 상태에 대한 방정식을 도출할 수 있다.

$$\langle x|\hat{a}|E_0\rangle = \sqrt{\frac{m\omega}{2h}}\left\langle x\right|\left(\hat{x} + \frac{i\hat{p}}{m\omega}\right)\left|E_0\right\rangle = 0$$

파장함수 $\psi_0(\mathrm{x}) = \langle x|E_0\rangle$를 정의하고, $\hat{p}$의 정의를 미분 연산자로 사용하면 다음을 얻는다.

$$\left(x + \frac{\hbar}{m\omega} \frac{d}{dx} \right) \psi_0 \left(x \right) = 0$$

또는

$$\frac{d\psi_0}{dx} = -\frac{m\omega}{\hbar} x\psi_0$$

이며 다음 해를 갖는다.

$$\psi_0 \left(x \right) = \left(\frac{m\omega}{\pi\hbar} \right)^{1/4} \exp\left(-\frac{m\omega}{2\hbar} x^2 \right)$$

이는 0를 중심으로 하는 가우스 분포이다. 에너지가 없는 진동자는 존재할 수 없기 때문에 (만약 존재한다면, 에너지가 0이기 때문에) 이 기저 상태ground state의 존재는 불확실성 원리를 반영하며, 이러한 진동자는 고전역학에는 없는 것이다.

이를 표현하는 다른 방법은 숫자 연산자를 사용하는 것이다. 상태를 연관되는 고윳값 n을 가진 $|n\rangle$으로 표기하자. 그러면 $\hat{N}|n\rangle = n|n\rangle$이다. 기저 상태는 $|0\rangle$이다(이는 0벡터와 다르다). 다음 상태 $|1\rangle$는 생성 연산자를 $|0\rangle$에 적용함으로써 다음과 같이 구한다.

$$|1\rangle = \hat{a}^\dagger |0\rangle$$

그리고

$$\hat{N}|1\rangle = \hat{a}^\dagger \hat{a} \hat{a}^\dagger |0\rangle = \left(\hat{a}^\dagger \left[\hat{a}, \hat{a}^\dagger \right] + \hat{a}^\dagger \hat{a}^\dagger \hat{a} \right) |0\rangle = \hat{a}^\dagger |0\rangle = 1$$

이고 여기서 $[\hat{a}, \hat{a}^\dagger] = 1$와 $\hat{a}|0\rangle = 0$를 사용했다. 더 높은 에너지 상태에 대한 방정식은 재귀적으로 도출될 수 있으며 다음과 같이 구해진다.

$$|n\rangle = \frac{1}{\sqrt{n!}} \left(\hat{a}^\dagger \right)^n |0\rangle$$

상태 $|n\rangle$는 정규직교orthonormal 기저를 형성하므로, 어떤 상태도 이들 상태의 선형조합의 항으로 표현할 수 있다.

상이한 에너지 수준에 대한 양에 대한 기댓값을 계산할 수 있다. 생성과 소멸 연산자를 사용하면 대수학은 다음을 보여준다.

$$\langle n|\hat{x}|n\rangle = \sqrt{\frac{\hbar}{2m\omega}} \, \langle n|\hat{a} + \hat{a}^\dagger|n\rangle = 0$$

$$\langle n|\hat{p}|n\rangle = i\sqrt{\frac{m\omega\hbar}{2}} \, \langle n|\hat{a}^\dagger - \hat{a}|n\rangle = 0$$

$$\langle n|\hat{x}^2|n\rangle = \frac{\hbar}{2m\omega} \, \langle n| \left(\hat{a} + \hat{a}^\dagger\right)^2 |n\rangle = \frac{\hbar}{m\omega} \left(n + \frac{1}{2}\right)$$

$$\langle n|\hat{p}^2|n\rangle = -\frac{m\omega\hbar}{2} \, \langle n| \left(\hat{a}^\dagger - \hat{a}\right)^2 |n\rangle = m\omega\hbar \left(n + \frac{1}{2}\right)$$

위치와 운동량의 불확실성은 따라서 다음을 만족한다.

$$\Delta x \Delta p = \sqrt{\langle n|\hat{x}^2|n\rangle}\sqrt{\langle n|\hat{p}^2|n\rangle} = \hbar\left(n + \frac{1}{2}\right) \geq \frac{\hbar}{2}$$

이는 하이젠베르크의 불확정성 원리이다. $n = 0$이므로 최소 불확정성이 기저 상태에서 일어난다.

더 높은 에너지 상태는 더욱 복잡하고, 생성 연산자를 계속해서 적용함으로 결정될 수 있다. 에너지 수준 E_n에 대한 해는 다음과 같이 된다.

$$\psi_n(x) = \frac{1}{\sqrt{2^n n!}} \left(\frac{m\omega}{\pi\hbar}\right)^{1/4} \exp\left(-\frac{m\omega}{2\hbar}x^2\right) H_n\left(\sqrt{\frac{m\omega}{\hbar}}x\right)$$

여기서 함수는 H_n는 에르미트 다항식Hermite polynomial이다. 이들의 처음 부분은 다음과 같다.

$$H_0 = 1$$
$$H_1 = 2x$$
$$H_2 = 4x^2 - 2$$
$$H_3 = 8x^3 - 12x$$

높은 에너지 수준에 대한 확률분포는 10장의 수요 공급의 양자 모델을 고려할 때 볼 것이다(그림 11.1을 참조하라). 그러나 이들 파동함수들을 시각화하는 가장 좋은 방법은 온라인에서 볼 수 있는 많은 애니메이션 중 하나를 보는 것이다.[4] 양자 워크에 대한 확률분포와의 유사성을 주목하라.

---

4   https://en.wikipedia.org/wiki/Quantum_harmonic_oscillator의 예제를 참조하라.

9.5 결맞음 상태

또 하나의 연산자는 다음과 같이 정의되는 이동 연산자[translation operator]이다.

$$T_{x_0} = e^{-\frac{i}{\hbar}\hat{p}x_0}$$

이는 상태 $|\psi\rangle$를 x_0만큼 이동시킴으로써 상태 $|\psi\rangle$에 작용한다. 이를 알기 위해 상태 $|\psi\rangle$에서 $\hat{x}$의 기댓값은 다음과 같고,

$$\langle\hat{x}\rangle_\psi = \langle\psi|\hat{x}|\psi\rangle$$

상태 $T_{x_0}|\psi\rangle$에서 $\hat{x}$의 기댓값은 다음과 같다.

$$\langle\hat{x}\rangle_{T_{x_0}|\psi} = \langle\psi|T_{x_0}^\dagger\hat{x}T_{x_0}|\psi\rangle = \langle\psi|e^{-\frac{i}{\hbar}\hat{p}x_0}\hat{x}e^{\frac{i}{\hbar}\hat{p}x_0}|\psi\rangle$$

브라켓[bracket]에 관련된 표현을 풀면 예상대로 (x_0만큼 이동한) 다음을 얻는다.[5]

$$\langle\hat{x}\rangle_{T_{x_0}|\psi} = \langle\psi|\hat{x} + \frac{i}{\hbar}\left[\hat{p},\hat{x}\right]x_0|\psi\rangle = \hat{x} + x_0$$

만약 이동 연산자가 기저 상태 $|0\rangle$에 적용되면, 새로운 상태는 결맞음 상태[coherent state]라고 부르며, 생성과 소멸 연산자의 항으로 다음과 같이 표현될 수 있다.

$$|\hat{x}_0\rangle = T_{x_0}|0\rangle = \exp\left(-\frac{i}{h}\hat{p}x_0\right)|0\rangle = \exp\left(\frac{x_0}{\sqrt{2}d}\left(\hat{a}^\dagger - \hat{a}\right)\right)|0\rangle$$

또는 다르게 표현하면,

$$|\alpha\rangle = \mathrm{D}\left(\alpha\right)|0\rangle$$

이며 여기서 $d = \sqrt{\frac{\hbar}{m\omega}}$ 는 길이 스케일이고, $\alpha = \frac{x_0}{\sqrt{2}d}$ 이고

$$D\left(\alpha\right) = \exp\left(\alpha\hat{a}^\dagger - \alpha^*\hat{a}\right)|0\rangle$$

는 변위 연산자[displacement operator]라고 알려져 있다. 여기와 같이 α가 실수일 때, 변위는 단지 포지선에만 존재하는 반면, 허수는 운동량의 변위에 상응한다.

---

5 처음 두 항을 제외한 모든 항이 사라지는 베이커-하우스도르프 항등식(Baker-Hausdorff identity) $e^{\hat{A}}\hat{B}e^{-\hat{A}} = \hat{B} + [\hat{A},\hat{B}] + \frac{1}{2!}[\hat{A},[\hat{A},B]] + \cdots$를 사용한다.

이동된 시스템의 총 에너지는 기저 상태의 에너지에 상대적으로 $\frac{1}{2} m\omega^2 x_0{}^2$만큼 증가하는 것을 계산할 수 있으며, 이는 x_0만큼 댕겨진 스프링에서의 입자의 고전적 퍼텐셜 에너지에 해당하기 때문에 타당성이 있다. 그러나 시스템은 단일 에너지 상태에 있지 않으며, 다음의 형태를 가진다.

$$|\hat{x}_0\rangle = \sum_{n=0}^{\infty} c_n \, |n\rangle$$

E_n와 같은 에너지를 얻는 확률은 $c_n^2 = \frac{\lambda^n}{n!}\, e^{-\lambda}$이고, 이는 평균 $\lambda = \frac{m\omega x_0^2}{2\hbar}$의 포아송 분포Poisson distribution이다. 불확실성은 다음을 충족한다.

$$\Delta x \Delta p = \frac{\hbar}{2}$$

이는 변위된 기저 상태이므로 타당하다.

9.6 동학

지금까지 우리는 그 시스템을 정적인 의미로만 봐 왔다. 파동함수 $|\psi\rangle$이 시간에 따라 어떻게 진화하는지 연구하기 위해 양자역학은 다음과 같은 표현을 제시한다.

$$|\psi, t\rangle = \hat{U}\,(t, t_0)\,|\psi, t_0\rangle$$

여기서 $\hat{U}(t,\, t_0)$는 유니터리 선형 연산자이며, 힐버트 공간의 모든 가능한 상태의 초공간hyperspace을 회전시키는 것으로 간주될 수 있다. 시간에 대한 미분을 취하면 다음을 얻는다.

$$\frac{\partial}{\partial t}|\psi, t\rangle = \frac{\partial \hat{U}\,(t, t_0)}{\partial t}|\psi, t_0\rangle$$

(쉽게 증명되는) 다음 사실을 이용하면,

$$\hat{U}\,(t_0, t) = \hat{U}^{-1}\,(t, t_0) = \hat{U}^\dagger\,(t, t_0)$$

다음을 얻을 수 있다.

$$\frac{\partial}{\partial t}|\psi, t\rangle = \hat{Z}\,(t, t_0)\,|\psi, t\rangle$$

여기서

$$\hat{Z}(t, t_0) = \frac{\partial \hat{U}(t, t_0)}{\partial t} \hat{U}^\dagger(t, t_0)$$

연산자 $\hat{Z}$가 역시간$^{inverse\ time}$ 단위를 갖고 있으며, 반허미션$^{anti\text{-}Hermitian}$이어서 $\hat{Z}(t, t_0)$ $= -\hat{Z}^\dagger(t, t_0)$이고, 또한 t_0에 독립적이므로 $\hat{Z}(t, t_0) = \hat{Z}(t)$이 성립하는 것을 쉽게 확인할 수 있다. 따라서, 위의 식을 다음과 같이 표현할 수 있다.

$$\frac{\partial}{\partial t}|\psi, t\rangle = \hat{Z}(t)|\psi, t\rangle$$

또는 $i\hbar$를 곱한 후 다음을 얻는다.

$$i\hbar\frac{\partial}{\partial t}|\psi, t\rangle = i\hbar\hat{Z}(t)|\psi, t\rangle$$

연산자 $\hat{H}$를 다음같이 정의할 수 있다.

$$\hat{H} = i\hbar\hat{Z}(t)$$

$\hat{Z}(t)$가 반허미션 연산자이고 역시간 단위를 가지므로, $\hat{H}$는 에너지 단위를 가진 허미션 연산자라는 것이 성립한다. 결과적으로 다음의 슈뢰딩거 방정식을 얻는다.

$$i\hbar\frac{\partial}{\partial t}|\psi, t\rangle = \hat{H}(t)|\psi, t\rangle$$

여기서 $\hat{H}$는 해밀턴 연산자로 해석된다. 이 방정식은 연산자가 동일한 진동 운동 방정식을 충족하는 것을 보이는 고전 버전과 동일한 방식으로 풀 수 있다.

일반적으로 만약 균등한 힘이 진동자의 기저 상태에 적용되면, 결과는 결맞음 상태다. 이는 정규적인 진동 즉 가우시안 모양의 최소 불확실성 상태를 양자역학에서 말하는 것이며, 기대 위치와 기대 운동량은 각각 다음과 같다.

$$\langle \hat{x} \rangle(t) = x_0 \cos(\omega t)$$

$$\langle \hat{p} \rangle(t) = -m\omega x_0 \sin(\omega t)$$

여기서 x_0는 최대 변위이다. 이 상태에 후속으로 균등한 힘을 적용하면 역시 결맞음 상태를 산출한다. 왜냐하면 초기의 결맞음 상태를 산출했던 힘의 연속으로 힘이 취해질 수 있기 때문이다.

9.7 토론

조화 진동자의 물리적 예로서 수소 분자 H_2와 같은 이원자 분자는 스프링에 의해 연결된 두 개의 원자로 볼 수 있다. 실험 관측 결과 그러한 분자는 예상대로 주파수가 진동자 주파수의 배수인 광자를 흡수하고 방출하는 것으로 나타났다. 고체의 분자의 진동과 같은 많은 다른 물리적 시스템은 양자 조화 진동자의 시스템으로서 유사하게 근사하게 추정될 수 있는데, 이는 선형 힘에 대한 가정이 퍼텐셜 우물의 최소점 근처의 동학에 대한 1차 미분 추정으로 볼 수 있기 때문이다.

또한 양자 물리학에서 전자기장electromagnetic field을 기술하는 방정식은 광자에 해당하는 입자와 빈 공간의 에너지에 해당하는 기저 상태를 가진 조화 진동자의 방정식과 같은 것으로 밝혀졌다. 전자기력을 전달하는 "가상 광자"가 나타나도록 부채질하는 것이 바로 이 에너지다. 경제학에서는 다음에서 보듯이, 진동자의 한 버전이 수요와 공급의 동역학을 시뮬레이션하는 데에도 사용될 수 있으며 양자 금융의 주요 요소가 된다.

좀 더 일반적인 의미에서 계승되는 것은 양자 시스템을 입자의 집합으로 나타내려는 발상으로서 연산자의 사용을 통해 추가, 제거 또는 이동시킬 수 있다. 실제로 포크 공간 표현Fock space representation으로 알려진 양자 모델에 대한 또 다른 해석은 조화 진동자를 하나의 입자가 아닌 각각 에너지 $\hbar\omega$를 가진 n개의 가상 입자 집합으로 보는 것이다. 이 해석에서 생성 및 소멸 연산자는 이 입자들을 추가 및 제거하는 것으로 간주된다. 기저나 진공 상태 $|0\rangle$은 입자가 없고, $|1\rangle$은 입자가 하나, $|2\rangle$은 입자가 둘, 이런 식으로 계속된다. 2차 양자화second quantization라고 알려진 이 방법은 상대론 입자의 양자장 이론을 뒷받침하며, 예를 들어 보손boson 시스템을 나타내는 데 사용된다. 11장에서 보듯이 자산과 같은 것에도 적용할 수 있는데 여기서 n은 보유 단위의 수를 가리킨다.

9.8 요약

9장을 요약하면, 양자 모델은 조화 진동자의 관측된 에너지 레벨이 최솟값을 $\hbar\omega/2$로 하면서 $\hbar\omega$의 균등한 간격을 갖고 있다고 예측한다. 측정하기 전에 시스템은 $|\psi\rangle = \sum_n A_n |n\rangle$ 형태의 중첩 상태에 있을 것이며, 여기서 A_n은 복소수이며, $w_n = |A_n|^2$는 진동자가 상태 $|n\rangle$에 있을 확률이다. 상태의 진화는 슈뢰딩거 방정식을 이용해 풀 수 있다.

고전적인 조화 진동자는 단지 위치, 운동량, 에너지와 같은 양을 정확하게 계산할 수 있는 스프링 위에서 튕기는 무게일 뿐이지만, 양자 버전은 퍼텐셜 관점에서 더 잘 설명된다. 우리는 단지 측정이 특정 결과를 산출할 확률만을 계산할 수 있다. 그리고 양자 행태의 복잡성은 이마저도 비교적 단순한 시스템에서만 쉽게 수행할 수 있다는 것을 의미한다. 경제학에서, 이것은 모든 것을 간단한 기본 법칙으로 설명할 수 있다는 환원주의reductionist적 방법을 사용함으로써 얻을 수 있는 것에 강한 한계를 둔다. 10, 11장에서 조화 진동자의 아이디어를 공급과 수요 문제에 적용한다.

양자 우월성

양자 형식주의는 자연적이거나 우아한 접근처럼 보여서가 아니라 데이터에 적합하기 때문에 물리학에서 채택됐다. 양자경제와 금융의 장점은 동일한 수학적 도구 상자가 아원자 입자뿐만 아니라 금융 정보의 흐름에도 적용된다는 것이다.

9.9 추가 참고문헌

양자 방법에 대해 좀 더 자세히 알고 싶다면 물리학자들이 쓴 훌륭한 책과 강의 노트가 풍부하다. 9장을 위해서 알라스테어 래Alastair Rae의 『Quantum Mechanics양자역학』(CRC Press, 1981), 로저 펜로즈Roger Penrose의 『The Road to Reality: A Complete Guide to the Laws of the Universe현실로의 길: 우주의 법칙에 대한 완전한 가이드』(Vintage, 2004), 리처드 파인만의 『파인만의 물리학 강의The Feynman Lectures on Physics』(승산, 2004), 그리고 다양한 온라인 코스 노트를 사용했다. 특히 다음을 참조하라. Barton Zwiebach. 8.05 Quantum Physics II. Fall 2013. Massachu-setts Institute of Technology: MIT OpenCourseWare. ocw.mit.edu.

10 확률적 수요와 공급

경제학보다는 시각, 후각 등 자연적인 수단으로 지각할 수 없는 미시적 수준의 물리적 현상을 처리하기 위해 (특히 양자역학에서) 확률론적 접근법이 물리학에서 처음 개발된 것은 운명의 아이러니에 불과하다고 말할 수 있다. 그곳에서 확률론적 접근법을 적용하는 것은 이제 매우 자연스러운 것으로 보인다.

– 아나톨리 콘드라텐코(Anatoly Kondratenko), 『Probabilistic Economic Theory (확률론적 경제 이론)』, (LAP LAMBERT Academic Publishing, 2016)

10장에서 우리는 수요와 공급의 관계에 대한 기본적인 경제적 문제로 눈을 돌린다. 금융 거래는 궁극적으로 매수 또는 매도에 대한 인지적 의사결정에 의존하는데, 이미 보인 바와 같이 부분적으로는 맥락과 간섭에 의해 형성된다. 그러나 첫 번째 단계는 본질적으로 불확실한 경제적 의사결정의 성격을 설명하는 것이다. 그 결과는 수요와 공급의 확률론적 모델이다.

10.1 배경

수요와 공급의 법칙으로 알려진 표준 해석은 전통적으로 플리밍 젠킨Fleeming Jenkin이 1870년에 쓴 에세이에서 처음 발표한 그래프 버전을 사용해 설명했으며, 알프레드 마샬Alfred Marshall이 대중화했다. 이후 이것은 경제학에서 가장 유명한 그림이 됐으며, 학부 경제학 수업 때마다 가르친다. 그림은 두 개의 교차 곡선이나 선을 보여주고 있는데, 수요와 공급이 가격과 어떻게 관련돼 있는지를 묘사하고 있다. 가격이 낮을 때는 공급도 적다. 이 경우 생산자가 시장에 진출할 동기가 거의 없기 때문이다. 하지만 가격이 높을 때는 공급도 증가한다. 반대로 높은 가격에서 수요가 더 낮은 것은 그만큼 기꺼이 지불할 소비자가 적기 때문이다. 두 선이 교차하는 지점은 수요와 공급이 완벽하게 균형을 이루고 시장이 청산되는 유일한 가격을 제시해 애덤 스미스의 보이지 않는 손을 그림으로 표현한다.

공급과 수요의 법칙은 많은 경제 모델에서 중요한 역할을 할 뿐만 아니라 가격이 안정된 균형 상태로 끌려간다는 널리 퍼져 있는 경제학의 가정을 정당화한다. 하지만 그것에는 많은 기본적인 문제들이 있다. 하나는 공급 곡선과 수요 곡선을 측정하는 것이 일반적으로 불가능하다는 것이다. 우리가 가진 모든 것은 두 가지 수량을 모두 포함하는 거래이기 때문이다. 따라서 파라미터가 과소 결정^{underdetermined}된다. 또 다른 문제로 법칙은 결정론적인 반면 경제적 상호작용은 본질적으로 확률론적(또는 비결정론적)이라는 점이다. 법칙 그 자체는 또한 기저의 동학 관계를 설명하지 못한다(효율적인 시장 가설에 따르면 균형은 즉시 달성된다). 마지막으로 법칙은 연속성을 가정하지만 재화는 불연속적으로 매매되며, 금융 거래는 본질적으로 불연속적이다.

이러한 문제들은 이산적, 비결정론적, 동적 시스템을 다루도록 명시적으로 설계된 양자 형식주의의 채택을 통해 해결될 수 있다. 양자 금융에 따르면 거래를 통해 측정될 때까지 자산 가격은 미확정이기 때문에 측정 시 일정 가격으로 붕괴되는 파동함수를 이용해 모델링할 수 있다. 한편 양자 인지는 의사결정을 통해 측정되기 전까지는 정신 상태를 미결정 상태로 취급한다. 이러한 이론들은 금융 거래에 대한 의사결정에 관련된 공급과 수요의 문제에 자연스럽게 적용될 수 있다.

10장과 11장에서는 양자 방법론을 다양한 상황에 확장할 수 있는, 단순하지만 예시적인 수요와 공급의 경우에 적용한다. 10장에서는 확률론적 모델을 개발하는 데 초점을 맞추고, 11장에서는 명시적으로 양자 모델을 사용해 시스템을 시뮬레이션한다.

10.2 단일 매수자와 매도자의 경우

출발점으로 우선, 어떤 재화(예를 들어 주식이나 주택)에 관련된 거래를 협상하고 있는 단일 매수자와 매도자의 경우를 고려한다. 매수자는 특정 매수 호가 x_b를 염두에 두고 있을 수 있고, 매도자는 매도 호가 x_a를 염두에 두고 있을 수 있다. 가격은 상대적인 수량이기 때문에 로그 변수로 다룰 것이다. 일반적으로 $x_b < x_a$가 성립하기 때문에 적어도 한 당사자가 어느 정도 융통성을 보이지 않는 한 거래는 성립하지 않을 것이다. 따라서 제약을 넓힐 필요가 있으므로 각 참가자는 중앙 고정 가격 대신 일정 가격 범위를 성향함수propensity function에 의해 기술되는 각 가격에서 매도하거나 매수하고자 하는 성향과 함께 기꺼이 고려할 것이다.

이 상황은 그림 10.1에서 그래프로 나타나 있는데, 여기서 $P_a(x)$는 매도자의 매도 호가 성향함수, $P_b(x)$는 매수자의 매수 호가 성향함수다. 두 함수 모두 표준편차가 σ_a 및 σ_b인 정규 (가우스) 분포로 가정한다. 매매가가 거래 기간에 걸쳐 고정되는 공통 시나리오의 경우는 $\sigma_a = 0$을 설정해 모델링되며, 따라서 P_a는 델타함수가 된다.

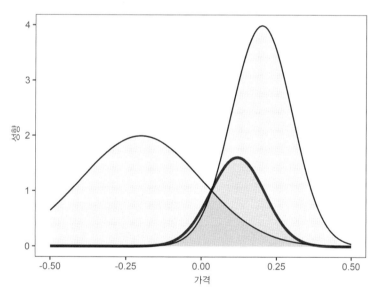

그림 10.1 매수자(왼쪽), 매도자(오른쪽)와 결합(굵은 검은선)에 대한 성향함수를 보이는 그림

정규분포 가격 가정은 가격 추정치와 같은 것에는 합리적으로 보이지만, 협상의 맥락에서 매수자들이 너무 싸 보이는 물건을 구매하지 않을 것이고, 매도자들은 특정 가격 이상에서 매도하는 것을 꺼릴 것이기 때문에 약간 이상하게 보일 수 있다. 이러한 곡선을 생각할 수 있는 한 가지 방법은 매도자와 매수자가 그들의 매도 호가와 매수 호가를 정신적으로 분할하는 일종의 스케줄로 생각하는데, 이 스케줄은 이상적이

지만 너무 비현실적이지 않다고 간주되는 중심 가격을 정점으로 하고, 함수의 적분이 1이라는 제약 조건을 가진다. 이런 식으로 생각하면 매수자가 아주 낮은 가격에서만 매수하고자 하는 것은 합리적이지 않을 것이다. 그러면 매수자가 그 범위 밖의 어떤 합리적인 매도 호가도 거절하는 셈이 되기 때문이다(간단히 말해 거래가 전혀 일어나지 않을 것이다). 그리고 만약 가격이 매수자의 최적 가격 아래에 있다면, 이는 가격이 계속해서 더 내려갈 것이라는 신호일 것이다. 또한 거래가 평균 매수 호가와 매도 호가 사이의 중간 지점에서 발생하므로 중요한 것은 이 범위에 걸친 성향함수의 행태다.

만약 우리가 독립성을 가정한다면, 특정 가격에서 실제로 발생하는 거래의 결합 확률을 설명하는 결합 성향함수는 그림의 굵은 검은 선으로 나타낸 두 성향함수의 곱 $P_t(x) = P_o(x)P_b(x)$이다. 이 그래프의 면적은 거래 성향을 측정한다. 두 정규분포 곡선의 곱은 평균과 표준편차를 갖는 다음의 스케일링된 정규분포 곡선임을 쉽게 알 수 있다.

$$x_t = \frac{\sigma_b^2 x_a + \sigma_a^2 x_b}{\sigma_a^2 + \sigma_b^2}$$
$$\sigma = \frac{\sigma_a \sigma_b}{\sqrt{\sigma_a^2 + \sigma_b^2}}$$

거래 기간 동안 거래가 발생할 확률을 나타내는 스케일링 팩터 α는 그 자체가 다음 형태의 정규분포이다.

$$\alpha = \frac{1}{\sqrt{2\pi\sigma_s{}^2}}\exp\left(-\frac{\mu^2}{2\sigma_s{}^2}\right)$$

여기서 $\mu = x_a - x_b$이고, $\sigma_s = \sqrt{\sigma_a^2 + \sigma_b^2}$이다.[1]

주요 파라미터와 방정식은 11장의 표 11.1과 11.2에도 요약돼 있다. a는 역길이의 차원을 가지고 있다. 그 이유는 가격 범위를 폭 Δx의 빈으로 나누면 x에서의 빈이 거래에 선택될 확률이 $(P_a(x)\Delta x)(P_b(x)\Delta x) = \Delta x(P_t(x)\Delta x)$이므로 도입된 추가 요인 Δx이 존재하기 때문이다. 즉, 모델은 축약 불가능한 불확정성 수준을 반영하는 특정 해상도 Δx를 가정한다(예를 들어 이는 스프레드와 동일하게 설정할 수 있다). 그러나 우리는

---

1   Brolmiley, 2018

일반적으로 이 항을 무시하고, 이 항을 다음에 논의할 시장 규모와 같은 다른 요인에 의존하는 전반적인 비율 상수rate constant에 포함시킬 수 있다.

10.3 시장 조성자

금융시장에서는 많은 경우 호가창order book의 가격 호가가 시장 조성자market makers들로부터 나온다. 시장 조성자들의 거래 주기에 걸친 기대 이익은 거래당 이익을 거래량에 곱한 것을 나타내는 운영 스프레드operating spread에 의존한다. 거래 성향은 α로 스케일링되기 때문에 운영 스프레드가 μ로 스케일링된다고 가정하면 이익은 스프레드가 다음 식을 만족할 때 최댓값을 갖는 곱 $\mu\alpha$로 스케일링된다.

$$\mu = \sigma \qquad (10.1)$$

만일 시장 조성자가 이익을 극대화하기 위해 이러한 방식으로 스프레드를 조정한다고 더 가정한다면, (또는 더 일반적으로 시장이 이러한 방식으로 진화한다고 가정하면) 이 값을 거래 성향 α를 나타내는 표현에서 μ로 설정하면 다음과 같은 결과를 얻을 수 있다.

$$\alpha = \frac{1}{\mu\sqrt{2\pi e}} \qquad (10.2)$$

이것은 $\alpha \propto \exp(-H)$의 형태로 표현될 수 있으며, 여기서 $(H = \log(2\pi e\sigma t^2)/2$는 정규분포의 미분 엔트로피differential entropy[2]이다.[3] 매수자와 매도자의 기대를 일치시키는 시장 협상도 또한 σ를 감소시키는 경향이 있으며, 따라서 정보 이론적 용어로 시스템에 대한 결측 정보를 최소화하는 것과 동일한 것으로 엔트로피를 최소화하는 경향이 있다.[4] 이와 같은 엔트로피 최소화 성향 곡선은 그림 10.2에서 볼 수 있다.

2　미분 엔트로피는 연속 엔트로피라고도 부르며, 연속확률변수의 엔트로피다. – 옮긴이

3　Norwich, 1993

4　Williams, 1980

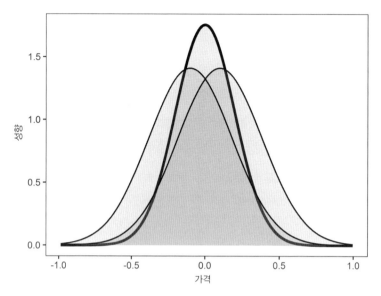

그림 10.2 $\mu = \sigma$(식 10.1)와 대칭 성향함수의 경우에 대해서 매수자(왼쪽), 매도자(오른쪽) 및 결합(굵은 선) 성향함수를 보여주는 그림

매수자와 매도자에 대한 성향 곡선은 일반적으로 직접 관찰할 수 없기 때문에 시장 거래 또는 매매하기 위해 게시된 가격에서 추론해야 한다. 그림 10.3의 히스토그램으로 보여진 종류의 호가창이 예다.[5] 왼쪽의 매수 호가와 오른쪽의 매도 호가는 시장의 의도의 스냅샷을 제공한다. 물론 호가창은 거래의 가능성보다는 매수 또는 매도하고자 하는 확정 주문firm order을 나타내기 때문에 성향 분포와 동일하지 않다. 실제로 사람들은 중복되지 않는 이러한 범위 밖에서 기꺼이 거래하고자 함이 틀림없다. 그렇지 않으면 거래가 없을 것이기 때문이다.[6] 그림 10.3의 음영이 된 정규분포는 성향함수에 대한 합리적인 추측을 나타내며, 단순성을 위해 분포가 대칭이라고 가정했다(나중에 불균형을 고려한다). 이들은 거리 $\mu = 0.0014$로 분리되며, 표준편차는 $\sqrt{2}\mu$로 설정되고, 이는 스프레드와 동일한 결합 표준편차(여기서 보이지 않음)를 제공한다.

---

5 데이터는 2012년 6월 21일 9:30에서 10:30까지의 데이터다. 출처: lobsterdata.com
6 이 논의는 Sarkassian, 2020a를 참조하라.

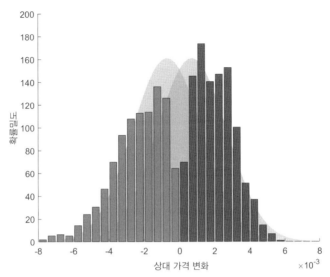

그림 10.3 바 차트는 한 시간 동안의 AAPL에 대한 샘플 호가창의 확률밀도를 보여준다. 음영이 된 정규분포는 성향함수에 대한 추정치다.

그림 10.4에 표시된 실제 스프레드는 최고 매수 호가와 최저 매도 호가의 차이를 나타내기 때문에 좀 더 작다. 이것은 평균 0.00032와 표준편차 0.00012의 정규분포로 근사할 수 있다. 따라서 평균은 μ보다 약 4배 더 작다.

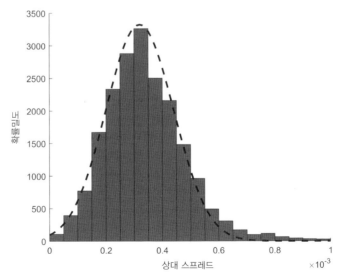

그림 10.4 바 차트는 동일한 AAPL 호가창으로부터 스프레드의 정규분포(파선)로 근사된 확률밀도를 보여준다.

10.4 다중 에이전트

지금까지 우리는 단일 아이템의 가격을 협상하고 있는 단일 매수자와 매도자의 사례만을 고려했지만, 동일한 방법론이 여러 단위의 아이템과 에이전트의 경우에도 쉽게 적용될 수 있다. 매수 호가 함수와 매도 호가 함수가 합해져 모든 매수자에 대한 총 매수 호가 함수와 모든 매도자에 대한 총 매도 호가 함수가 단위 수로 측정돼 제공된다. 에이전트 기반 모델에서 이것은 성향함수를 직접 합함으로써 수행될 것이다. 단순성을 위해 매수 호가 성향함수가 모두 동일한 평균 및 표준편차를 공유한다고 하고, 매도 호가 성향 함수도 동일하다고 가정하면, 그 효과는 단순히 매도자와 매수자의 수에 따라 성향 함수를 각각 스케일링하는 것이 될 것이다.

이때 어떤 율^{rate}로 표현되는 예상 거래량은 $V = N_o N_b r\alpha$에 의해 주어진다. 이 율은 화학에서의 질량 반응 속도$^{mass\ action\ kinetics}$와 동일하며, 여기서 "성향"이란 용어는 어떤 시점에 발생하는 분자 반응의 확률을 가리킨다.[7] 이것은 반응 물질의 농도와 화학적 친화력에 비례하는 율로 발생하지만 온도 등의 요인에도 의존한다. 경제학에서 거래 성향 α는 시장의 정확한 구조와 매수자와 매도자 사이의 상호작용의 정도와 성격을 설명하는 어떤 율 파라미터$^{rate\ parameter}$ r에 의해 조정된다. 화학에서와 마찬가지로[8] 이 방정식은 유용한 1차 모델 역할을 하지만 특정 조건에서 수정해야 할 수도 있다(또는 에이전트를 개별적으로 모델링할 수도 있다). 확률론적 모델에서 기간 τ의 거래 주기에 걸친 거래 수는 평균 $\lambda = V\tau$의 포아송 분포를 따른다.

이 단순한 모델은 모집단의 매수자와 매도자가 동일한 매도 호가와 매수 호가함수를 공유한다는 점에서 동질적이라고 가정한다. 이러한 가정이 없더라도 많은 경우 정규분포를 사용해 총 매도 호가함수를 근사할 수 있어야 한다. 또한 수학적 편리성 때문에 여기서는 정규분포를 고려했지만 성향함수에 대해서는 다른 형태를 고려할 수 있다. 중요한 것은 이러한 함수의 곱이 관심 가격 포인트 주위의 영역에서 정규 곡선으로 근사돼야만 한다는 것인데, 이는 다음에서 정의한 매수자와 매도자의 힘이 국지적으로 선형인 경우에 해당한다. 일반적으로 거래가 제한된 범위에서 발생할 것이며

---

7   Lecca, 2013

8   Brogioli, 2013

여기서 설명하는 모델의 종류에 의해 근사될 수 있다는 것을 가정하는 것이 타당해 보인다.

10.5 가격 유연성에 미치는 영향

이 모델에서는 가격이 아니라 거래량이 매수자와 매도자의 수에 민감하다. 이는 가격이 모두 똑같이 유연성이 없는 100명의 매도자가 있다면 매도 가격은 단 한 명뿐일 때와 다를 바 없기 때문에 타당하다. 그러나 존 로크^{John Locke}가 「Some Consideration on the Consequences of the Lowering of Interest and the Raising of the Value of Money ^{이자율 하락과 화폐 가치 상승의 결과에 대한 어떤 고려 사항}」(1691)에서 지적했듯이 "어떤 상품의 가격은 매수자와 매도자 수의 비율만큼 오르거나 내린다"고 말했다. 그 이유는 성향 함수의 평균과 표준편차가 모두 시장 상황에 따라 조정되기 때문이다. 예를 들어 매수자의 수가 증가하면 매수자의 유연성이 높아져 가격이 상승하는 반면 유사하게 매도자의 수가 증가하면 가격이 하락할 것이라는 가설을 세울 수 있다.[9]

매수자에 대한 성향 함수 표준편차가 매수자(또는 매도자)의 수의 제곱근에 따라 스케일링된다고 가정한다. 이는 나중에 보듯이 매수자(또는 매도자)들의 유효 질량은 그 수에 반비례한다고 하는 것과 같다. 그러면 $\sigma_a/\sigma_b = \sqrt{N_a/N_b}$이고

$$x_t = \frac{\sigma_b^2 x_a + \sigma_a^2 x_b}{\sigma_a^2 + \sigma_b^2} = \frac{N_b x_a + N_a x_b}{N_a + N_b}$$

$$\sigma = \frac{\sigma_a \sigma_b}{\sqrt{\sigma_a^2 + \sigma_b^2}} = \sqrt{\frac{N_b}{N_a + N_b}} \sigma_a$$

다음과 같이 돼서 중간 가격 x_t는 매수자이든 매도자이든 그들의 수에 작은 섭동^{perturbation}에 대해 선형적으로 반응할 수 있다.

매수자와 매도자 간의 수의 균형을 회복하기 위해 가격이 얼마나 바뀌어야 하는지 묻는 별도의 질문이 있을 수 있다. 단순화를 위해 그림 10.2와 같이 성향 함수가 0에 대해서 대칭이고 결합 표준편차가 스프레드와 같다고 가정한다. 그런 다음 x점에서 매수자와 매도자에 대한 가우스 분포 성향을 계산하면, 이들은 다음을 만족한다는 것

---

9   Caginalp and Caginalp, 2019

을 알 수 있다.

$$\frac{P_b(x)}{P_a(x)} = \exp\left(\frac{x}{2\sigma}\right)$$

시장이 처음에는 $N_o = N_b = N$으로 균형을 이루지만 매수자 수가 $\Delta N = \iota N$만큼 증가한다고 가정하자. 그러면 매도자가 사용 가능한 단위 수(즉, 잠재적 거래 수)를 설정하므로 $N_b/N_o = (N + \iota N)/N = 1 + \iota > 1$이다. 이렇게 하면 해당 단계에서 거래가 발생할 가능성이 높아져 다음이 성립한다.

$$\frac{P_b(x)}{P_o(x)} = \frac{N_b}{N_o}$$

이 값을 결합하면 효과의 균형을 맞추는 데 필요한 가격 변동이 $x = 2\sigma\log(1 + \iota)$임을 알 수 있다. 매도자 수가 바뀌는 경우에 대한 유사한 주장은 일반적으로 다음과 같다.[10]

$$x = \pm 2\sigma \log\left(1 + |\iota|\right) \tag{10.3}$$

여기서 부호는 다음 식의 부호에 의존한다.

$$\iota = \frac{N_b - N_o}{\min(N_b, N_o)} \tag{10.4}$$

이는 11장에서 얻은 양자 결과에 대한 근사로 밝혀지는데, 섭동에 대한 시스템의 반응을 고려한다.

10.6 엔트로피 힘 해석

그림 10.1의 매수 호가와 매도 호가 성향함수는 매수자/매도자의 정신 상태를 나타내는 것으로 볼 수 있다. 인지 심리학에서 알 수 있듯이, 의사결정은 랜덤한 성분을 포함하고 있으므로 확률 과정으로 모델링돼야 한다. 그러나 2장에서 논의한 바와 같이 우리는 이러한 곡선이 일종의 엔트로피 힘을 묘사하는 것으로도 생각할 수 있다.

이러한 취급에 동기를 부여하기 위해 현재 가격 x가 매수자의 중심 가격 x_b보다 높다고 가정한다. 그러면 매수 성향은 함수 $P_b(x)$에 의해 주어진다. 어떤 주변 가격

10 Orrell, 2022d

$x + \Delta x$로의 변화에 대한 저항은 현재 성향에 대한 조건부(또는 상대적) 성향 변화에 의존할 것이다. 이는 현재 성향으로 나눈 성향 기울기 또는 $P_b'(x)/P_b(x)$와 같다. 따라서 우리는 공급과 수요의 힘을 다음과 같이 정의한다.

$$F_a\left(x\right) = \gamma \frac{P_a'\left(x\right)}{P_a\left(x\right)} = -k_a\left(x - x_a\right)$$

$$F_b\left(x\right) = \gamma \frac{P_b'\left(x\right)}{P_b\left(x\right)} = -k_b\left(x - x_b\right)$$

여기서 $k_a = \gamma/\sigma_a^2$와 $k_b = \gamma/\sigma_b^2$는 힘 상수이고 γ는 에너지 단위의 스케일링 파라미터이다.[11] 따라서 그 힘은 매수자나 매도자가 선호하는 수준으로 가격을 조정하려는 정신적 욕구를 나타낸다. 성향 함수가 정규분포 곡선으로 선택되기 때문에 해당 힘은 가격에 선형이라는 점에 유의하라. 따라서 그것들은 중심 균형점의 영역에서 동역학에 대한 1차적인 근사로 볼 수 있다.

다시 말하지만 이러한 힘은 열역학 시스템이 통계적으로 더 가능성이 높은 상태로 진화해 엔트로피를 최대화하는 경향을 반영하는 엔트로피 힘의 인지 버전이다(인지의 경우 차이점은 반대 방향으로 작용해 엔트로피를 감소시킨다는 것이다). 통계역학에서 단일 입자에 작용하는 퍼텐셜 $U(x)$를 가진 힘 $f(x)$는 다음의 입자 위치에 대한 확률분포 $P(x)$를 산출한다.

$$P\left(x\right) = C\exp\left(-\frac{U\left(x\right)}{k_B T}\right)$$

여기서 T는 온도, k_B는 볼츠만 상수 그리고 C는 규격화 상수이다. 따라서 다음이 성립한다.

$$f\left(x\right) = -k_B T \frac{d}{dx}\log P\left(x\right) = -k_B T \frac{P'\left(x\right)}{P\left(x\right)}$$

성향 힘은 따라서 상수 $\gamma = k_B T$를 가진 엔트로피 힘으로 간주될 수 있다. 물리학에서 이 항은 자연 단위natural unit로 측정된 시스템의 열역학 엔트로피를 증가시키기 위해 필요한 열의 양이다.

---

11 Kondratenko(2015: 137–138)은 이들 항들이 균형에서 상쇄된다는 기반으로 엔트로피 도출 또는 표현 없이 유사한 힘 항을 제시한다. 경제학에서의 엔트로피의 논의를 위해서는 Jakimowicz, 2020을 참조하라.

10.7 엔트로피 진동자

유사하게 거래의 힘을 결합확률에 의해 생성되는 엔트로피의 힘으로 정의할 수 있는데, 이는 단지 다음과 같은 매수자와 매도자 힘의 합이다.

$$F_t\left(x\right) = \gamma\frac{P_t'\left(x\right)}{P_t\left(x\right)} = \gamma\frac{P_a\left(x\right)P_b'\left(x\right) + P_a'\left(x\right)P_b\left(x\right)}{P_a\left(x\right)P_b\left(x\right)} = F_a\left(x\right) + F_b\left(x\right)$$

거래 확률이 가장 높은 점은 결합 성향함수의 미분을 0으로 설정함으로써 구할 수 있다. 따라서

$$P_t'\left(x\right) = P_a'\left(x\right)P_b\left(x\right) + P_a\left(x\right)P_b'\left(x\right) = 0$$

또는

$$F_a\left(x\right) = -F_b\left(x\right)$$

이는 다음 가격에서 일어난다.

$$x_t = \frac{k_a x_a + k_b x_b}{k_a + k_b}$$

따라서 균형 가격은 공급과 수요의 힘이 균형을 이루는 점이고 예상대로 $F_t(x) = 0$이다.

복원력의 존재는 시장 감성이 시간에 따라 예를 들면 탐욕과 공포의 기간을 교대로 돌아가면서 진동하는 경향이 있다는 아이디어와 일치한다. 이러한 동학을 이해하기 위해 질량 $m = m_a + m_b$에 작용하는 힘 $F_t(x)$를 상상할 수 있다. 여기서 m_a와 m_b는 매도자와 매수자의 변화에 대한 저항을 각각 나타내고, 이들 질량은 같이 결합된다. 그러면 이 결합된 시스템에 대한 운동 방정식은 다음과 같다.

$$m\ddot{x} = -k\left(x - x_t\right)$$

여기서 $k = k_a + k_b$이다. 이는 다음과 같은 진동해를 가진다.

$$x = x_t + A\cos\left(\omega t + \varphi\right)$$

여기서 A는 진폭이고, $\omega = \sqrt{k/m}$는 진동수이고, 위상 φ은 시작점에 의존한다.

　그러한 힘은 중앙 가격으로의 복원 경향을 나타내지만, 그것은 확률론적이기보다는 결정론적이다. 또한 추가 감쇠항damping term이 추가되지 않는 한 가격은 초기 조건에 따라 단순히 두 극단 사이를 왔다 갔다 할 것이다. 가격의 확률분포는 다음 방정식에 의해 주어진다.

$$P(x, A) = \frac{1}{\pi\sqrt{A^2 - (x - x_t)^2}}$$

이는 그림 11.1에 보여주는 바와 같이 극단에서 가장 높고 (여기서 변화율이 가장 느리다), 중앙점에서 가장 낮다(여기서 변화율이 가장 빠르다). 이는 그림 10.1의 확률적 그림과는 불일치한다.

　더 현실적인 접근법은 따라서 진동자가 랜덤 잡음에 의해 주도된다고 가정하는 것이다. 이는 다음의 확률 미분 방정식에 의해 주어지는 평균 회귀 랜덤 워크의 올스타인-울렌벡Ornstein-Uhlenbeck 프로세스를 산출한다.

$$dx = -\theta k x dt + \sqrt{2D} dW$$

여기서 dW는 위너 프로세스이고, D는 확산 계수 그리고 θ는 주어진 힘에 의해 유도되는 추세 속도drift velocity를 측정하는 이동도mobility다.[12] 확률 밀도함수 P는 다음의 포커-플랑크Fokker-Planck 방정식을 만족한다.

$$\frac{\partial P}{\partial t} = \theta k \frac{\partial}{\partial x}(xP) + D\frac{\partial^2 P}{\partial x^2}$$

정상 상태 해인 $P(x)$는 표준편차 $\sigma = \sqrt{D/k}$를 가진 가우스 분포다. 들뜸 상태excited state는 흩어짐dissipation 때문에 이 정상 상태로 다시 돌아간다. 물리학에서 만약 시스템이 열 잡음에 의해 섭동된다고 가정하면, 아인슈타인 관계식에 따라 $D = \theta k_B T$를 얻게 되며, 여기서 k_B는 볼츠만 상수이고 T는 온도이다.

12　Titievsky, 2005

10.8 논의

금융 거래는 본질적으로 확률적이므로 확률적으로 모델링해야 한다. 금융 거래는 또한 사람들이 시장 상황에 대응해 가격을 조정하게 만드는 사회적 힘을 반영한다. 엔트로피 힘의 개념은 또한 동학적인 확률론적 모델을 만들 수 있게 해준다.

그 모델은 행동적 효과를 고려해 쉽게 적용될 수 있다. 2장에서 논의한 바와 같이 손실 회피와 같은 것으로 인한 정신적 편향은 그 자체를 엔트로피 힘으로 모델링할 수 있다. 진동자에 일정한 힘을 가하면 그 효과는 복원력이 부과된 힘의 균형을 맞추는 양만큼 균형점을 변위시키는 것이다. 따라서 손실 회피와 같은 효과는 평균 매수 또는 매도 가격을 변위하는 것으로 설명할 수 있다.

이 모델의 유용한 특징은 시장을 청산할 것으로 추정되는 균형 가격에 그치지 않고 매수와 매도 성향을 다룬다는 점이다. 예를 들어 금융 옵션 시장은 보험이나 복권을 구매하려는 사람들이 그러한 서비스를 공급하려는 사람들보다 더 많다는 것과 같은 이유로 옵션 수요가 공급보다 더 큰 경향이 있다는 점에서 불균형하다. 따라서 매수자는 매도자보다 가격 결정에 더 유연성이 있을 것이다. 11장에서는 매도자가 거래에서 더 큰 질량을 차지한다고 말할 것이다. 따라서 옵션의 가격 모델은 객관적 위험(즉, 걸어긋남 경우)을 더 잘 포착하는 고전적 옵션 가격 모델에 의해 주도될 것으로 보인다. 그러나 6장에서 논의한 바와 같이 등가격 옵션은 가격 관점에서 보면 적어도 "비전문가"인 소매 투자자들에게는 더 매력적이기 때문에 매수 매도 호가 스프레드는 더 작을 것이다. 앞에서 봤듯이 거래 성향은 스프레드에 반비례해 변하며, 이는 외가격 옵션의 경우보다 등가격 옵션의 경우 거래량이 더 많은 경향을 설명한다. 이와 같은 과정에 대한 모델을 구축하는 주제를 14장에 다시 다룰 것이다.

10.9 요약

10장에서 개발된 모델은 경제적 거래의 확률적 특성과 수요와 공급의 힘이 내포한 역동적 그림을 결합하고, 공급/수요, 가격/물량, 객관/주관적 효과 사이의 상호작용을 분석하기 위한 프레임워크를 제공한다. 그러나 이 책에서 되풀이되는 주제는 가격이 브라운 운동에서처럼 랜덤할 뿐 아니라, 근본적으로 불확실한 것이라는 점이다. 더욱

이, 그것들은 종종 양자 접근법을 사용해 가장 잘 모델링되는 인지 효과와 얽힘의 영향을 받는다. 11장에서는 이러한 동적 방정식을 양자화하는 것이 어떻게 공급과 수요의 양자 모델로 이어지는가를 보여주는데, 이것은 확률적인 그림과 동적 그림을 매우 자연적인 방법으로 결합한다.

양자 우월성

10장에 제시된 수요와 공급의 확률론적 모델은 양자역학에 의해 영감을 받았으며, 동적 특성 및 확률론적 특성을 모두 포함한다. 그러므로 그것은 이미 고전 물리학에서 영감을 받아 정적 균형 사상에 바탕을 둔 공급과 수요의 신고전주의 모델을 넘어선다.

10.10 추가 참고문헌

러시아 물리학자 아나톨리 콘드라텐코^{Anatoly Kondratenko}는 비록 엔트로피 힘이나 관련 양자화된 파라미터의 도출은 없지만 유사한 확률론적 접근법을 독립적으로 개발됐으며 이후 주식 시장 데이터에 검증된다. 다음을 참조하라.

- Kondratenko AV (2015) Probabilistic Economic Theory. Novosibirsk: Nauka.
- Kondratenko AV (2021) Probabilistic Theory of Stock Exchanges. Novosibirsk: Nauka.

11 양자화된 공급과 수요

우리는 감정을 측정할 수 있는 것 이상으로 중력을 알 수도 없고 측정할 수도 없다. 그러나 우리가 진자의 운동에서 중력을 그것의 효과로 측정하듯이, 우리는 인간 정신의 의사결정으로 감정의 평등이나 불평등을 추정할 수도 있다. 의지는 우리의 진자이고, 그 진동은 시장 가격 리스트에 매분 등록된다.

– 윌리엄 스탠리 제번스(William Stanley Jevons), 『The Theory of Political Economy
   (정치 경제 이론)』, 1988

10장에서 보듯이, 공급/수요 시스템을 확률적 미분 방정식으로 모델링하는 것이 확실히 합리적이지만, 대안적 접근 방식은 불확실한 동적 특성을 처리하는 자연스러운 방법을 제공하는 양자 프레임워크로 전환하는 것이다. 이를테면 확률론적 접근 방식은 가격이 매번 잘 정의된 가치를 가지고 있다고 가정하지만, 양자 모델은 가격 그리고 실제로 매수자와 매도자의 정신 상태가 거래를 통해 측정될 때까지 불확실하다는 것을 인정하며, 이러한 측정의 진행은 가격에 영향을 미친다. 고인이 된 수학자 겸 양자 이론가 어빙 시걸Irving Segal이 지적한 바와 같이, 금융시장의 분명한 특징은 자산의 가격과 그 순간적인 변화율을 모두 관측할 수 없다는 것이다. "동시 관측 가능성의 결여는 양자 용어로만 정밀한 수학적 공식화가 가능한 것으로 보인다."[1] 좀 더 일반적으로 서론에서 언급했듯이 경제적 거래를 구성하는 정보 흐름은 고전적인 방식으로 작용하지 않으며 종종 양자 접근법에 더 적합하다.

---

1   Segal and Segal, 1998: 4072

11.1 양자 금융 진동자

양자 형식주의에서는 1장에서 논의한 바와 같이 자산의 가격은 거래를 통해 측정했을 때 특정 값으로 붕괴되는 파동함수로 표현된다. 이는 입자의 위치에 대한 파동함수가 측정됐을 때, 하나의 숫자로 붕괴되는 것과 같다. 9장에서는 매수자와 매도자의 성향 함수를 사용해 고전적인 진동자의 방정식을 도출했으며, 이러한 방정식을 양자화함으로써 양자 프레임워크로 이동할 수 있다.

확률분포부터 시작해 동적 방정식을 얻은 다음 그 결과를 양자화하는 이 접근법은 양자 사회과학에서 유일하게 채택되는 방식이 아니라는 점에 유의한다. 대안은 사회 시스템이 이들을 묘사하는 고전적 방정식 세트를 준비하고 있지 않다는 근거로 단순하게 양자 모델에 대한 작업에서 시작하는 것이다.[2] 그러나 경제학에서 고전역학적 힘을 가지고 있지 않지만, 우리는 확실히 통계적 성향 함수와 같은 것을 가정할 수 있는데, 이것은 엔트로피 힘의 산물로 양자화될 수 있다.

스프링 방정식의 양자 버전은 양자 조화 진동자로, 9장에서 보는 바와 같이 에너지 수준의 이산 집합으로 제한된다. 기저 상태는 다음의 파동함수로 다시 표현된다.

$$\psi_E\left(x\right) = \left(\frac{m\omega}{\pi\hbar}\right)^{1/4} \exp\left(-\frac{m\omega}{2\hbar}\left(x - x_t\right)^2\right)$$

x에 대해 해당하는 확률분포는 평균 x_t와 다음의 표준편차를 가진 정규분포다.

$$\sigma = \sqrt{\frac{\hbar}{2m\omega}}$$

슈뢰딩거 방정식으로부터 기저 상태의 진동자의 시간 진화는 다음의 복소수 파동함수로 주어진다.

$$\psi_E\left(x,t\right) = \exp\left(-\frac{i\omega t}{2}\right)\psi_E\left(x\right)$$

이는 각진동수 $\omega/2$를 가지고 실수 축을 중심으로 회전한다. 보어의 대응 원리Bohr's correspondence principle에 따라 에너지가 증가함에 따라 확률분포는 그림 11.1의 고전 경

---

2   Haven, Krennikov, 2013: p22–23

우에서 같이 극단에서 정점을 갖는다. 실제적으로는 다음에서 논의하는 바와 같이 여기서 단지 낮은 에너지 상태만 사용될 것이다.

이것이 어떻게 공급과 수요에 적용되는지를 보기 위해 확률분포를 양자 진동자의 기저 상태로 식별한다. 매수자 또는 매도자에 대해 진동자는 일종의 가격에 대한 정신적 진동을 나타낸다. 반면 거래 가격에 대해서 이는 매수자의 선호 가격과 매도자의 선호 가격 사이의 진동을 나타낸다. 다음에서 논의되는 바와 같이, 이 모델의 파라미터 $\hbar$는 에너지 수준 사이의 이동을 결정한다. 반면 ω는 거래에 대한 기간을 묘사하는 주파수다.

11.2 양자 질량

결합된 공급/수요 시스템에 대한 양자 진동자의 평균과 표준편차에 대한 방정식은 그림 10.1의 결합 성향 함수에 대한 방정식과 같다는 것을 쉽게 보일 수 있다.

양자 조화진동자의 기저 상태의 표준편차에 대한 $\sigma = \sqrt{\hbar/(2m\omega)}$을 사용하면, 상응하는 매도자와 매수자의 질량을 다음과 같이 쓸 수 있다.

$$m_a = \frac{\hbar}{2\omega_a \sigma_a^2}$$
$$m_b = \frac{\hbar}{2\omega_b \sigma_b^2}$$

우리는 힘 상수 k_a와 k_b이 질량과 같은 방식으로 스케일이 조정된다고 가정한다. 이는 매도자와 매수자에 대한 진동 진동수가 같다는 것을 의미한다. $\omega_a = \omega_b = \omega = 1/t$이며, 진동수와 질량에 대한 표현을 사용하면 이들은 다음과 같다.

$$k_a = m_a \omega^2 = \frac{\hbar\omega}{2\sigma_a^2}$$
$$k_b = m_b \omega^2 = \frac{\hbar\omega}{2\sigma_b^2}$$

이들은 10장의 수요와 공급의 힘에 대한 힘 상수와 같다는 것을 주목하라. 여기서 스케일링 계수는 $\gamma = \hbar\omega/2$로 설정된다. 결합 공급/수요 시스템에 대해 $k = k_a + k_b$이므로 다음과 같이 표현할 수 있다.

$$\frac{\hbar\omega}{2\sigma^2} = \frac{\hbar\omega}{2\sigma_a^2} + \frac{\hbar\omega}{2\sigma_b^2}$$

그리고 표준편차 σ에 대해서 풀면, 다음을 얻는다.

$$\sigma = \frac{\sigma_a\sigma_b}{\sqrt{\sigma_a^2 + \sigma_b^2}}$$

상응하는 질량은 다음과 같다.

$$m = m_a + m_b = \frac{\hbar}{2\omega\sigma^2}$$

그리고 질량의 중심은 다음과 같다.

$$x_t = \frac{k_a x_a + k_b x_b}{k_a + k_b} = \frac{\sigma_b^2 x_a + \sigma_a^2 x_b}{\sigma_a^2 + \sigma_b^2}$$

이들 파라미터는 수요 공급에 대한 정규확률분포의 곱에 대한 것과 동일하다. 수요와 공급에 대한 질량 항은 분산과 역의 관계를 갖는다. 따라서 질량을 변화에 저항하는 관성inertial로 해석할 수 있다. 유사한 접근법이 유체역학과 같은 분야에서 취해진다. 여기서는 점도가 질량과 같은 역할을 한다. 꿀에서의 입자는 물에서의 입자보다 더 큰 "질량"을 가지고, 물에서의 입자는 공기에서의 입자보다 큰 질량을 가진다. 경제에서 유체에서와 같이 고립된 입자는 존재하지 않는다. 관성은 가격 변화에 대한 저항이고, 이 "질량"은 만약 사람들이 변하리라 예측한다면 변할 수 있다(예: 사람들이 인플레이션을 예상한다). 경제는 따라서 비뉴톤 유체처럼 행동한다. 신고적학파 경제학의 아마도 가장 비현실적인 측면은 효율적 시장 가설에서처럼 경제가 즉시 조정이 일어나는 균형에 있다고 가정하고 어떠한 인지 효과로 인한 어떠한 연결도 절단한 것이다. 이는 모든 질량 항이 영이라고 하는 것과 같다.

샤덴(Schaden, 2002)과 바키(Baaquie, 2007:52)에서 질량 m과 분산 σ^2 사이의 역관계가 여기서와 같이 시장 참여자들의 양자 의사결정 행동과 관련이 없이 금융 관점에서 독립적으로 도출됐다는 것은 흥미롭게 주목할 만하다. 그러나 질량에 대해 생각하는 또 다른 방법은 주식 시장에서의 매수와 매도 주문의 관점이다(예: 헤이븐과 크렌니코프(Haven and Khrennikov, 2013:42)). 이들이 관련된 이유를 알기 위해, 시장가 주문은 특정 수의 단위를 특정 가격에 매수하거나 매도하기 위한 주문의 집합으로 구성돼 있다는 것을 주목하자. 이 가격들이 보장되기 때문에 단일 단위의 개별 주문에 대한 성향 함수는 가격 불확실성과 동일한 표준편차를 갖는 그 점에 중심이 되는 정규분포로 모델링될 수 있다. 우리가 단일 단위의 주문이 질량 1을 가지도록 단위를 선택한다면, m 단위의 주문은 m의 질량을 갖는다. 매도 주문이 가격 범위에 걸쳐 분포돼 있다면, 우리는 질량 밀도의 관점에서 생각할 수 있다. 단일 시간 단계에서 매도 주문이 호가 창에서 가격을 올릴 때, 매수자에 의해 지불되는 가격의 변화는 운동량 보존의 금융 버전인 질량 밀도에 의존할 것이다.[3] 성향 프레임워크에서 가격 이동과 관련된 에너지는 성향의 이동만을 포함하므로 호가창이 균등 주문 밀도를 가진다면, 가격 이동과 관련된 에너지 변화는 없는 것처럼 보일 수 있다. 그러나 이 경우 가격 변화는 매수자 측의 성향 변동이 아니라 상이한 매도자와의 여러 개별 거래에 관련되며, 각각의 거래들은 별도로 처리돼야 한다.

마지막으로, 질량은 때때로 시가총액과 같은 관점에서 자산 규모의 척도로도 사용된다.[4] 다시 말하지만 이것은 질량 밀도의 개념과 관련이 있는데, 시가총액이 큰 주식은 더 많이 거래될 것이기 때문이다. 예를 들어 주식이 1년에 한 번의 율로 회전하는 경우, 1년 동안 거래된 질량은 단지 총 단위 수에 불과하다.

11.3 양자 대 고전학파

이러한 방정식과 일치하는 가격 분포는 그림 11.1에 나타나 있으며, 여기서 거래가 발생했다고 가정한다(따라서 총 확률은 1이다). 고전적인 진동자 모델에서 확률은 중심 보다는 극단에서 가장 높으며 범위는 초기 조건에 의존한다. 양자 진동자는 낮은 에너지에서 거래에 대한 가격 확률분포가 정규분포와 일치하며, 에너지가 증가함에 따라 고전적 분포로 평활화되면서 수렴한다. 10번째 고유 상태는 예시를 위해 나타낸 것이며, 일반적으로 낮은 에너지 상태만 사용된다. 그러나 거래를 통한 결어긋남이나 붕괴 없이 양자 워크에 의해 생성되는 성향 함수와 비교하는 것이 흥미롭다(그림 6.1).

---

3 질량을 정의하지 않고 대신 플랑크 상수를 우리의 질량 밀도에 해당하는 주문 밀도의 함수로 만든 Sarkassian(2020a)을 참조하라.

4 Ye and Huang, 2008; Ahn et al. 2017; Lee, 2021

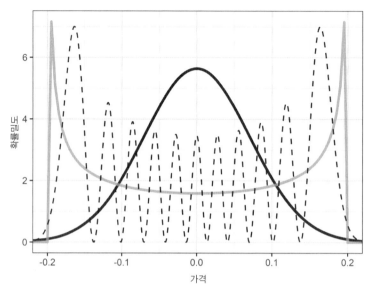

그림 11.1 고전적 조화 진동자의 높은 에너지에서의 위치 확률분포(회색 선)와 그 기저 상태의 위치 확률분포(검은 선) 및 열 번째 들뜸 고유 상태에서의 양자 모델에 대한 위치 확률분포(파선)

다음에서 논의하는 바와 같이 파라미터 $\hbar$와 ω는 기대 거래 빈도를 묘사하고 관찰된 데이터를 높은 에너지 수준의 상태에 적합화하는 간결한 방법으로 사용된다. 양 $\gamma = \hbar\omega/2$는 진동자의 최저 에너지 상태이며, 일종의 시스템의 열 수준으로 해석될 수 있다. 힘 상수는 $k = \gamma/\sigma^2$를 만족하는데 이로부터 γ이 10장에서 논의한 엔트로피 진동자에서의 확산 계수 $D = \theta k_B T$와 동일하다는 것이 성립한다. $\theta = 1$에 대해, 이는 수요와 공급의 힘이 엔트로피 힘으로 해석함으로써 얻은 것과 동일한 관계이다. 결과는 또한 엔트로피 힘과 최소정보원리를 사용한 후크 법칙의 도출과 일치한다(루스 Roos, 2014를 참조하라). 이 경우, $\gamma = k_B T = \hbar\omega/2$이며, 주기는 $\tau = 2\pi/\omega = \pi\tau_B$이고 여기서 볼츠만 시간 $\tau_B = \hbar/(k_B T)$은 임의의 (따라서 반드시 현실적이지는 않은) 비정상 상태 nonstationary state가 열 균형에 도달하기 위해 필요한 이론적 순서의 시간theoretical order of time이다.[5]

물리학에서 $\hbar$와 k_B는 모두 잘 정의된 상수이다. 하나는 역학적 작용을 양자화하고 다른 하나는 엔트로피를 양자화한다. 경제학에서는 이것들은 이렇게 설정된 값을 가

---

5   Goldstein et al., 2015

지지 못한다. 그러나 시스템의 세부 사항에 따라 변화하는 요인의 존재는 경제학에서 이들 파라미터가 맥락 의존적이고, 특정 모델에 적합화될 필요가 있다는 것을 상기시킨다. 또한 시스템을 양자화하면 파라미터의 의미가 변하지만(스케일링된 온도 대신 스케일링된 빈도가 존재함) 그 숫자는 증가하지 않으며, 이는 모델링 관점에서 중요하다는 점을 유의해야 한다.

고전 모델에서 가격이 고전적 진동자에 의해 모델링되므로(동적 협상 과정의 일종으로 볼 수 있음), 진동을 유도하기 위해 시스템에 에너지를 더함으로써 가격 협상을 표현할 수 있을 것이다. 양자 모델에서는 변위 연산자를 사용해 유사하게 에너지 E_d의 양을 더할 수 있다. 예를 들어 시스템이 초기에 기저 상태일 경우, 그 에너지는 $E_0 = \gamma$이다. 이는 소유 효과(4장)에 기인한 매수/매도 이동과 관련된 엔트로피 에너지 $E \cong \gamma$에 해당하며, 두 사람 사이의 거래 가능성을 허용하는 기저 에너지 양자라고 생각할 수 있다.[6]

식 2.2의 $\gamma = \hbar\omega/2$를 이용해, 중심 가격 x_t가 새로운 가격 $x_t + x$으로 성향 이동하는 데 요구되는 에너지는 다음과 같다.

$$\Delta E = \frac{\hbar\omega}{2}\left(-\frac{1}{2}\frac{\Delta x^2}{\sigma^2}\right) = -\frac{1}{2}E_0\left(\frac{\Delta x}{\sigma}\right)^2$$

따라서 $\Delta x = \sqrt{2}\sigma$의 변위는 에너지를 $\Delta E = \hbar\omega/2 = \gamma$만큼 변화시킨다. 이는 그다음에 예를 들어 매수자나 매도자 그룹 간의 협상이나 상호작용을 통해 어떤 사람의 포지션을 변화시키는 데 필요한 에너지가 될 것이다. ΔE의 에너지 스프레드를 가진 양자 상태가 구별할 수 있을 정도로 상이한 상태로 진화하는 데 적어도 $\Delta t = \pi\hbar/(2\Delta E)$의 시간이 필요하므로, 금융 의사결정에 대한 관련 시간 스케일은 $\Delta t = \pi/\omega$이다.[7]

많은 저자들이 생성 및 소멸 연산자를 사용해 입자의 행동을 모델링하는 양자장 이론에서와 같이 소위 연산자 접근법^operator approach^을 기반으로 하는 금융 트레이딩 모델을 개발했다.[8] 12장에서는 연산자 접근법을 더 자세히 살펴볼 것이지만 다음에서 알 수 있듯이 이는 어떤 시간 단계의 (입자의 역할을 하는) 단일 단위 거래의 수를 진동 에

---

6   Khrennickov, 2016에서의 "사회적 들뜸 양자(Social quantum of excitation)"와 비교하라.

7   Lloyd, 2000

8   Schaden, 2002; Bararello, 2006; Haven et al., 2017; Khrennikova and Patra, 2019

너지 수준과 일치시키는 일종의 포크 공간$^{Fock\ space}$[9] 해석을 제시한다.

11.4 주식시장 모델

에너지 수준이 거래 수에 상응하면, 기저 상태의 진동자는 거래가 없는 것에 상응한다. 따라서 우리는 시스템을 섭동시킬 필요가 있다. 주식 시장의 경우, 우리는 매도 호가와 매수 호가 사이의 스프레드가 근본적인 수준의 불확실성을 나타낸다는 것을 주목함으로써 자연스럽게 이를 수행할 수 있다. 따라서 우리는 가격 불확실성 Δx를 스프레드와 동일하게 설정하고, 변동성을 이들 두 가격의 표준편차인 $\sigma = \Delta x/\sqrt{2}$와 동일하게 설정한다.

매수 호가와 매도 호가 사이를 왔다 갔다 하면서 가격이 진화하기 때문에 진동자가 섭동을 경험할 것으로 예상한다. 따라서 우리는 각 시간 단계 시작 시 진동자가 기저 상태에 있고, 그다음 Δx와 같은 크기의 양에 의해 가격이 섭동된다고 가정한다. 공식적인 용어로 우리는 먼저 기저 상태 ψ_0에 있는 진동자를 다음과 같은 큐비트와 결합한다.

$$\psi_q = \frac{1}{\sqrt{2}} \left| \uparrow \right\rangle + \frac{1}{\sqrt{2}} \left| \downarrow \right\rangle$$

이는 $\left| \uparrow \right\rangle$와 $\left| \downarrow \right\rangle$의 중첩 상태에 있으므로, 결합 파동함수는 $\psi = \psi_q \otimes \psi_0$이다. 양자 워크에서와 같이, 그런 뒤 다음 연산자를 적용한다.

$$T = \left| \uparrow \right\rangle \left\langle \uparrow \right| \bigotimes D_+(\psi_0) + \left| \downarrow \right\rangle \left\langle \downarrow \right| \bigotimes D_-(\psi_0)$$

여기서 D_+는 우선 진동자 성분을 $\pi/4$ 각도만큼 회전하고, 그다음 Δx만큼 이동시키며, D_-는 $-\pi/4$ 각도만큼 회전하고, 그다음 $-\Delta x$만큼 이동시킨다(위상 변화와 동일한 회전의 목적은 두 부분을 직교하도록 만드는 것이다). 단계 방향이 불확실하기 때문에 결과로 얻는 파동함수는 양의 변위와 음의 변위에 의해 생성된 파동함수의 평균이 되며 원점을 중심으로 대칭인 두 개의 정점을 가질 것이다(그림 11.2). 이러한 효과를 통합

---

9 양자역학에서 포크 공간(Fock space)은 임의의 수의 자유입자의 상태를 나타내는 힐버트 공간이다. 소련의 물리학자 블라디미르 포크가 1932년 도입했다(위키백과 참조). - 옮긴이

하는 또 다른 방법은 비조화 진동자에서와 같이 퍼텐셜을 수정하는 것이지만, 여기서 사용되는 방법은 간단하다는 장점이 있다.

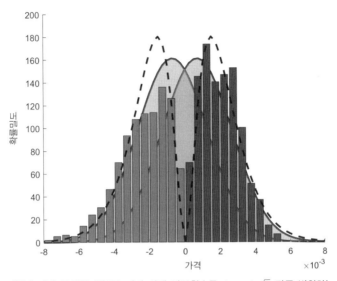

그림 11.2 방향에 대해 동일한 확률로 기저 상태 파동함수를 $\Delta x = \pm\sqrt{2}\sigma$만큼 변위하는 연산자에 의해 작용된 양자 조화 진동자의 확률 진폭 그림. 여기서 $\sigma = 0.4$이다.

식 9.1을 참고하면, 측정 시 시스템의 에너지는 날맞춤 상태와 동일하며 다음 식에 주어지는 것과 같은 평균을 가진 포아송 분포를 따른다.

$$\lambda = m\frac{\omega\Delta x^2}{2\hbar} = \frac{\hbar}{2\omega\sigma^2}\frac{\omega\Delta x^2}{2\hbar} = \frac{1}{2} \tag{11.1}$$

따라서 특정 단계에서 거래가 발생할 확률은 2분의 1이다. 아래에서 더 논의하는 바와 이 시스템에 대해 측정된 평균 변동성 σ'은 기저 변동성보다 $\sqrt{2}$배만큼 더 높을 것이다. 따라서 관측된 변동성이 여전히 식 10.1에서와 같이 스프레드와 동일한 것으로 성립한다.

파동함수의 진폭의 분산은 쉽게 $2\sigma^2$로 볼 수 있지만, 이는 관찰된 에너지 수준에 상응하는 거래 수를 설명하지 않는다. 고전적인 그림에서 거래가 없는 경우 변동성은 σ이다. 그러나 n개의 거래가 있는 경우 가격 변화는 단계 크기 $\Delta x = \sqrt{2}\sigma$인 이항분포를 따르며, 이것이 변동성에 더해지기 때문에 $\sigma\sqrt{2n+1}$을 예상할 수 있다. 이는 에너지 상태 n에서 양자 진동자의 변동성 $\sigma_n = \sigma\sqrt{2n+1}$과 동일하다.

그림 11.3에서 볼 수 있듯이, 양자 모델의 변화하는 변동성은 시장에서 보여지는 비가우스 분포 행태를 자연스럽게 생성한다. 시장 조성자^{market maker}가 포함된 모델에서 스프레드의 크기를 변경해도 동일한 효과가 생성될 수 있다. 14장에서 이 문제를 다시 살펴본다.

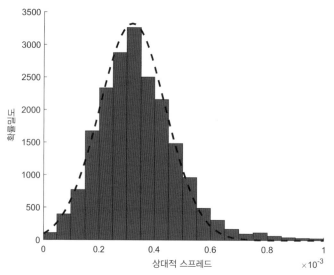

그림 11.3 $\lambda = 1/2$과 관측된 연간 변동성 18%에 상응하는 $\sigma = 0.008$의 진동자 모델에 대한 가격 변동 히스토그램. 실선은 1992년 이후 다우존스 산업평균지수(DJIA)에 해당하는 그래프를 보여준다(출처: 야후 파이낸스).

11.5 가격 충격

10장에서 매수자와 매도자 사이의 균형 변화로 인한 예상 섭동은 로그 공식인 식 10.3에 의해 주어지는 것을 봤다. 양자 모델은 약간 다른 결과를 제공한다. 우리는 다시 시장 불균형을 $\iota = (N_b - N_a)/\min(N_b, N_a)$으로 정의하는데, 여기서 N_a와 N_b는 각각 매수자와 매도자의 수이며, 각각 별도의 동일한 진동자를 사용해 각각의 잠재적 거래를 모델링한다. $N_a = N_b = N$이면 시스템이 균형이 된다. 우리는 이것을 기저 상태와 연관시키므로, 이론적으로 거래의 수는 0이다(거래는 가격과 따라서 에너지를 바꾸는 효과를 가질 것이다). 따라서 이 모델에서 거래가 일어나기 위해서는 교착 상태를 타개하기 위해 다른 사람이 도착할 확률이 0이 아닐 필요가 있다. 양자 인지의 관점에서,

이것은 소유 효과^{endowment effect}를 상쇄하기 위해 필요한 에너지를 제공하는 것으로 생각할 수 있다. 단순화를 위해 우리는 진동자가 처음에 원점을 중심으로 기저 상태에 있다고 가정할 것이다. 그러나 그림 11.2에 그려진 섭동 버전을 사용해도 결과는 변하지 않는다.

만약 매도 가능한 N 단위가 있고, 단위당 수요가 시간 단계에 걸쳐 $\Delta N = \iota N$만큼 증가해서 $N_b / N_a = 1 + \iota > 1$이 되면, 해당 단계에서 거래가 발생할 확률이 높아진다. 이는 $\Delta E / E_0 = \iota$의 양만큼 진동자 에너지(그리고 따라서 진동수)를 증가시키는 것과 같다. $E_n = (2n + 1)E_0$과 비교하면, 에너지 수준 n의 진동자에 대해 $i = 2n$을 얻는다.

반면에 위치 0에 중심으로 하는 기저 상태 진동자를 x만큼 변위시키면, 에너지 변화 ΔE는 $x = 2\sigma\sqrt{\Delta E / E_0} = \sigma\sqrt{2\iota}$라는 식을 만족한다. 따라서 가격 변화 x는 진동자를 원래 진동수로 되돌리는 데 필요한 양이기 때문에 매도율에 일치하도록 매수율도 느려진다.

공급자의 수가 변화하는 경우에 대한 유사한 주장은 일반적으로 다음이 성립함을 보여준다.

$$x = \pm\sigma\sqrt{2|\iota|} \tag{11.2}$$

여기서 부호는 다시 ι의 부호에 의존한다.[10] 예를 들어 만약 매도자가 매수자보다 2배 많으면, $\iota = 1$이다. 반면 매도자가 매수자보다 2배 많으면 $\iota = -1$이다.

우리는 단순성을 위해 대규모 거래가 단일 시간 단계에서 수행된다고 가정하지만, 원래의 성향이 유지되는 한 가격 변동이 여러 개별 단계에서 분리된다고 가정할 경우에도 결과는 유지된다는 점에 유의하라. 그 이유는 이 방정식이 대규모 거래를 상쇄하는 데 필요한 가격 변화를 계산하는 에너지 균형에 기반을 두기 때문이다. 가격이 조정되는 과정은 시장 구조 등에 따라 달라질 것이지만, 목표 가격은 변하지 않는다. 초과 주문이 체결되면 가격은 음의 영향을 경험하고 원래 값으로 돌아가야 하지만, 이는 대규모 주문이 중심 가격에 대한 투자자들의 믿음을 바꿀 수 있다는 사실을 설명하지 못한다. 이러한 경우 영향은 완전히 지워지지 않는다.

---

10 Orrell, 2022d

$\lambda = 1/2$이라고 가정하면 한 단계에서 거래가 발생할 확률은 0.5이고 한 시간 단계에 걸친 거래량은 $V_d = N/2$이고 일일 거래량은 $V_d = N/(2\Delta t)$이다. 그러므로 우리는 다음과 같이 표현할 수 있다.

$$\iota = \frac{\Delta v}{V_d \Delta t}$$

따라서 다음이 성립한다.

$$x = \pm\sqrt{2}\sigma\sqrt{\frac{\Delta v}{V_d \Delta t}} = \pm\sqrt{2}\sigma_d\sqrt{\frac{\Delta v}{V_d}}$$

이 결과는 다음과 같은 소위 가격 충격의 "제곱근" 법칙[11]과 일치한다.

$$x = \pm Y\sigma'_d\sqrt{\frac{v}{V_d}}$$

여기서 x는 평균 상대 가격 변화이고, $\sigma'_d = \sqrt{2}\sigma_d$는 관측된 일일 변동성이다. V는 거래의 크기이며, V_d는 일일 거래량이고, Y는 수치 상수다. 만약 $Y = 1/\sqrt{2}$이면, 두 모델은 일치하며, 이는 올바른 범위에 있다. 예를 들어 부치 등(Bucci et al., 2019)은 그들의 연구에서 Y의 평균을 $Y = 0.53$으로 보고했다. 다음 그림 11.5에서 볼 수 있듯이, 이 공식은 또한 양자 모델이 섭동에 반응해 동적으로 적응하기 때문에 차이가 발생하는 고전적 확률을 사용해 도출된 로그 공식과 밀접하게 일치한다.

사실, 한 가지 단서로는 제곱근 공식은 진동자 파동함수를 이동함으로써 도출된 반면, 스프레드의 1/2인 $\Delta x/2$보다 작은 변위는 매수/매도 확률을 이동함으로써 수용될 수 있다는 것이다. 예를 들어 매수자의 수가 증가하면 일부 매수자가 전환해 매도자가 될 수 있다. 모델에서 이것은 파동함수의 큐비트 성분을 소량만큼 회전시키는 것과 같으며, 이는 매수자의 성향 변화를 나타낸다. 작은 변화의 경우, 필요한 에너지는 변위의 크기에 따라 스케일 조정되며, 이는 가격에 대한 선형 의존성을 의미한다. 따라서 우리는 $\Delta x/2$보다 작은 어떤 점에 대해 선형에서 제곱근 체제로의 전이가 발생할 것으로 예상한다. 이 전이점은 데이터에서 볼 수 있으며, 10^{-2} 정도의 불균형에 대

---

11 Toth et al., 2011을 참조하라.

해 발생하지만 주문 기간에 따라 다르다.[12]

충격의 분산은 다음 식에 의해 주어진다.

$$Var = \sigma^2(1 + |\iota|) = \sigma^2 + \sigma^2|\iota|$$

이는 두 가지 성분, 즉 고유 변동성으로 인한 성분과 불균형으로 인한 추가 항 $\sigma_\iota^2 = \sigma^2|\iota|$를 갖는다. 첫 번째 항은 일반적인 방식으로 시간에 따라 스케일링되지만 두 번째 양은 상수로 유지되는 역질량과 관련된 스케일링 계수 σ^2와 진동 에너지와 관련된 $|\iota|$와 곱해진 것으로 간주될 수 있다(분산은 시간에 선형으로 스케일링되지만, 불균형은 시간의 역수로 스케일링된다. 따라서 곱이 계산되는 준거 기간은 아무런 영향을 가지지 않는다). 따라서 만약 우리가 특정 기간 동안 주어진 불균형을 가진 시스템의 가격 분산을 계산한다면, 첫 번째 항만이 명시적으로 시간에 의존할 것이고, 그 분산은 다음과 같다.

$$Var(T) = \sigma^2 T + \sigma^2|\iota_T| = \sigma^2\left(T + |\iota|\right)$$

관측된 변동성 σ'과 기저 상태 변동성 σ의 차이를 보상하기 위해 두 조건을 다르게 조정할 필요가 있다. 충격이 0이면 $Var(T) = \sigma'^2 T$가 돼야 하지만 충격 항에 대해서는 $\sigma' = Y\sigma$가 돼야 하며, 여기서 $Y = 1/\sqrt{2}$가 돼야 한다. 따라서 수정된 식은 다음과 같다.

$$\mathrm{Var}(T) = \sigma^2(T + Y^2|\iota|)$$

이 공식은 가격 충격을 조사하기 위해 독점 데이터 세트(그래서 결과는 여기에 보이지 않음)를 사용한 Bucci et al.(2019)의 결과와 비교할 수 있다. 적절한 축에 다시 그려보면 데이터에 유사한 선형 관계를 보인다. 이 공식은 나중에 생각해보면 놀랄 만한 것은 아니지만, 테스트를 수행한 후에야 데이터에서 이 분산 패턴이 발견됐다.[13]

가격 충격의 변동성과 시간과의 관계에 대해 생각할 수 있는 대안적인 방법은 내재 변동성의 관점에서다. 예를 들어 현재 가격과 다른 행사 가격으로 옵션을 매수하는 사람은 가격 충격의 정도를 효과적으로 가정하고 있다. 에너지의 함수로써 로그 가격과 변동성에 대한 식을 비교하면 다음을 얻는다.

---

12 Bucci et al., 2019
13 Orrell, 2022c

$$\sigma_I = \sqrt{\frac{x^2}{2T} + \sigma^2} \tag{11.3}$$

여기서 x는 이제 로그 머니니스log-moneyness를 나타내고, T는 만기까지의 기간이다.

이는 그림 11.4에 표시된 그림을 보여준다. 이를 옵션 가격에서 나오는 이른바 변동성 미소volatility smile와 비교하는 것은 흥미롭다. 옵션 가격은 현재 자산 가격에서 벗어나는 행사 가격에 대해 내재 변동성이 더 높다. 이것은 이전에 그림 7.5에서 설명한 효과와 결합할 것이며, 인지된 변동성은 시간의 제곱근과 반대로 증가한다.

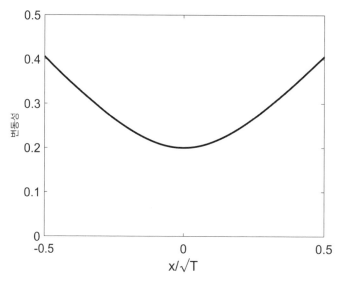

그림 11.4 로그 가격 x의 함수로서의 변동성 그림은 옵션 가격 결정에서 내재 변동성이 행사 가격으로부터 편차에 따라 증가하는 변동성 스마일과 유사한 형태를 산출한다. 여기서 연간 변동성은 $\sigma = 0.2$이고 기간은 $T = 1$년이다.

11.6 양자 공급-수요 곡선

양자 모델은 일반적으로 거래에 적용되기 때문에, 식 11.2는 수요와 공급의 대안 모델을 구축하는 데 사용될 수 있다. 그 결과는 그림 11.5에 예시돼 있다. 위에서 언급한 바와 같이 제곱근 곡선은 작은 가격 편차에 대해 수정돼야 하며, 여기서 반응은 대략 선형적이다. 따라서 이 영역에서 가격 변화는 고전적 확률론적 모델의 로그 곡선 (파선)과 더 밀접하게 일치할 것이다.

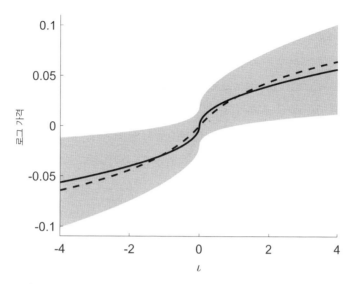

그림 11.5 불확실성 파라미터가 $\sigma = 0.02$로 설정된 양자 공급-수요 곡선. 로그 가격(실선)의 변화는 수요/공급 불균형 ι에 대한 제곱근 의존성을 갖는다. 에너지 수준은 $n = |\iota/2|$이다. 가격 불확실성을 나타내는 음영 영역은 1 표준편차를 보여준다. 또한 비교를 위해 고전적 확률론적 모델의 로그 그래프(파선)도 같이 그려져 있다.

이 그림은 전통적인 공급/수요 다이어그램과 여러 가지 주요 측면에서 차이가 있다.[14] 하나는 공급과 수요가 별도로 표시되거나 독립적이라고 가정되는 것이 아니라 공급과 수요의 불균형을 나타내는 단일 파라미터로 결합된다는 것이다. 다른 하나는 다이어그램이 본질적으로 확률적이며 불확실성 파라미터를 반영하는 불확실성 경계 uncertainty bounds를 가지고 있다는 것이다. 이 값은 외부 잡음 항이나 가법적 결과가 아니며, 식 11.2의 핵심이다.

또한 신고전주의 버전과 달리 모델은 정적이 아니라 섭동에 동적으로 반응하며 안정적인 균형의 존재를 가정하거나 암시하지 않는다. 예를 들어 공급량을 제한함으로써 매도자가 가격을 높게 유지하거나 가격이 주기적으로 변동하는 것을 막을 수 있는 것은 없으며, 일반적으로 가격은 매수자와 매도자 간의 동적 균형에 의존한다.

---

14 Orrell, 2022d

11.7 논의

수요와 공급의 양자 모델에서, 시스템의 상태는 거래 맥락에서 측정된 바와 같이 매수자와 매도자의 확률분포로부터 특성이 모두 도출될 수 있는 양자 조화 진동자로 모델링되고 있다. 진동자의 에너지, 그리고 거래 주기 동안 발생하는 거래의 확률은 가격 스프레드와 가격 유연성을 모두 반영한다. 양자 모델은 두 가지 고전 모델 사이에서 매개하는 것으로 볼 수 있다. 기저 상태는 수요와 공급의 정규분포 형태의 정적 확률론적 모델에 해당하는 반면, 에너지가 증가함에 따라(즉, 들뜸 상태의 경우) 모델은 평균을 중심으로 가격이 진동하는 동적 스프링 모델로 수렴하며 극단에서 가장 큰 확률로 관찰된다.

통계적 행태는 고전적인 확률적 모델에서 파생된 것과 유사하지만, 많은 주요 차이점이 있다. 시스템 상태는 복잡한 파동함수에 의해 모델링되며, 가격 또는 매수자와 매도자의 심리 상태와 같은 변수는 거래를 통해 측정될 때까지 불확정인 것으로 취급되는데, 이는 아래에서 더 논의된 바와 같이 간섭 효과와 얽힘과 같은 것들에 영향을 미친다. 양자 모델은 랜덤 잡음보다는 불확실성을 반영하는 자명하지 않은 기저 상태를 가지고 있다. 또한 관측된 변동성은 금융에서 일반적으로 가정하는 것처럼 일정하지 않고 에너지 수준에 따라 달라진다.

주요 운영 가정은 매수자와 매도자 힘 $F_b(x)$와 $F_a(x)$가 균형 가격 영역에서 선형이라는 것이다. 이러한 힘의 엔트로피적 특성은 정보 교환, 양자 행동 및 경제 거래 사이의 연관성을 분명하게 만든다.

많은 저자들은 이전에 금융 시장의 자산 가격 변화를 퍼텐셜 우물에서의 진동으로 모델링하기 위해 복원력이 평균회귀를 나타내는 양자 진동자 모델을 사용했다.[15] (이 책과 같이 매수자와 매도자 간의 확률론적 상화작용으로부터 도출하지는 않지만.) 진동자의 에너지 수준은 정규분포의 기저 상태와 더 복잡한 분포를 보여주는 더 높은 에너지 수준으로 양자화된다. 안광원 등(Ahn et al., 2017)은 파이낸셜타임스 증권거래소FTSE 전 주가 지수All Share Index의 역사적 가격 변화에 적합화하는 데 있어 양자 진동자 모델

---

15 Piotrowski and Sładkowski, 2001; Piotrowski et al., 2006; Ye and Huang, 2008; Meng et al., 2015; Ahn et al., 2017.

이 전통적인 확률적 프로세스 모델보다 우수하다는 것을 보여줬다. 시스템은 대부분의 경우 기저 상태이며, 그 위의 두 수준은 데이터를 특징짓는 왜도와 첨도에 기여하는 것으로 밝혀졌다. 수준이 높을수록 미미한 효과를 가졌다.

그들의 모델에서 진동수 ω는 주식 수익률의 평균 복귀 속도를 측정하는 것으로 해석됐다. 이 숫자는 물론 특정 시장과 자산에 따라 달라질 것이다. 예를 들어 발버스, 우와 길리랜드(Balvers, Wu and Gillilnad, 2000)는 여러 주식 시장을 분석했는데, 3년에서 3년 반의 반감기로 추정했다. 예를 들어 미국 주식의 반감기는 3.1년이었다. 이 책에서 제시된 모델에서는 ω이 회전율을 반영하며, 일반적으로 주식 시장의 경우 1년에 한 번 정도이다. 에너지 양자는 $\hbar\omega$이므로 상응하는 진동자의 에너지가 단위당 투자자 활동의 척도가 될 것이다.

일례로 특정 자산에 투자자가 없으며, 투자자는 각각 매년 단일 단위를 거래한다고 가정하자. 총 M주가 있다면 평균 회전율은 N/M이다. 만약 매매 가능한 주식이 하나만 있다면, 회전 시간은 거래 간의 평균 시간이 될 것이고, 따라서 매도자를 매수자로 전환하는 데 필요한 시간이 될 것이다. 원래 조건으로 되돌리려면 이번에는 두 배의 기간이 필요하다. 주식 수가 많은 경우에도 동일한 논리를 적용할 수 있다. 대형 주 시가총액이 2조 달러, 주가가 200달러, 거래량이 하루 4천만 주라면 회전 시간이 250일, 즉 1년 정도(1년에 252거래일)로 활발하게 거래되는 다우존스산업평균DJIA에 근접한다. 그러나 협상 중인 한 단위 주식에 대한 기간은 훨씬 더 짧을 것이다.

기간 Δt에 걸쳐 주문이 실행될 확률이 0.5이면 관련 빈도는 $1/(2\Delta t)$다. 그러나 호가창은 기저의 성향을 반영할 수 있지만 주문 자체는 고전적 현상으로 더 잘 간주될 수 있다. 소액 주문의 경우, 적어도 매수 호가와 매도 호가에 대한 불확실성은 없으며, 어떤 것이 선택될지에 대해서만 불확실성이 존재한다. 양자 프레임워크의 불확실성은 보이지 않는 잠재적 주문도 설명한다.

양자 접근법은 또한 주식 시장 역학을 시뮬레이션하는 데 사용된 통계 역학의 이징 유형 모델Isings-type model과 호환된다.[16] 물리학에서, 이징 모델은 원자 스핀의 자기 쌍극자 모멘트가 두 가지 상태(+1 또는 −1) 중 하나일 수 있는 강자성 물질을 시뮬레이

---

16 Bouchaud, 2009

션하기 위해 처음 개발됐다. 외부 자기장이 적용될 때, 원자 사이의 상호작용은 임의의 상태와 스핀이 정렬된 상태 사이의 상전이phase transition를 초래한다. 시장 참가자들이 자산 평가에 대해 집단적으로 입장을 바꾸는 주식 시장의 전염contagion을 시뮬레이션하는 데 같은 아이디어를 적용할 수 있다. 예를 들어 구세프(Gusev, 2015)는 뉴스와 의견의 전파에 의해 부분적으로 결정되는 퍼텐셜 우물에서 가격이 진동하는 실증적으로 적합화된 모델을 만들었다. 그들이 이징 모델의 고전적인 버전을 사용했지만, 양자 버전은 새로운 정보가 없어도 변동이 발생하는 기저 상태의 특징과 함께 유사한 결과를 제공할 것이다.

마지막으로 금융시장은 두 종류의 얽힘으로 특징지어진다. 첫째는 문화나 뉴스와 같은 사회적 요인을 통한 것이고, 둘째는 (그리고 더 직접적인 것으로) 대출이나 파생상품과 같은 금융상품의 사용을 통한 것이다. 13장에서 논의하는 바와 같이 대출 계약은 얽힘 시스템으로 모델링할 수 있으며, 여기서 차입자의 상환 또는 채무불이행하는 정신 상태는 대출을 통해 채권자의 정신 상태와 얽혀 있는 양자 상태이다(그러므로 채무불이행은 채권자가 즉시 알아내지 못하더라도 대출의 상태에 즉시 영향을 미친다). 얽힌 진동자는 양자 물리학의 주요 요소로서 일부 기법은 경제학으로 이어질 수 있다. 예를 들어 수요와 공급의 진동자 모델은 양자 에이전트 기반 모델quantum agent-based model에 통합될 수 있는데, 여기서는 매수 또는 매도 결정이 사회적 영향뿐만 아니라 금융 시스템 자체를 통해 얽힘에 민감해지는 양자 동학 프로세스의 결과로 간주된다. 14장에서 이에 대해 더 자세히 다룬다.

11.8 요약

양자 접근법은 수요와 공급을 모델링하기 위한 자연스러운 프레임워크를 제공한다. 주요 파라미터는 선호 가격과 유연성 척도로, 매수자/매도자 행동에 대한 최소한의 설명을 구성한다. 주요 결론은 다음과 같다.

- 매수자와 매도자가 거래에 참여하는 성향은 확률분포를 나타내는 결합 성향 곡선으로 모델링할 수 있다.

- 이 곡선에 상응하는 엔트로피 힘은 진동자를 묘사하며, 진동자의 질량은 변화에 대한 저항을 측정하는 역분산 항에 의해 주어진다.
- 이 엔트로피 진동자의 양자화된 버전은 복소수 파장함수를 가지며, 이 파장함수의 진폭의 제곱은 가격에 대한 확률분포를 제공한다.
- 기저 상태는 정보 흐름과 양자 동학 사이의 연관성을 보여주는 원래의 성향 곡선에 해당한다.
- 양자 기저 상태의 불확실성은 시스템의 불확정적 특성을 나타내기 때문에 가격 변화는 고전적 모델에서와 같이 새로운 정보가 아니라 오히려 정보의 부재를 반영할 수 있다.
- 고전적 모델은 시장 교환이 시스템을 균형 상태로 유도한다고 가정하지만, 양자 모델은 이를 더 높은 정보(낮은 엔트로피) 상태로 유도한다는 것을 시사한다.
- 이 모델은 독립성이나 균형을 가정하기보다는 결합된 역동적인 양으로 공급과 수요를 취급하는 공급과 수요에 대한 새로운 관점을 생성한다.
- 관측된 변동성은 에너지 상태의 함수이다.
- 이 모델은 가격 충격의 제곱근 법칙, 변동성의 변동성, 금융 통계량의 비가우스 분포 특성과 같은 실증적 특징을 정확하게 포착한다.
- 이 모델은 확률적 시뮬레이션을 수행하기 위한 도구 또는 양자 에이전트 기반 모델의 기반을 포함한 많은 응용 분야를 가지고 있다.

위에 나타낸 것과 같이 다소 유사한 모델을 확률 미분 방정식을 사용해 만들 수 있지만, 양자 버전의 구별되는 특징은 가격이 거래 중 측정될 때 설정된 값으로만 붕괴되는 동적 파동함수에 의해 모델링된다는 것이다. 이는 금융 시스템의 불확정성을 정확하게 반영하고, 측정 절차가 측정되는 시스템에 영향을 미친다는 사실을 통합하며, 인지의 간섭 효과, 사회적 및 금융적 결속을 통한 얽힘 및 들뜸 에너지 상태의 동학을 탐구하기 위한 자연스러운 인터페이스를 형성한다. 이는 또한 자연적으로 (역변동성의 척도로서) 금융과 (유연성의 척도로서) 심리학적 함축성을 모두 갖는 질량의 정의로 이어지며, 따라서 양자 금융을 양자 인지의 발견들과 직접적으로 융합한다.

14장에서 우리는 수요와 공급의 양자 모델의 몇 가지 응용을 보여준다. 그러나 다음 12장에서는 양자 진동자 모델을 어떻게 시장 그 자체를 모델링하는 데 사용할 수 있는지에 대한 문제로 눈을 돌린다.

양자 우월성

양자 접근법의 주요 장점은 확률적 및 동적 모델을 혼합하고 질량, 진동수 등의 주요 파라미터에 대해 자연스러운 정의를 제공하며 간섭, 얽힘 등의 효과를 허용한다는 것이다.

11.9 표

참고로 다음 표에는 양자 모델의 주요 파라미터와 변수가 요약돼 있다. 차원 M, L 및 T는 (역변동성에 관련된) 질량 단위, 길이 (즉 로그 가격) 및 시간을 나타낸다. 주류 모델은 균형을 가정하기 때문에 실제 동학과 함께 관련 질량의 필요가 없다(또는 효과적으로 0으로 설정한다).

표 11.1 주요 파라미터 리스트

파라미터	심볼	차원
평균 매수 호가	μ_b	L
평균 매도 호가	μ_o	L
표준편차 매수자	σ_b	L
표준편차 매도자	σ_o	L
매수자 수	N_b	–
매도자 수	N_o	–
플랭크 수	$\hbar$	ML^2T^{-1}
진동 수	ω	T^{-1}
이자율 파라미터	r	LT^{-1}

표 11.2 방정식과 관련된 주요 변수 리스트. 여기서 $G(x, x_c, \sigma)$은 x에서 평가된 평균 x_c이자 표준편차가 σ인 정규 (가우스) 분포에 대한 식이다.

변수	심볼	식	차원
매도 성향	$P_o(x)$	$\frac{1}{\sqrt{2\pi\sigma_o^2}}\exp\left(-\frac{\mu_o^2}{2\sigma_o^2}\right)$	L^{-1}
매수 성향	$P_b(x)$	$\frac{1}{\sqrt{2\pi\sigma_b^2}}\exp\left(-\frac{\mu_b^2}{2\sigma_b^2}\right)$	L^{-1}
공급 힘	$F_o(x)$	$k_o(x - \mu_o)$	MLT^{-2}
수요 힘	$F_b(x)$	$-k_b(x - \mu_b)$	MLT^{-2}
공급 힘 상수	k_o	$\frac{\hbar\omega}{2\sigma_o^2}$	MT^{-2}
수요 힘 상수	k_b	$\frac{\hbar\omega}{2\sigma_b^2}$	MT^{-2}
결합 평균	μ	$\frac{\sigma_b^2\mu_o+\sigma_o^2\mu_b}{\sigma_o^2 + \sigma_b^2}$	L
Joint st dev	σ	$\frac{\sigma_o\sigma_b}{\sqrt{\sigma_o^2+\sigma_b^2}}$	L
질량 결합 편차	m	$\frac{\hbar}{2\omega\sigma^2}$	M
매수-매도 호가 스프레드	μ_t	$\mu_o - \mu_b$	L
α에 대한 표준편차	σ_t	$\sqrt{\sigma_o^2+\sigma_b^2}$	L
성향에 대한 스케일링 계수	α	$\frac{1}{\sqrt{2\pi\sigma_t^2}}\exp\left(-\frac{\mu_t^2}{2\sigma_t^2}\right)$	L^{-1}
결합 성향	$P_t(x)$	$\frac{\alpha}{\sqrt{2\pi\sigma^2}}\exp\left(-\frac{\mu^2}{2\sigma^2}\right)$	L^{-2}
거래량	$V(x)$	$N_o N_b r \alpha$	T^{-1}

12 양자 시장

금융 상태의 중첩과 거래에 의한 그들의 측정으로 진화하는 것이 양자 금융에 대한 나의 이해다.

– 마틴 샤덴(Martin Schaden), 2002년

11장에서 우리는 한 개인의 인지 상태 또는 양자 조화 진동자 상태가 힐버트 공간의 구성 요소로서 시뮬레이션될 수 있다는 것을 관찰했다. 나아가 물리학에서는 중첩된 에너지 상태에 있는 단일 입자를 이중적 의미에서는 단일 상태의 가상 입자의 집합으로 볼 수 있다. 우리는 경제 전체에 대해 비슷한 것을 할 수 있고, 힐버트 공간에서 상호작용하는 입자들의 집합체로 모델링할 수 있다. 출발점으로 단순화된 금융시장을 검토하겠다. 나는 럿거스대학교 물리학자 고 마틴 샤덴Martin Schaden이 2002년 양자 금융에 관한 논문에서 묘사한 접근법을 따르겠다.

물리학자들에 의해 확인됨!

샤덴은 뛰어난 이론 물리학자였다.

12.1 금융 보손(Financial Bosons)

시장이 유형 $i = 1, 2, ..., I$의 자산을 매수하고 매도하는 에이전트(투자가)들의 집합 $j = 1, 2, ..., J$로 구성돼 있다고 가정하자. 각 에이전트는 현금(또는 부채) x^j를 보유하고 있다. 시장은 다음의 기저를 가진 힐버트 공간 $\mathcal{H}$으로 표현될 수 있다.

$$B:= \left\{ \left| x^j, \left\{ n_i^j\left(s\right) \geq 0, i=1,..,I \right\}, j=1,..,J \right\rangle \right\}$$

여기서 $n_i^j(s)$는 투자자 j가 보유하는 s 달러 가격의 자산 i의 수이다.

개별 기저 상태는 모든 증권의 가격과 각 에이전트의 현금 포지션이 정확하게 알려진 시장을 표현한다. 기저 상태는 만약 시장이 상태 $|m\rangle$에 있다면 다른 상태 $|n\rangle$에 있을 수 있지 못하고 따라서 만약 $m \neq n$이면, 내적이 $\langle m|n\rangle = 0$이라는 의미에서 직교다. 시장 상태(파장함수) M은 결코 정확하게 알 수 없으므로, 이는 B의 기저 상태 $|n\rangle$의 선형 중첩으로 표현된다.

$$|M\rangle = \sum_n A_n |n\rangle$$

여기서 A_n은 복소수이고, $w_n = |A_n|^2$이 시장이 상태 $|n\rangle$에 있을 확률이다.

샤덴이 주목했듯이 "증권 거래를 화폐 가격을 측정하는 기본 프로세스로서 생각할 것이다." 이와 같은 측정이 단지 증권의 보유자를 변경함으로 수행될 수 있다는 사실은 양자 시스템의 코펜하겐 해석에 잘 적합화된다." 그 까닭은 자산 가격은 불확정이므로 시장 상태는 시장에 대한 일종의 총 성향함수를 나타내며, 이 총 성향함수의 분포는 가능한 잠재적 가격의 범위를 커버한다. 예를 들어 투자가들은 그들이 어떤 자산의 일정량을 보유하지만, 자산의 가격은 불확실하다는 것을 안다.

이 단계에서 A_n의 위상을 지정하지 않은 채 남겨놓는다. 그러나 이것은 간섭과 같은 효과를 이해하는 데 핵심이다. 양자 물리학에서와 같이 이들 효과는 개별 거래를 고려할 때 더욱 쉽게 알 수 있다. 각 에이전트의 매수와 매도 성향 그 자체들은 양자 현상으로 모델링할 수 있으며, 이는 이미 논의한 대로 간섭 효과를 경험하며, 이들은 상호 간섭해 시장 전체에 영향을 미칠 수 있다. 이에 대해서는 좀 더 내려가서 다시 살펴본다.

만약 기저 상태 $|0\rangle$를 에이전트가 현금을 포함한 어떠한 자산도 보유하고 있지 않는 시장으로 정의하면, 현금과 자산을 에이전트로 이전함으로 실제 시장을 구축할 수 있다. 접근법은 보손bonson 집합체의 행태를 시뮬레이션하기 위해 많은 양자역학 문헌에서 사용한 것과 동일한 것이다. 따라서 주식 수가 생성 연산자 $\hat{a}_i^{\dagger j}(s)$와 소멸 연산자 $\hat{a}_i^j(s)$의 사용에 의해 에이전트 계정에 더해지거나 제거된다. 이는 양자 조화 진동자에

대한 8장에서 논의됐다.

12.2 화폐 교환

모델에서 화폐 창출은 다음 형태의 이동 연산자$^{\text{translation operator}}$를 사용해 다뤄진다.

$$\hat{c}^{\dagger j}\left(s\right) = exp\left(-s\frac{\partial}{\partial x^j}\right)$$

이는 에이전트 j에 의해 보유한 현금의 양을 s 화폐 단위만큼 증가시킨다. 유사하게 허미션 켤레 연산자 $\hat{c}^j(s) = \hat{c}^{\dagger j}(-s)$는 에이전트 j의 현금 보유량을 s 양만큼 낮춘다.

이러한 방정식들로는 분명하지 않을 수도 있고, 부채의 발행을 통한 화폐의 창출과 같은 요소들을 고려하지 않았지만, 화폐는 여전히 양자 모델에서 매우 특별한 (그러나 대개는 과소평가된) 역할을 가지고 있다. 다른 자산과 달리 안정적인 정의된 가격을 갖고 있다. 화폐가 없으면 애당초 다른 자산에 가격을 매기는 것은 불가능하다. 이들 자산이 불확정한 가치를 가지고 있다는 사실은 화폐에 이중적 속성을 부여해 안정적인 숫자와 불안정한 가치를 결합한다. 마지막으로 애초에 대출을 통해 화폐가 창출되므로 나중에 논의한 것처럼 얽힘을 초래한다.

에이전트 j에 의한 자산의 1단위를 가격 s에 사고 파는 것은 다음과 같이 화폐 교환을 반영하는 현금 이전과 함께 생성 및 소멸 연산자에 의해 대표된다.

$$\hat{b}_i^{\dagger j}\left(s\right) = \hat{a}_i^{\dagger j}\left(s\right)\hat{c}^j\left(s\right),$$
$$\hat{b}_i^j\left(s\right) = \hat{a}_i^{\dagger j}\left(s\right)\hat{c}^{\dagger j}\left(s\right)$$

따라서 원리는 공급과 수요의 양자 모델을 사용한 거래의 생성과 같다. 단 차이점은 현금 이전이 명시적으로 모델링된다는 것이다. 이들 연산자들을 사용해 연속적으로 현금과 증권을 각 에이전트에게 이전함으로 진공 상태로부터 임의의 시장 상태를 구축할 수 있다.

시장 파동함수가 어떻게 시간에 따라 진화하는지를 연구하기 위해 다음 같은 식을 작성한다.

$$|M\rangle_t = \hat{U}(t, t_0)|M\rangle_{t_0}$$

여기서 $\hat{U}(t, t_0)$는 유니터리 선형 연산자다. 이 시스템의 동적 행태는 해밀토니안 $\hat{H}(t)$에 의해 주도된다. 이는 다시 다음의 슈뢰딩거 방정식을 만족한다.

$$i\frac{\partial}{\partial t}|M\rangle_t = \hat{H}(t)|M\rangle_t$$

그러면 현금 흐름, 유가증권 거래 등과 같은 것을 위한 (수학은 보통 조화 진동자와 같은 것에 비해 더 복잡하지만) 해밀토니안을 개발하는 것이 가능하다. 샤덴과 다른 연구자들에 의해 보여지듯이, 이것들은 다시 시장의 통계적 특성을 도출하는 데 사용될 수 있다.

이 시스템의 변수는 다시 물리학의 관점에서 해석될 수 있다. 자산의 가격 s(또는 보다 정확하게 그 로그값)는 위치와 같다. 물리학과 마찬가지로 자산 가격과 관련된 불확실성 관계와 가격 변화의 모멘텀이 있다. 화폐 또는 자산의 생성은 (해밀토니안에 의해 측정되는) 시스템의 총 에너지에 에너지를 더한다. 다체many-body 양자 시스템을 연구하기 위해 사용된 것과 동일한 기법을 닫힌 형태 또는 각 에이전트를 명시적으로 모델링함으로써 시장 행태에 대한 예측에 적용할 수 있다.

12.3 현금 흐름

금융에서 해밀토니안의 간단한 예로서, 이자율 r로 누적되는 초기 현금 x_0이 포함된 예금 상품의 경우를 고려하자. 즉, 우리의 접근법은 양자 버전을 얻기 위해 고전적 해밀토니언을 찾고, 양자화하는 것이다. 이 시스템을 위한 고전적 해밀토니안은 다음과 같다.

$$H = rxq$$

여기서 (고전 표기법에서) q는 x의 켤레 변수다.[1] 그러면 우리는 다음을 얻는다.

$$\frac{dx}{dt} = \frac{\partial H}{\partial q} = rx$$
$$\frac{dq}{dt} = -\frac{\partial H}{\partial x} = -rq$$

이를 풀면 다음을 얻는다.

---

1 Bensoussan, Chutani and Sethi, 2009를 참조하라.

$$x = x_0 e^{rt}$$
$$q = q_0 e^{-rt}$$

이는 해밀토니안이 시간에 일정하다는 것을 의미한다. 즉 다음과 같다.

$$H = rxq = rx_0 e^{rt} q_0 e^{-rt} = rx_0 q_0$$

q_0를 변화하는 것은 x에 대한 결과에 영향을 주지 않는다. 따라서 $q_0 = 1$로 설정할 수 있고, 이는 $q = e^{-rt}$가 시점 $t = 0$로 할인된 화폐 한 단위의 가치이다.

차원의 관점에서 화폐의 양 x는 11장의 표 11.1에 따라 길이 L의 차원을 갖는 것으로 해석할 수 있다. 운동량 $q = m\dot{x}$은 단위 MLT^{-1}(질량과 시간당 길이의 곱)을 가진다. 운동량 $s = \dot{q} = m\ddot{x}$에 작용하는 힘은 단위 MLT^{-2}를 갖고, 힘에 의해 수행되는 일은 단위 ML^2T^{-2}를 갖는다. 시스템은 에너지 입력 없이 크기가 폭증(따라서 덜 밀집)할 수 있기 때문에 관성 질량 항은 상수가 아니지만 해 $m = m_0 e^{-2rt}$이므로 지수적으로 감소한다. 여기서 $m_0 = q_0/(rx_0)$이다. 핵 반응로에서와 같이 질량은 다른 형태의 에너지로 변환한다.

시스템을 양자화하기 위해 다시 해밀토니안 H와 고전적 변수 x와 q를 연산자들로 대체한다. 해밀토니안은 반드시 허미션이어야 하기 때문에 이를 다음과 같이 대칭형으로 표현할 필요가 있다.

$$\hat{H} = \frac{r}{2} \left(\hat{x}\hat{q} + \hat{q}\hat{x} \right)$$

양자역학으로부터 표준 기법(여기서는 다루지 않을 것이지만)이 이 다음에 사용돼 현금 보유의 확률분포가 고전적 경우로부터 기대되는 것과 일치하는 것을 보일 수 있다(샤덴이 언급했듯이 양자 접근법은 미래 수익률이 불확실할 때만 스스로 나타난다). 다중 보손multi-bonson 시스템의 해밀토니안 $\hat{H} = \hbar\omega(\hat{N} + \frac{1}{2})$과의 유사성을 이끌어낼 수 있다. ω와 같이 역시간 단위를 가진 이자율 r은 진동수의 역할을 한다(이를 보는 다른 방법은 고정 지급의 진동수로 보는 것이다). 반면 초기 투자는 숫자 연산자 $\hat{N}$(더하기 기저 상태의 $\frac{1}{2}$ 기여도)의 역할을 한다. 시점 $t = t_0$에서 수량 s의 단일 현금 이전의 경우에 해밀토니안은 $\hat{H}(t) = s\delta(t - t_0)\hat{q}(t)$이 되고, 여기서 델타함수 $\delta(t - t_0)$는 $t = t_0$에서 1 그리고 다른 시점에서는 0의 값을 갖는다.

12.4 양자 (반)증권

현금 흐름 모형은 계정을 고정금리 r로 마술처럼 돈을 생산하는 블랙박스로 취급한다. 투입이나 출력이 없어 명목 화폐량이 무한히 늘어도 해밀토니안이 일정하게 유지되는 이유다. 그러한 고립된 시스템들이 현실에는 존재하지 않지만, 양자화폐 창출이라는 아이디어와 결합했을 때, 단순한 모델은 인플레이션이 주택 시장 같은 곳에서 어떻게 발생하는지에 대해 시사하는 바가 크다. 화폐는 민간은행이 대출을 해주거나 주택담보대출을 발행할 때마다 창출된다. 만약 우리가 담보대출이 일정한 율로 지속된다고 가정한다면, 통화 공급은 어떤 율 r로 증가할 것이다(예를 들어 캐나다에서는 최근 수십 년 동안 통화 공급량이 연간 약 6.5%의 율로 증가했기 때문에 $r = 0.065$이다). 만약 이 돈이 주택 가격을 올리는 데 사용된다면, 비록 주택의 실제 가치는 변하지 않더라도, 주택 가격 상승은 통화 공급 증가와 유사하게 나타날 것이다.

현금과 유가증권의 중요한 차이점은 화폐는 거래하는 동안 보존되는 양인 반면, 일단 매수한 유가증권은 각각 상이한 가격인 상태의 중첩으로 진화하며, 진폭은 그 가격에 매도할 확률을 나타낸다. 예를 들어 특정 투자자가 처음에는 특정 회사의 주식을 갖고 있지 않지만, 시점 0에 가격 s_0로 1주를 취득한다고 가정하자. 초기 상태 $|M_0\rangle$는 $|M_0\rangle = \hat{b}^\dagger(s_0)|\hat{M}_0\rangle$로 표현될 수 있으며 여기서 $\hat{b}(s_0)|\hat{M}_0\rangle = 0$이고 $\hat{M}_0$는 투자자가 회사의 주식을 전혀 갖고 있지 않는 상태이다(이는 소멸 연산자가 0을 산출하는 이유다). 시점 T에 상태는 $|M_T\rangle = \hat{U}(t, t_0)|M_0\rangle$로 진화한다. 투자자가 어떤 가격 s에서 한 주식을 매수할 확률은 곱 $\langle\hat{M}_T|\hat{b}(s)|M_T\rangle$으로 계산할 수 있다. 여기서 $\hat{M}_T$는 다시 $\hat{b}(s)$에 의해 소멸되는 상태다.

샤덴은 여러 단순화된 가정과 일부 관련 계산을 통해 가격에 대해 나중에 주식을 매도할 확률이 기대 수익률과 변동성에 따라 달라지는 로그 정규분포를 따른다는 것을 보여준다. 물론 이것은 표준 확률론적 접근법에서 도출될 수 있는 잘 알려진 결과이므로, 이것의 주요 역할은 일관성을 확인하는 것이다. 그러나 표준 확률적 접근법은 단지 한 달 혹은 그 이상의 중간 시간 스케일에 대해서만 성립하며, 더군다나 시장이 균형에 가깝게 있다고 가정한다. 양자 접근법은 표준 접근법이 더 짧은 시간 스케일 또는 드물게 거래되는 자산에 대해 어떻게 작동하지 않는지 설명하는 데 도움이 된다.

12.5 돈의 색깔

위에서 본 바와 같이, 양자 접근법은 화폐와 에너지 간의 관계를 제시한다. 아이디어는 화폐가 에너지의 척도로 환원되는 것이 아니라, 에너지가 양자 물리학에서 하는 것과 동일한 역할을 양자경제학에서 한다는 차원에서의 관계이다. 물리학에서 광자의 에너지는 플랑크-아인슈타인 방정식 $E = \hbar\nu$에 의해 주어지는데 여기서 $\hbar$은 작용 단위의 상수이고, ν는 역시간 단위의 진동수다. 이 방정식의 금융 버전은 부채 기반 화폐 객체를 분석함으로써 발견할 수 있다.[2]

조세 의무를 나타내는 중세의 기록 나무 막대^{tally}를 다시 생각해보라. 따라서 채무자가 보유하고 있는 스텁^{stub}은 갚아야 할 비자발적인 대출이었고, 채권자가 보유한 주식은 그 자체로 가치가 있어 화폐로 작용했다. 주식은 금리를 포함하지 않았지만 유효 이자율에 해당하는 할인 매매로 자주 이뤄졌다.

만약 국가가 권력을 갖고 있지 않다면, 채무자는 빚을 갚을 필요나 욕구가 없기 때문에 기록은 가치가 없을 것이다. 따라서 기록의 가치는 채무자 측에서 우선권을 행사할 수 있는 국가의 힘을 반영했다. 그다음 x_0의 액면 값과 p의 채무불이행율을 가진 기록을 고려한다. 엔트로피 힘 논의에 따르면 (항자력^{coercion}이 없는 경우인) 1에 가까운 채무불이행 확률에서 (항자력이 높은 경우인) 작은 채무불이행 확률 p로 변하는 에너지 갭은 $E = \hbar\nu/2$이며, 여기서

$$\nu = \omega \log\left(\frac{1}{p}\right)$$

는 증강된 진동수$^{boosted\ frequency}$ 파라미터이다. 부채가 더 작은 부분으로 나눠질 수 있고 각 부분에 관련된 에너지가 그 크기에 의존하므로 이 진동수가 기록의 크기 x_0에 따라 커진다고 가정하는 것은 합리적이다. 미국 속담에 따르면, "누군가의 돈 색깔"은 "누군가가 당신에게 돈을 지불할 것이라는 증거"를 의미한다. 색은 진동수에 해당하기 때문에 양자경제학적 해석은 이 표현을 좀 더 정확하게 만든다.

---

2   Orrrell, 2021b

통계물리학에서 진동수는 볼츠만 시간 $\tau_B = \hbar/(k_B T)$의 역수와 관련이 있으며, 볼츠만 시간은 11장에서 언급한 바와 같이 임의의 비정상성 상태가 열 균형에 도달하기 위해 필요한 이론적 순서의 시간이다.[3] 따라서 경제학 버전으로 진동수는 변화에 대한 선형화된 저항 (즉, 정신적 섭동에 대한 감쇠 시간의 역수)를 표현하는 것으로 생각할 수 있다. 예를 들어 만약 사람이 변화에 저항한다면, 새로운 정보에 의해 야기된 정신적 섭동은 현재 상태의 유지status quo가 확인되면서 빠르게 소멸할 것이다(예를 들어 정보를 잊어버릴 것이다). 그런 경우 실제 변화를 야기하기 위해서 커다란 에너지가 필요하다. 예를 들어 주식 시장에 대한 진동수는 수익률의 평균회귀속도를 표현하는 데 사용될 수 있다.

12.6 논의

만약 화폐 시스템이 양자라면, 자산 가격이나 화폐의 가치 등을 양자 관점에서 표현할 수 있다는 것은 확실히 바람직하다. 예를 들어 응용수학자들이 시스템을 분석할 때 출발점은 단위가 문제에 제약을 가하기 때문에 단위에 대해서 생각하는 것이다. 경제학자들을 포함한 사회과학자들은 종종 다른 접근법을 취하는 경향이 있다.

이른바 콥–더글라스Cobb-Douglas 생산함수를 사용하는 신고전파 성장 모델[4]을 예로 들어보자.

$$Y = AL^\alpha K^{1-\alpha}$$

여기서 Y는 생산량을 나타내고, K는 자본(예: 공장)의 기여도를 나타내며, L은 노동력의 기여도를 나타내며, A는 "기술 변화"를 나타내는 시간 가변 숫자다. 후자는 솔로우에 의해 "생산 함수의 모든 종류의 변화"로 정의됐다. 따라서 경기 둔화, 경기 속도 향상, 노동력 교육 향상, 그리고 모든 종류의 것들이 '기술 변화'로 나타날 것이다. 숫자 α는 데이터에 적합화될 수 있는 파라미터다. 말할 필요도 없이 이 방정식을 차원적으로 의미 있게 하는 노동, 자본 또는 기술적 변화를 위한 합리적인 단위의 사양은 없다. 저자들은 각 변수를 기준 연도에 상대적인 차원 없는 변화로 만들면서 이 문

---

3 Goldstein, Hara와 Tasaki, 2015
4 Solow, 1957, 이 모델로 그는 노벨상을 받았다.

제를 극복했지만, 폴 로머Paul Romer의 연구와 같은 후속 버전들은 정부 부양책과 같은 것들의 효과에 맞추기 위해 다양한 양립 불가능한 단위들로 여러 다른 파라미터들을 도입했다.[5]

이와는 대조적으로 여기에 요약된 양자 접근법은 일관성 있는 단위의 관점에서 표현되고 양자 시스템을 산출하도록 양자화된 방정식들로부터 시작하며, 단순한 모델의 중요성을 강조한다. 그러나 이 책이 응용수학에 관한 책인 만큼, 연산자 접근법이 경제의 수학 모델에 또 어떤 것을 공헌하는지를 생각하는 것은 가치 있다. 이 책에서 강조된 다른 연구와 달리, 나는 연산자 접근법이 대체로 이론적 관심에 비롯된 것이라고 본다(내가 틀렸다고 판명돼도 기쁘겠지만).

양자 안개 경고

연산자 접근법은 양자 모델을 다른 영역에 적용할 때 어떻게 오용될 수 있는지를 보여주는 예다.

우리가 봤듯이, 금융 자산과 거래를 기술하기 위해 생성, 소멸, 이동 연산자를 사용함으로써 시장의 양자 표현을 구축할 수 있다. 그러나 같은 방법이 어떤 것을 생성하거나 소멸시키기 위해 채택될 수 있다. 예를 들어 투자 신념의 형성과 같은 것을 나타내는 데 널리 사용해왔기 때문에 중립에서 긍정적 감성으로의 변화는 생성 연산자를 이용해 모델링한다. 그것은 심지어 포식자-피식자 시스템에서의 인구 변화나 암 생물학에서의 세포 생성과 같은 것들을 모델링하는 데 사용됐다.

종양 치료가 그 자신 버전의 순서 효과(반종양 약이 어떤 순서로 처방되는 것이 중요하다.), 임계 효과(효과를 내기 위해 어떤 최소 수준의 약이 필요하다) 그리고 간섭(약의 조합이 시너지를 낼 수도, 해로울 수도 있다)이 있다는 것은 사실이다. 그러나 그것은 인지 또는 화폐의 버전은 가지고 있지 않다. 즉 에이전트 기반과 미분방정식 기반 접근법을 모두 사용해 종양을 성장시키고 약으로 치료하는 모델을 구축했기 때문에 나는 양자 형식주의로의 전환이 도움이 되지 않을 것이라고 거의 확신한다.[6] 만약 여러분이 종양

---

5   로머는 그의 버전으로 노벨상을 받았으며, 노벨상 수여는 그의 연구의 질을 신뢰 있게 입증한다.

6   Orrell and Mistry, 2019

의 성장을 시뮬레이션하는 코드를 쓰고 있고 새로운 세포가 만들어졌다고 말하고 싶다면, 여러분은 생성 연산자를 도입할 필요가 없다. 단지 다른 세포만 추가하면 된다.

그렇다면 연산자 접근법이 다른 분야에서 정당화되기 어렵다면, 왜 우리는 그것을 금융에서 사용해야 하는가? 내가 1장에서 주장했듯이 양자 접근법을 채택하는 이유는 (그 목적이 가치라는 모호한 개념에 숫자를 붙이는 것인) 화폐 시스템이 양자 시스템으로 가장 잘 파악할 수 있기 때문이다. 여기서 가치는 파동함수로 묘사되고, 가격은 측정으로 묘사된다. 따라서 시스템의 많은 특성들은 명시적인 양자 접근법을 사용해 가장 잘 모델링된다. 물론 그 외의 다른 특성들은 고전적인 방법을 사용해 완벽하게 처리될 수 있다.

양자 금융은 자산 가격의 불확정적 성격에 집중하는 경향이 있었고, 간섭과 얽힘과 같은 주제에 대해서는 언급이 적었다. 예를 들어 샤덴의 논문은 얽힘에 대해서는 언급하지 않고, 간섭에 대해서 다음과 같이 주목한다. "물리학에서는 이러한 미묘한 효과는 비교적 단순하고 통제된 상황에서 가장 잘 관찰된다. 금융의 간섭 현상에 대한 설득력 있는 증거는 여전히 부족하지만 이는 많은 금융 환경의 복잡성과 그러한 효과를 밝혀낼 수 있는 통제된 실험의 부재 때문일 것이다." 2022년 논문 「What Is Really Quantum in Quantum Econophysic(양자경제 물리학에서 양자란 정말 무엇인가?)」라는 "트레이더와 투자자를 중첩이나 장거리 얽힘과 같은 비고전적 특성을 나타내는 양자 객체로 이상화할 수 없다"고 단언한다.[7]

그러나 경제에 대한 간섭과 얽힘에 대해 이야기할 때, 그것은 물리적 것(트레이더가 서로 옆에 앉았을 때 상쇄되지 않는 것은 사실)에서 돈, 가치, 계약, 결정과 같은 정신적 구조로 분석 수준을 높이는 데 도움이 된다. 그러나 3장과 4장에서 보듯이 양자 인지 연구자들을 간섭 현상이 의사결정 과정에 강력한 영향을 미치며, 양자 방법을 사용해 모델링될 수 있다는 것을 보여줬다. 양자 금융과 양자 인지는 흔히 별개의 주제로 취급되는데, 전자는 파동함수를 사용해 가격을 모델링하고 후자는 이들을 사고 과정을 모델링하는 데 사용하지만, 11장에서 보듯이 이는 엔트로피 힘과 화폐 거래 간의 상호작용을 통해 가격이 나타나기 때문에 직접적으로 연결돼 있다. 그리고 13장에서 보

7　Arioli and Valente, 2021

듯이, 금융 시스템의 확대 효과를 고려할 때, 간섭이나 얽힘과 같은 현상은 실제로 경제에 있어서 큰 역할을 하는 것으로 보인다.

12.7 요약

12장을 요약하면 시장은 거래 시에만 자산의 가격이 정확하게 알려지는 힐버트 공간으로 표현될 수 있다. 소유권과 맥락이 중요하기 때문에 한 사람이 한 가격에 구입한 자산은 다른 사람이 다른 가격에 구입한 동일한 자산과 구별된다. 양자 인지에서와 같이 자산의 가격을 측정하는 행위(이 경우 매수 또는 매도)는 가격에 영향을 미친다.

적절한 해밀토니안 방정식을 구축함으로써 시장 진화의 동학을 연구할 수 있다. 물리학에서와 같이 시스템의 복잡성은 매크로 수준의 행동이 종종 어떤 더 낮은 수준으로 축소될 수 없는 새로운 특성에 의해 설명될 수 있다는 것을 의미한다. 다시 말하지만, 이는 자산이 맥락과 무관하게 특정한 내재적 가치를 가지고 있다고 가정하는 고전적 접근법과는 다르다. 즉, 화폐는 척도로서의 역할을 제외하고는 중요한 역할을 하지 않는다. 그리고 계산은 개별 효용 최적화의 미시적 기초에 기반을 둘 수 있다. 우리는 14장의 이 주제로 돌아간다. 13장에서는 사회적, 금융적 얽힘의 효과를 알아본다.

양자 우월성

양자 접근법은 자산 가격, 금융 거래, 돈의 창출과 같은 것들을 표현하기 위한 일관성 있는 형식주의를 제공하는데, 이것은 우리가 어떻게 경제에 대해 모델화하고 생각하는지 둘 다에 대해 영향을 준다.

12.8 추가 참고문헌

샤덴의 원 논문은 다음과 같다.

- Schaden M (2002) Quantum finance. Physica A 316(1): 511-538.

13 얽힘

금융과 경제의 양자 패러다임이 서서히 나타나고 있으며, 그것의 비선형적이고 복잡한 특성이 미래의 세계 경제와 금융 구조의 설계에 도움이 될 것이다. 금융 자산과 가상부채는 아직 완전히 이해되지 않은 서로 얽힘 상태에 있는 양자적 특성이 있다.

－ 앤드루 성(Andrew Sheng), 브레튼 우즈 위원회(Bretton Woods Committee), 2019년

원자, 광자 또는 다른 진정한 양자 물체가 아닌 다른 시스템에서 얽힘이라고 하는 것은 단지 상관관계일 뿐이다… 즉 주사위, 달러, 은행 계좌 같은 시스템을 사용해 벨 부등식(Bell inequality)을 결코 위반할 수 없다. 그야말로 방법이 없고, 확실히 어떤 실험도 그렇게 한 적이 없다(아마도 한두 명의 "이상한 사람"이 달리 주장하지만, 믿을 수 없는 사람들일 것이다).

－ 양자경제에 관한 에세이에 대한 어떤 물리학자의 논평, 2018년

이전 장들에서 보듯이 확률에 대한 고전적 접근법과 양자 접근법은 매우 다르다. 전자는 집합과 관련된 반면, 후자는 교환성을 가질 필요가 없는 투영 연산자에 의해 정의된 부분 공간과 관련된다. 고전적 확률은 가산적이지만 양자 확률은 진폭에 제곱을 취함으로써 계산되며, 간섭과 얽힘 등의 효과를 포함한다.

이미 언급한 바와 같이, 아원자 입자들이 우주의 반대쪽 끝에 있더라도 계속 연결될 수 있는 마법적인 방법을 설명하기 위해 그것을 사용하는 물리학자들에게 '얽힘'은 일종의 트리거 단어다. 사실 나는 그 단어가 물리학자들에 의해 실제로 발명됐다고 확신하는 물리학자들과 이야기를 나눴다(그 하나로서 존 메이너드 케인즈는 슈뢰딩거가

1935년 논문에서 물리학 버전을 소개하기 전인 1933년에 '경제적 얽힘'에 대해 이야기했다). 그러나 5장에서 보듯이 수학적으로 시스템의 수학적 묘사가 두 부분으로 분해될 수 없다면 양자 시스템의 두 부분은 얽힘 상태가 된다. 만약 당신이 정신적으로 중심을 잡고 싶다면, 경제 거래를 시뮬레이션하기 위해 사용되는 양자 컴퓨터의 얽힘 상태의 큐비트를 생각해보라.

13장은 얽힘이 세 가지 다른 수준에서 경제 행동에 어떻게 영향을 미치는지 보여준다. 첫 번째 형태의 얽힘은 의사결정 과정에서 사람의 생각과 감정이 간섭하는 일종의 자기 얽힘으로 볼 수 있다. 두 번째 형태는 8장의 게임 이론의 맥락에서 이미 다룬 것으로, 사회와의 얽힘이다. 여기서는 언론이나 이웃 간의 토론이 개인의 결정에 영향을 미친다. 마지막으로, 세 번째 형태의 얽힘은 화폐와 신용의 사용을 통한 직접적인 금융 얽힘이며, 이는 피드백을 통해 금융 시스템 전체에 영향을 미친다.

이러한 모든 유형의 얽힘은 이성적 행동과 독립적 행위자를 가정하는 고전적 모델로는 설명할 수 없지만, 양자 접근법에는 잘 맞는다. 개인적 또는 사회적 수준에서 사상과 규범과의 얽힘은 양자 의사결정 이론과 양자 인지의 주요 요소다. 그러나 양자 얽힘의 경제적으로 가장 중요한 형태는 금융 시스템으로 인한 얽힘이며, 이는 설계에 의해 얽힘을 창출한다. 실제로, 금융 시스템은 양자 사회 효과를 개인으로부터 사회적 수준으로 전달하기 위한 일종의 벡터로 볼 수 있다.

우리는 대출에 대한 채무불이행 의사결정의 패러다임 예를 이용해 그 주장을 설명한다. 이 이론이 금융위기 당시 전략적 디폴트(채무불이행)를 택한 미국 주택 보유자의 수에 대해 '사후 예측postdiction'을 하는 데 쓰인다. 우리는 선호 반전preference reversal으로 알려진 인지 현상에 대한 논의로 시작한다.

13.1 선호 반전

심리학자 사라 리히텐슈타인Sarah Lichtenstein과 폴 슬로빅Paul Slovic은 1971년 「도박 결정에서 베팅과 선택 사이의 선호의 역전」이라는 논문에서 실험 대상자들에게 다음과 유사한 두 번의 베팅을 제안하는 실험을 실시했다.[1] 36개 섹팅의 룰렛 휠이 회전한다.

---

1 이 버전은 카네만 2011의 355페이지를 기반으로 한다.

옵션은 다음과 같다.

- A: 36개 부문 중 11개 부문은 160파운드의 상금을 얻고, 36개 부문 중 25개 부문은 15파운드를 잃는다.
- B: 36개 부문 중 35개 부문은 40파운드의 상금을 얻고, 36개 부문 중 1개 부문은 10파운드를 잃는다.

A의 예상 상금은 $\frac{11}{36}160 - \frac{25}{36}15 = 38.47$이고, B의 승리는 $\frac{35}{36}40 - \frac{1}{36}10 = 38.61$로 거의 동일하다. 대부분의 사람들은 B가 덜 위험하기 때문에 선호했다. 그러나 그 후 사람들은 이 베팅을 위한 티켓을 다른 사람에게 얼마나 팔 것인지에 대한 질문을 받았다. 이번에는 더 큰 상금의 가능성에 초점을 맞췄기 때문에 더 좋은 (그래서 너무 비싼) 베팅이므로 A를 꼽았다. 그러나 고전 이론의 관점에서 이는 혼란스럽다. 문제 자체에 대한 어떤 것도 변하지 않았기 때문이다.

이러한 선호 반전은 사실 경제학자들의 많은 관심을 끈 실험 심리학에서 나온 첫 번째 결과 중 하나였다. 1979년 논문에서 두 경제학자 데이비드 그레더$^{David\ Grether}$와 찰스 플롯$^{Charles\ Plott}$은 심리학적 해석은 "선택이 이루어지는 맥락에 따라 개인의 선택이 좌우되도록 허용한다"고 답했는데, 이는 물론 기대 효용 이론과 일치하지 않는다.[2] 실제로, 이 해석은 "어떤 종류의 최적화 원칙도 가장 단순한 인간 선택 뒤에 있지 않으며, 시장 행동 배후에 있는 인간 선택 행동의 통일성은 일반적으로 받아들여지는 원칙과 완전히 다른 종류의 원칙에서 비롯될 수 있다"고 시사한다. 그러나 그들은 또한 고전 이론이 "예외에 제약된다"고 해서 그것을 버려야 한다는 것을 의미하는 것은 아니며, 이는 특히 "현재 이용할 수 있는 어떤 대안 이론도 동일한 극적으로 광범위한 현상을 다룰 수 있는 것으로 보이지 않기 때문"이라고 지적했다. 실제로 나중에 카네만이 지적했듯이, 이 논문은 "경제학자들의 신념에 거의 직접적인 영향을 미치지 않았다."[3]

물론 우리는 이미 문제의 맥락 또는 프레임이 우리가 보는 방식을 바꾸는 많은 예들을 보았다. 그리고 트버스키와 카네만은 1990년 논문에서 맥락의 변화가 피실험자

2   Grether and Plott, 1979
3   Kahneman 2011, p. 356

들의 사고방식을 바꾸도록 할 수 있다고 말함으로써 전망 이론$^{Prospect Theory}$으로 선호 반전을 설명할 수 있다고 주장했다.[4] 자신들을 위한 베팅을 선택할 때 위험 회피 등 주관적인 효과에 영향을 받고, 더 안전하기 때문에 A 게임으로 가는 것을 선호한다. 게임의 가격을 정할 때는 그들은 객관적으로 입장을 바꿔 계산하기 때문에, B 게임을 선택한다. 그러나 선호 반전은 이런 식으로 설명할 수 있지만, 문제의 성격보다는 맥락에만 의존하는 방식으로 한 사고방식에서 다른 사고방식으로의 완전한 전환을 포함해야 한다.

고전적인 모델에서 도박과 같은 실험은 사람의 진정한 선호를 드러내는 방법이다. 그러나 이름에서 제시된 바와 같이, 선호 반전은 선호 자체가 일정하지 않다는 것을 암시한다. 대신에 그들은 어떤 의미에서 트버스키와 세일러가 "건설적이고 맥락에 의존하는 과정"의 부분으로 질문에 대한 응답으로 구성된다. 그리고 이런 식으로 보면, 질문은 단순히 선호를 이끌어내기 위한 수동적인 방법이 아니라, 실제로 선호를 끌어내는 데 영향을 미친다. 다시 한 번, 측정은 측정되는 것을 변화시킨다.

예를 들어 B와 $\overline{B}$로 표시된 두 가지 대안적 전망에 직면한 사람의 정신 상태를 생각해보자. 이들 전망에 대한 개인의 태도는 우리가 A와 $\overline{A}$라고 부르는 주관적인 요인에 의해 형성될 것이다. 고전적 효용 이론에 따르면, 그 사람은 더 큰 효용성을 가지고 있다면 전망^{prospect} π_1을 선택할 것으로 예상되므로 $f(\pi_1) - f(\pi_2) > 0$이다. 그러나 양자 인지(4장)에서는 간섭항을 고려해야 한다. 양자 의사결정 이론의 표기법을 채택하면, 관련된 테스트는 $f(\pi_1) + q(\pi_1) - f(\pi_2) - q(\pi_2) > 0$이 되거나 동등하게 $f(\pi_1) - f(\pi_2) > 2|q(\pi_1)|$가 된다. 여기서 q는 상호작용 함수$^{attraction function}$이다. 즉, 상호작용 함수는 옵션이 선호되는 것으로 간주되기 위해 초과해야 하는 임곗값을 설정한다. 1/4 법칙에 따라, 최초 추측은 옵션의 효용(0~1의 스케일)이 다른 옵션의 효용을 0.5 이상 초과해야 한다는 것이다. 유칼로프와 솔네트는 이것을 아래에서 논의된 이유로 선호 반전 기준$^{preference reversal criterion}$이라고 부른다.[5]

다르게 표현하면, 더 매력적인 옵션이 관련 비용 x_1을 가지고, 덜 매력적인 옵션은 비용 x_2를 가진다고 가정하자. 그러면 4장에서와 같이 상대 효용함수를 할당할 수 있다.

4   Tversky and Thaler, 1990. 또한 Tversky, Slovic and Kahneman, 1990도 참조하라.

5   Yukalov and Sornette, 2015

$$f\left(\pi_1\right) = \frac{x_2}{x_1 + x_2}$$
$$f\left(\pi_2\right) = \frac{x_1}{x_1 + x_2}$$

이는 합이 1이다.[6] 그러면 선호 반전 조건은 다음과 같이 된다.

$$f\left(\pi_2\right) - f\left(\pi_1\right) = \frac{x_2 - x_1}{x_1 + x_2} > \frac{1}{2}$$

위의 식에서 등호는 $x_2 = 3x_1$일 때 얻어진다. 그리고 일반적으로 조건이 성립하면 $x_2/x_1 > 3$임을 예상할 수 있다. 다시 이는 단지 1차 근사로 간주돼야만 하지만, 주관적 효과가 의사결정에 중요한 역할을 한다는 것을 강조한다.

유칼로프와 솔네트(2015)는 이러한 복권 사례에 대한 실험 데이터셋을 분석해 두 선택 사이의 전환점이 선호 반전 기준을 따른다는 것을 보여줬다. 이들은 또한 우리가 미래에 대해 이야기할 때는 한 가지를, 현재에 대해 이야기할 때는 다른 하나를 선호하는 소위 계획 역설planning paradox과도 관련된다. 그 예로서 지금 금연할지, 아니면 나중에 금연할지 결정하는 흡연자의 상황을 들 수 있다. 기대 효용 측면에서는 같아야 하지만 실제로는 후자가 훨씬 더 매력적이기 때문에 사람들은 그만두는 것을 어려워한다.

13.2 모기지 채무불이행

좀 더 경제적으로 관련 있는 응용은 모기지(주택담보대출) 보유자의 채무불이행 사례다.[7] 보통 이것은 실업이나 이혼과 같은 요인들로 주택 소유자가 더 이상 담보대출금을 지불할 수가 없다는 것을 의미하기 때문에 발생한다. 그러나 주택 가격이 하락해 주택의 가치가 저당권보다 낮을 경우, 주택 소유자가 전략적 채무불이행으로 알려진 자발적 포기를 결정할 수 있다.

귀소 등(Guiso et al., 2009)은 전략적 채무불이행에 대한 주택 소유자의 태도를 결정하기 위해 2008년 12월부터 2010년 9월까지 미국 가구의 대표 표본에 대한 분기

---

6 Yukalov and Sornette, 2015; 2018
7 Orrell, 2019; Orrell, 2020a

별 조사 데이터를 사용했다. 그 결과 응답자의 약 30%가 부족액이 10만 달러 이상이면 채무불이행하겠다고 답했고, 64%는 20만 달러를 넘으면 채무불이행하겠다고 응답했다. 그러나 압류에 대한 실제 통계는 매우 다른 그림을 그리고 있다. 2009년 중반까지 미국 주택 소유자의 16% 이상이 마이너스 자본이 주택 가치의 20%를 넘었고, 22% 이상의 주택 소유자들은 마이너스 자본이 주택 가치의 10%를 초과했다.[8] 가장 영향을 많이 받는 시장에서 주택의 높은 가치를 고려할 때, 이 주택 소유자들 중 많은 수가 10만 달러가 훨씬 넘게 마이너스였다. 이들 중 30%가 전략적 채무불이행을 선택했다면, 조사 결과에 따라 미국 주택 소유자의 약 5%를 차지했을 것이다. 그러나 2009년 3분기까지 주택 압류와 30일 이상 연체율을 합친 것이 14%라는 역사적인 최고치에 도달한 반면, 이 중 극히 일부만이 전략적이었다. 브래들리 등(Bradley et al., 2015)은 전체 전략적 채무불이행 비율이 7.7~14.6% 범위에 있을 것으로 추정해 전체 전략적 채무불이행 비율이 1~2%에 불과할 것으로 예상했다. 미국 연방준비제도이사회의 한 추정에 따르면 "중위 차입자는 집 가치의 −62%로 지분 가치가 하락할 때까지 전략적으로 채무불이행을 하지 않는다"고 한다.[9]

표면상으로는 이러한 행동은 비합리적인 것으로 보인다. 왜냐하면 다양한 압류 비용에도 불구하고 편협한 실리주의적 관점에서 최선의 선택은 종종 채무불이행이 될 수 있기 때문이다. 화이트(White, 2010)가 관측한 바와 같이 "미국 주택 소유자들은 전략적으로 모기지의 채무불이행을 통해 수십만 달러를 절약할 수 있다. 주택 소유자들은 떼를 지어 떠나야 한다. 하지만 그들은 떠나지 않고 있다." 행동 경제학자들은 일반적으로 주택 소유자들이 좋지 않은 경제적 의사결정을 하게 만드는 인지적 편향으로 고통받고 있다는 아이디어와 현재 편향current bias이나 할인율 등을 감안함으로써 데이터에 적합화하는 행동 모델에 호소함으로써 그러한 효과를 설명한다. 그러나 이는 주택 소유자들이 채무불이행하는 것이 타당한 경우에도, 그리고 설문조사에서 채무불이행을 하겠다고 말하는 경우에도, 실제로는 채무불이행을 거절한다는 사실을 증명하지 못한다. 대신에 집을 계속 보유하고 거주하는 주된 동기는 수치심과 사회적 오명을 피하고 싶은 욕망과 채무불이행의 인식된 (그리고 종종 과장된) 결과에 대한 두

8   White, 2010
9   Bhutta, Dokko and Shan, 2010

려움인 것 같다.[10]

즉, 그 반응은 인지적 고려가 아니라 강력한 감정 혼합에 의해 추진된다는 것이다. 그리고 이러한 죄책감과 두려움의 조합이 설문 조사에 대한 답변과는 달리 실제로 거주 또는 이사를 결정할 때 훨씬 더 예리하게 느껴진다는 사실은 관찰된 채무불이행률이 설문 조사 결과나 효용 극대화에 기초한 계산에서 예상할 수 있는 것보다 훨씬 낮은 까닭이다.

13.3 부채 양자

따라서 실제 선택을 하는 것인지, 가상의 가격을 제시하는 것인지에 따라 옵션을 다르게 평가한다는 점에서 위에서 설명한 선호 반전 사례와 상황은 비슷하다. 비록 그들이 그것이 재무적으로 최적이 아니라는 것을 알더라도, 주택 소유자는 그들 자신의 집에 머무는 인지된 안전성을 선호하는 경향이 있다. 그들은 또한 그들의 도덕성, 그리고 당신의 빚을 갚는 것의 중요성에 대한 사회적 규범에 영향을 받는다(물론 은행은 시장 규범에 따라 운영되기 때문에 매우 다른 입장을 취한다). 그 결과 담배를 끊고 싶다고 말하는 대부분의 흡연자들이 그렇게 하지 못하듯이, 설문조사를 하는 대부분의 주택 소유자들은 실제로 그렇게 하지 않는다.

행동 모델을 조정하는 대신 상호작용 함수가 수치심, 죄책감, 두려움 등 맥락에 의존하는 주관적 요소를 설명하는 양자 결정 이론의 방법을 적용하는 것이 조금 더 간단하고 우아한 설명이다. 이는 또한 특정 데이터셋에 맞게 조정된 특수 모델과는 달리 광범위한 현상에 적용할 수 있는 일관된 모델이라는 이점이 있다.

일정 기간 동안 집에 머무르는 비용이 x_1이고 같은 기간 임대료를 포함한 채무불이행 비용이 x_2라고 가정해보자. 선호 반전 기준에 따르면 전략적 채무불이행을 선택하기 위해서는 비용 비율이 x_2/x_1이 3 정도 될 것으로 예상한다. 연방준비제도이사회는 전략적 채무불이행을 개시할 임곗값에 대한 추정치가 62% 하락이라고 밝혔다. 이는 구매 가격에 비해 효용성이 2.63배 떨어지는 것으로 양자 추정치와 일치한다.

---

10 White, 2010

양자 의사결정 이론, 특히 객관적인 계산과 주관적인 감정 사이의 간섭은 그들의 행동이 고전적인 효용 이론과 조사의 결과에 위배되는 것처럼 보여도, 비슷한 상황에 있는 소수의 사람들이 실제로 채무불이행을 선택한 이유를 설명하는 데 도움이 된다. 결정적 시기가 오면, 죄책감과 두려움과 같은 얽힌 감정이 효용성에 대한 추상적인 고려를 방해하고 더 중요해진다. 4장에서 논의한 결과로서 소유 효과, 선호 반전, 최후 통첩 게임 등 다양한 현상으로도 볼 수 있는 결과는 변화의 동기가 일정한 임곗값을 넘었을 때 비로소 긍정적인 결정이 내려졌다는 것이었다.[11] 광전 효과와 마찬가지로 원자로부터 전자를 분리하기 위해 광자로부터 에너지 양자를 필요로 하기 때문에 주택 소유자를 나가게 하려면 부채의 양자가 필요하다. 아마도 주요 메시지는 전략적 채무불이행이라는 복잡한 문제에 있어서 효용 극대화 행동과 관찰된 행동 사이의 불일치가 너무 커서, 주류 경제학에서 효용의 표준 계산은 그들이 하는 기본적인 역할에도 불구하고 거의 관련이 없다는 것이다.

13.4 사회적 얽힘

위의 분석은 주관적이고 객관적인 태도가 의사결정자의 마음속에 얽혀 있으므로 맥락에 의존하는 방식으로 스스로 해결한다는 생각에 근거한다. 그러나 얽힘은 사회적 수준에서 예를 들어 사회 구성원들 간의 정보 교환의 결과로 작용한다(물리학에도 엔트로피가 얽힘의 척도로 종종 이용되는 유사한 상황이 있다).

이러한 효과를 수용하기 위해 유칼로프와 솔네트[12]는 의사결정 공간을 다음 텐서곱으로 확장한다.

$$\mathcal{H} = \mathcal{H}_I \otimes \mathcal{H}_S$$

여기서 $\mathcal{H}_I = \mathrm{Span}\{A_i B_j\}$는 개인의 의사결정 공간이고, $\mathcal{H}_S$는 나머지 사회구성원들의 의사결정 공간을 나타내며, 이는 개별 공간과 다른 사회 구성원들 간의 텐서곱으로 표현될 수 있다. 사회의 상태는 통계적 밀도 연산자 ρ_{IS}에 의해 표현된다. 이는 규격화돼 다음과 같이 된다.

---

11 Orrell, 2021b
12 Yukalov and Sornette, 2015a

$$\mathrm{Tr}_{\mathrm{IS}}\rho_{IS}\left(\delta\right) = 1$$

전망 확률은 평균량에 의해 주어진다.

$$p\left(\pi_j, \delta\right) = \mathrm{Tr}_{\mathrm{AB}}\rho_{AB}\left(\delta\right) P\left(\pi_j\right)$$

이는 다음과 같이 표현할 수 있다.

$$p\left(\pi_j, \delta\right) = \mathrm{Tr}_{\mathrm{A}}\rho_{A}\left(\delta\right) P\left(\pi_j\right)$$

여기서 연산자 $\rho_A(\mu) = \mathrm{Tr}_B\rho_{AB}(\mu)$는 공간 $\mathcal{H}_A$에 작용하고, 의사결정자의 특성을 결정한다.

슈뢰딩거 방정식을 이용해 정보 수준 δ의 함수로써 전망 확률이 동적으로 어떻게 진화하는가를 검토함으로써, 유칼로프와 솔네트는 공식적으로 개인과 사회 사이의 상호작용의 순효과는 개인의 상호작용 함수를 약화시키는 것임을 보여준다. 따라서 다음과 같다.

$$\log_{\delta \to \infty} p\left(\pi_j, \delta\right) = f\left(\pi_j\right)$$

즉, 정보가 증가함에 따라 확률은 고전적인 효용 요인으로 수렴된다. 크렌니코바와 헤이브(Khrennikova and Haven, 2016)은 대중 매체가 창출하는 정보 "홍수"에 의해 유권자 선호도가 어떻게 형성되는지를 모델링하기 위해 유사한 접근법을 사용했다.

실제로 실험적 증거는 참여자들이 다른 사람들의 자문을 받아 정보를 교환할 때 인지 편향이 감소하는 경향이 있다는 것을 보여준다.[13] 모기지 채무불이행의 경우 정보 흐름에 따라 전략적 채무불이행 비율이 증가할 것으로 예상한다. 이는 전략적 채무불이행을 한 사람을 아는 사람이 채무불이행 의사를 선언할 가능성이 82% 더 높다는 데이터를 통해 다시 확인됐다. 귀소 등은 "이 효과는 유사한 태도를 가진 사람들의 군집에 기인하는 것 같지 않으며 오히려 채무불이행의 실제 비용에 대한 학습에 기인하는 것 같다"고 기술하고 있다. 우리는 미디어에 대한 노출로부터 유사한 학습 효과 즉, 미디어가 주제를 더 광범위하게 다루기 시작할 때 감소되는 효과를 발견한다.[14]

---

13 Charness et al., 2010
14 Guiso et al., 2013: 1514

13.5 금융적 얽힘

얽힘에 대한 양자 사회과학의 대부분의 관심은 그것의 심리적, 사회적 형태에 집중해 왔지만, 금융 시스템에는 실제로 화폐와 신용의 사용을 통해 발생하는 훨씬 더 직접적 형태의 얽힘이 있다.[15] 대부분의 사회적 얽힘과 달리, 금융적 얽힘은 분명히 계약에 인코딩돼 있다. 그리고 인지적, 사회적 얽힘의 영향을 글로벌 금융 시스템에 영향을 미칠 수 있는 수준까지 확대하는 것이 바로 이 얽힘이다.

먼저 논의의 동기를 부여하기 위해 A와 B로 표기된 한 쌍의 얽힌 전자에 대한 물리적 예를 고려해보라. A와 B는 각각 특정 축을 따라 측정했을 때 스핀 $\frac{1}{2}$을 가지는데, 단 반대 방향을 가진다. 이들의 파동함수의 스핀 부분은 다음과 같은 두 가지 상태의 중첩으로 표현할 수 있다.

$$|S\rangle = \frac{1}{\sqrt{2}} |A\uparrow\rangle |B\downarrow\rangle + \frac{1}{\sqrt{2}} |A\downarrow\rangle |B\uparrow\rangle$$

여기서 화살은 각 전자의 스핀의 방향을 가리킨다.

파동함수는 어느 전자에 대한 스핀의 방향에 대해서는 아무것도 알려주지 않고, 다만 그것들이 정반대여서 전체 스핀은 0이라는 것만을 알려준다. 이제 우리가 전자 A의 스핀을 측정한다고 가정하자. 우리는 양이거나 음인 결과를 얻을 수 있는 가능성이 같을 것을 기대할 것이다. 양의 결과를 가지면, 그 시스템은 양의 고윳값을 가진 고유 상태로 붕괴되었을 것이 틀림없고, 따라서 다음의 형태를 갖는다.

$$|S\rangle = |A\uparrow\rangle |B\downarrow\rangle$$

입자 B의 측정은 이제 음의 결과만 산출할 수 있다. 그 이유는 파동함수가 두 입자를 포함한 시스템을 설명하기 때문에 하나에 대한 측정은 시스템 전체의 측정에 해당하기 때문이다.

얽힘의 금융 버전은 유사한 형식주의를 사용해 표현될 수 있다. 채권자 C와 채무자 D 사이의 대출 계약을 고려하자. 채무불이행 문제만 고려한다면 양자 형식주의에서는 대출 계약의 상태가 중첩으로 표현될 수 있다.

---

15 Orrell 2017a; 2018a. 이 특성은 명백히 이전에 양자 금융에서도 논의되지 않았다. 아마도 그곳에서의 초점은 고전적 문제를 풀기 위해 양자 기법을 사용하는 것에 있었기 때문일 것이다.

$$|L\rangle = \alpha_1 |C\downarrow\rangle |D\uparrow\rangle + \alpha_2 |C\uparrow\rangle |D\downarrow\rangle$$

여기서 첫 번째 항은 채무불이행을 나타내고, 두 번째 항은 정상을 나타내며, α_j는 규격화된 계수를 나타낸다. 따라서 이 상황은 반대 스핀을 가진 두 개의 얽힌 전자의 경우와 같으며, 차이는 화살표가 스핀보다는 채무이행 방향을 나타낸다는 것이다.

이제 채무자의 (양자) 상태에 대해 측정을 수행한다고 가정하자. 채무불이행을 선택하면 시스템이 고유 상태로 붕괴된다.

$$|L\rangle = |C\downarrow\rangle |D\uparrow\rangle$$

그 후 언제라도 채권자가 대출금의 상태를 평가(즉, 측정)하기로 결정하면 그 결과는 단지 채무불이행을 가리킬 뿐이다. 따라서 두 거래 당사자는 서로 얽힘 상태에 있다.

그림 13.1은 이와 같은 대출 계약을 모의 실험하는 양자 회로이며, 이전에 논의한 기본 얽힘 회로의 버전이다(그림 5.5 참조). 입력은 $|0\rangle$으로 초기화된 2개의 큐비트이다. 상단 큐비트는 대출자를 나타내고, 하단 큐비트는 차입자를 나타낸다. NOT 게이트(5장 참조)는 아래의 큐비트를 $|1\rangle$로 뒤집으며, 부채의 창출을 나타낸다. 회전 게이트 R은 상단 큐비트를 중첩 상태 $\cos\theta |0\rangle + \sin\theta |1\rangle$로 설정하며, 이에 따라 부도 확률은 $\cos^2\theta$이다. 마지막으로 구속력 있는 계약을 나타내는 C-NOT 게이트는 처음 상태에 따라 두 번째 큐비트를 뒤집으며, 이는 대출의 상태를 가리키는 얽힘 상태 $\cos\theta |10\rangle + \sin\theta |01\rangle$를 생성한다. 따라서 5장(양자 인지)과 8장(게임 이론)에서 논의한 인지와 사회 얽힘을 모델링하는 데 사용한 것처럼 동일한 회로가 금융 계약을 모델링하는 데 사용될 수 있으며, 이는 다시 한 번 정신과 금융 현상 간의 밀접한 연결 관계를 증명한다.

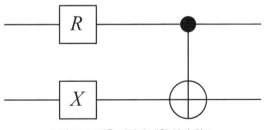

그림 13.1 대출 계약에 대한 양자 회로

13.6 얽힘 대 상관 관계

물론 양자 효과를 불러올 필요 없이 시스템은 상관관계를 가질 수 있다(예를 들어 하나는 빨간색 다른 하나는 파란색인 구슬 두 개를 가지고 있는데, 보지 않고 친구에게 하나를 준다고 가정해보자. 그다음, 빨간 구슬을 가지고 있는 것을 발견한다면, 친구가 파란 구슬을 가지고 있는 것을 알 것이다. 다만 핵심은 대출과 대한 채무자의 상태를 '채무불이행'과 '정상' 두 상태의 중첩에 있는 것으로 취급하고 있다는 점이다. 따라서 대출의 상태는 확정적이지 않지만 (우리는 채무자의 채무불이행 여부를 알 수 없다) 여전히 상관관계가 가지고 있으며, 이것이 얽힘의 본질이다).

또 다른 가능한 반대 논리는 한 쌍의 얽힌 입자 중 하나가 측정된 후, 상태가 무엇인지에 대해 두 번째 입자가 첫 번째 입자를 검사할 필요가 없다. 즉 우리의 경우 즉 채권자는 대출에 대해 검사를 할 필요가 있다. 그러나 파동함수 방정식이 대출 계약에 적용된다. 이는 양쪽을 다 포함하는 추상적인 것으로, 양자 죄수의 딜레마 게임(8장)의 얽힘을 통해 집행된 '계약' 부분의 역할을 한다. 그래서 그 (다시 한 번 우리가 모델링하고 있는) 파동함수의 관점에서 볼 때 상태는 즉각적으로 변화한다. 시간이 걸리는 것은 단지 측정일 뿐이다.

물리학 버전과 금융 버전의 차이는 그 후 양자 이론에 대한 해석에 의존할 이러한 파동함수의 성격과 실체에 대한 질문으로 압축되며 물리학자와 사회과학자 모두에게 논쟁의 대상이 된다. 그러나 여기서 초점인 수학적 모델링이나 계산적 관점에서 보면 두 가지는 동일하다.

이 시스템의 한 가지 특징은 전자electron의 경우와는 달리 지금은 측정의 축이 하나뿐이라는 것이다. 이는 대출 계약의 행태가 물리적 버전보다 훨씬 덜 교묘하다는 것을 의미한다(일부 사회과학자는 물리적 원리에 근거해 풍부한 버전의 정신적 얽힘을 주장하지만). 또한 (물리학자들이 종종 얽힘과 혼동하는) 벨 유형의 실험(물리학자들이 종종 얽힘과 융합하는)을 재현할 수 없다는 것을 의미한다. 여기서 얽힘은 축의 방향을 변경함으로써 테스트된다. 그러나 벨의 실험은 얽힘을 정의하지 않고, 더 직접적으로 쿼리할 수 없는 시스템에의 얽힘을 알아내는 방법으로 고안됐다. 대출의 경우, 얽힘은 계약 조건에 의해 인코딩된다. 다시 이 방정식이 대출 계약에만 적용되기 때문에 예를 들어 채무불이행은 복잡한 협상이 뒤따를 수 있을 것이다. 그러나 동일한 일이 다른 힘들도 개입할 수 있는 물리적 시스템에서도 일어난다.

13.7 파생상품

모기지 시장뿐만 아니라 금융 시스템 전체가 신용에 기반을 두고 있기 때문에, 우리는 이러한 형태의 금융 얽힘이 세계 경제의 주요 특징 중 하나라고 본다. 따라서 모기지(주택담보대출)와 같은 신용상품은 양자 인지 효과를 위한 전이 벡터 역할을 하며, 개인과 사회 수준 사이에 피드백 루프를 만든다. 은행의 대출 장부의 품질은 채무자들의 총 양자 상태에 의해 결정된다. 화이트(White, 2010)가 지적한 바와 같이 채무불이행을 막는 사회·심리 규범은 금융기관과 정부에 의해 적극적으로 추진됐는데, 바로 대량 디폴트가 금융 시스템의 안전을 위협했을 것이기 때문이다. 퍼스트 아메리칸 First American의 추정에 따르면 모든 파산한 차입자들의 잃어버린 자본을 회복하기 위해 7,450억 달러 즉 2008년 은행 구제금융 규모보다 조금 더 큰 금액이 들었을 것이라고 한다.[16]

이러한 얽힘은 국제적으로 보유됐던 주택대출담보채권CMO, Collateralized Mortgage Obligation과 같은 복잡한 파생상품의 사용을 통해 더욱 확대, 증폭됐다. 위기 이전에는 이러한 것들이 경제에 안정 효과를 주는 것으로 여겨졌다. 2006년 국제통화기금IMF이 지적했듯이 "은행들이 대차대조표에 이러한 위험을 보관하기보다는 더 광범위하고 더 다양한 투자자 집단에게 신용 위험을 분산시킨 것은 은행과 전반적인 금융 시스템을 더욱 탄력적으로 만드는 데 도움이 됐다"고 말했다.[17] 버냉키는 2006년 IMF에 대해 "더 의지와 능력이 있는 사람들에게 금융 리스크가 분산되기 때문에 경제와 금융 시스템이 더 탄력적으로 돌아가고 있다"고 말했을 때 이를 반영했다.[18]

다음 절에서 논의한 바와 같이 당시의 거시경제 모델은 은행 부문조차 포함하지 않았기 때문에 그러한 결론은 모델링에 근거하지 않은 것이 분명했다. 실제로 이러한 금융상품은 일반적으로 경제학자나 사회과학자의 입장에서 신용 시스템의 복잡한 사회역학은 거의 고려하지 않고 개발됐다.[19] 데이빗 그래버David Graeber가 지적했듯이, "금융업자들은 천체물리학자들만이 이해할 수 있는 부채담보부증권CDO과 고속 트레이딩 알고리듬과 같은 도구로 현대의 연금술사들인 양 다른 사람들이 감히 이해하려

---

16 Streitfeld, 2010
17 International Monetary Fund, 2006: 51
18 Bernanke, 2006
19 LiPuma and Lee, 2004.

고도, 시도도 하지 않는 방법으로 무에서 가치를 끌어내는 방법을 배웠다고 대중들을 (나는 이것을 잘 기억하는데, 대중들뿐만 아니라 사회 이론가들 역시) 설득하는 데 성공했다."[20] 따라서 금융적 얽힘은 경제의 지배적인 요인이기도 하지만, 부분적으로 고전적인 모델과 맞지 않기 때문에 가장 이해되지 않는 요인 중 하나이기도 하다.

13.8 토론

위에서 봤듯이, 양자 결정 이론은 통제된 환경에서 수행되는 심리 실험에서 대개 적용되고 테스트해왔지만, 그것은 또한 전략적 채무불이행과 같은 관찰된 경제적 행동을 설명하는 데 도움이 될 수 있다. 이 절에서는 결과를 논의하고 접근법에 있어서의 가능한 약점을 고려한다.

한 가지 복잡한 점은 잘 정의된 복권의 경우 특정 선택의 효용성을 계산하는 것이 가능하지만, 담보대출과 같은 경우에는 상황이 훨씬 더 복잡하며 주택의 추정 가치, 미래로의 할인율 등과 같은 요인에 따라 결정되는데, 이 요인은 정확히 알 수 없다는 것이다. 따라서 두 가지 모두 주관적인 요소를 포함하기 때문에 효용과 상호작용 함수를 정확히 분리하는 방법은 명확하지 않다. 그러나 주택 소유자들이 주택의 가치와 이사 비용을 대략적으로 추정할 수 있고, 그들이 그것에 대해 지불한 것이 무엇인지를 확실히 기억할 것이라고 보는 것은 타당하다. 그리고 요점은 상호작용 함수의 일부인 공포와 죄책감 같은 감정이 가격표를 달고 오지 않더라도 의사결정 과정에서 커다란 그리고 맥락 의존적 역할을 한다는 것이다.

또 다른 잠재적인 비판은 선호 반전 현상을 시뮬레이션하기 위해 정교한 양자 모델이 필요하지 않다는 것인데, 이는 결국 사람들이 말하는 것을 지켜보는 것이 아니라 사람들이 하는 것을 지켜보라는 옛 속담을 보여주는 예시일 뿐이기 때문이다. 그러나 이러한 단순한 사실이 고전적 접근법과 행동적 접근법 모두에 심각한 도전이라는 사실은 대체적인 접근법의 필요성을 보여준다. 그리고 양자 결정 이론 뒤에 숨겨진 근본적인 생각은 사실 매우 간단하다. 즉, 주관적인 요인이 상황에 따라 다른 방식으로 우리의 결정을 방해할 수 있다는 것이다.

---

20 Graeber, 2018: 150

사회적 얽힘 문제에 대해서는 정보 파라미터 δ의 역할이 잘 정의돼 있지 않고, 사회적 설정에서 양자 얽힘을 표현하는 데 필요한 수학이 훨씬 더 정교하기 때문에 생략했다(다시 말하지만 실제 결과는 매우 간단하다). 또한 사회적 상호작용은 더 나은 결정을 내리는 데 도움이 되는 정보 흐름을 증가시키지만, 잘 알려진 집단 행동herd behavior 현상에서와 같이 반대도 일어날 수 있다는 것을 보여주는 많은 증거들이 있다. 전략적 채무불이행의 경우 주택 소유자가 개인적으로 겪는 죄책감과 두려움은 다른 사람이 채무불이행을 하는 것을 보면 줄어들게 되는 것 같은데, 그 자체가 일종의 집단 행동이다. 이러한 영향은 양자 방법론을 사용해 모델링할 수도 있지만, 금융 거래가 얽혀 있는 양자 객체 간의 상호작용으로 모델링되는 양자 에이전트 기반 모델링 접근법(14장)을 채택하는 것이 더 타당할 수 있다.

마지막으로 금융적 얽힘은 양자 얽힘의 관점에서 수학적으로 표현될 수 있지만 고전적인 모델도 사용할 수 있다(물론 시스템이 궁극적으로 양자라 할지라도, 양자 모델도 물리학에서 항상 사용되는 것은 아니다). 그러나 양자 방식은 경제에서 화폐와 신용의 역할을 탐구하는 자연스러운 접근법으로 보여 더 큰 문제를 지적한다. 주류 경제학의 이해가 안 되는 특성은 오랫동안 화폐의 중요성을 경시해왔다는 것이며, 화폐의 중요성을 비활성화된 교환 수단 이상으로 취급하지 않았다는 것이다. 동태 확률적 일반 균형 모델과 같은 거시경제 모델은 경제를 일종의 물물교환 체계처럼 취급하며, 전통적으로 금융 부문을 배제해왔다(위기 이후 바뀌기 시작했지만).

특히 그러한 모델에서 사용하는 가정은 채무불이행의 가능성을 무시할 수 있다는 것이었는데, 그 이유는 부분적으로 채무불이행의 단순화를 허용했기 때문이다.[21] 그리고 채무불이행이 연구의 주제일 때에도, 화이트(2010)가 지적하듯이, 그것은 대개 객관적인 계산의 관점에서 프레임된다. "감정은 사람들과 시장 모두에게 동기를 부여하는 주요 요인으로서 그리고 그 자체로 거의 고려되지 않는다… 연구자들은 죄책감과 담보대출 채무불이행의 관계에 거의 관심을 보이지 않았다. 또한 그들은 공포와 모기지 채무불이행의 관계에도 관심을 보이지 않았다."[22]

---

21 Goodhart et al., 2016
22 White, 2010: 990-991

그러므로 양자 의사결정 이론QDT은 경제 그 자체에 대해 흥미로운 것을 말하고 있는 것 같다. 화폐는 매우 정신적으로 활동적인 물질이며, 강력하고 종종 모순되는 감정을 불러일으킨다. 정의상 객관적 효용성과 주관적 욕구를 하나의 패키지로 결합한다. 그것이 전통적인 모델에서 제외된 한 가지 이유는 그것이 합리적인 효용 최적화 행동의 가정과 깔끔하게 맞지 않기 때문이다. 양자 접근법에 따르면, 화폐에 대한 우리의 반응은 상황에 따라 크게 달라져야 한다. 우리가 경제 이론을 만들 때, 우리는 그것의 효과를 과소평가하는 경향이 있다. 그러나 실제 결정을 내릴 때, 우리는 매우 다른 방식으로 행동한다. 부채와 같은 문제에 대한 우리의 태도는 복잡하고, 채무불이행의 전망을 고려할 때 그 주제에 대한 긴장이 고조된다. 양자 접근법은 인지적 요소와 금융적 요소가 얽히고 충돌하는 그런 문제들을 해결하기 위한 자연스러운 프레임워크다.

13.9 요약

금융 얽힘 현상이 개인 및 사회 수준의 의사결정에 영향을 미치는 우리 금융 시스템의 결정적인 특징임을 보여준다. 화폐와 신용이 강력하고 때로는 모순되는 감정 효과를 가지고 있다는 사실은 그들이 전통적으로 경제 모델에서 경시돼 온 한 가지 이유다.

이와는 대조적으로, 의사결정에 대한 양자 접근법은 객관적 효용과 주관적 감정 사이의 상호작용을 다루도록 특별히 설계됐다. 또한 동일한 양자 프레임워크는 채무자/채권자 관계를 얽힘 상태의 실체로 모델링하는 데 이상적으로 적합하며, 매크로 수준에서 평균화하는 것과는 거리가 먼 개별 수준의 인지 프로세스가 어떻게 경제 전체에 영향을 미치는지를 보여준다. 이는 미국의 주택 위기가 경제 전반에 어떤 영향을 미치는지 보여주는 독특한 예시를 제시하면서 극적으로 보여졌다. 아마도 양자 접근법의 가장 큰 기여는 수학적 도구 상자로 사용하는 것 외에 전통적인 모델에 의해 대부분 무시돼 온 이러한 얽힘(매우 실제적인 사회적 결과)에 대한 관심을 끌어내는 데 도움이 될 것이다.

양자 우월성

양자 형식주의는 인지적, 사회적, 금융적 수준에서 얽힘을 모델링하는 데 사용될 수 있다. 특히 세 종류의 얽힘 (a) 모두 경제에 큰 역할을 하고 (b) 고전적 모델들이 무시해왔기 때문에 유용하다.

13.10 추가 참고문헌

유칼로프, 솔네트 그리고 그들의 다른 협력자들은 여기에 적용된 양자 결정 이론에 대한 일련의 논문을 썼기 때문에 이 논문들은 인지적, 사회적 얽힘에 대한 그들의 접근법을 이해하기 위한 최적의 장소다. 본문의 인용문들을 참조하라.

- Yukalov VI and Sornette D (2015) Preference reversal in quantum decision theory. Frontiers in Psychology 6: 1−7.
- Yukalov VI and Sornette D (2018) Quantitative Predictions in Quantum Decision Theory. IEEE Transactions on Systems, Man & Cybernetics: Systems 48 (3): 366−381.

14 양자 모델 구축

자연은 고전적인 것이 아니며, 자연을 시뮬레이션하고 싶다면 양자역학적으로 만드는 것이 좋다.

– 리처드 파인만(Richard Feynman), 양자 컴퓨터의 아이디어에 대한 1981년 담화 "컴퓨터를 활용한 물리학 시뮬레이션(Simulating Physics with Computers)"으로부터

오 신이시여. 그리고 나는 이 사람들이 물리학에 대한 부러움을 받기 시작하는 줄 알았다.

– 양자경제에 관한 에세이에 대한 어떤 물리학자의 논평, 2018년

지금까지 봤듯이 금융 시스템은 얽힘, 중첩, 간섭 등 양자적 특성을 보인다. 환원주의 과학에서 목적은 항상 시스템을 그것의 구성 요소로 분해하고, 힘을 설명하는 방정식을 알아내고, 그것들을 첫 번째 원리로부터 시스템의 모델을 구축하는 데 사용하는 것이다. 그러나 환원주의적 접근법은 전체가 부품의 합보다 큰 복잡한 시스템이나 부품이 얽힐 수 있는 양자 시스템에는 덜 잘 적용된다. 양자 조화 진동자는 닫힌 형태 해를 가진 몇 안되는 양자 시스템 중 하나라는 것을 상기하라. 따라서 14장에서는 양자경제 및 금융에 대한 일반적인 모델링 접근법을 제안하며, 프로토타입으로 볼 수 있는 몇 가지 기본 모델을 제시한다. 복잡 시스템을 모델링하는 것을 강조하기 때문에, 이 접근법은 컴퓨터 생물학과 같은 생명과학 분야의 연구보다 많은 경우 물리학의 도움을 덜 받는다.

14.1 모델링 원칙

경제학에서 양자 모델을 사용할 수 있는 정당성은 앞서 주장했듯이 화폐가 양자 특성을 나타내는 사회적 기술$^{social technology}$이라는 것이다. 게다가 그러한 특성들은 신용 시스템과 주식 시장과 같은 것들의 작동을 통해 경제에 영향을 미치도록 확대된다. 그것은 경제가 양자 기법을 사용해 모델링돼야 한다는 것을 의미하지는 않지만, 양자 특성을 고려해야 한다는 것을 암시한다.

이는 중요한 구별이다. 얽힘의 문제를 생각해보자. 13장에서 나는 얽힘이 개인의 인식, 사회적 상호작용, 그리고 화폐 제도의 수준에서 경제에 영향을 미친다고 주장했다. 실용적으로 말하면 이는 (단어의 고전적 의미에서) 경제 에이전트나 요인을 분리해 개별적인 원자처럼 취급할 수 없다는 것을 의미한다.

그러나 궁극적으로 중요한 것은 얽힘과 간섭과 같은 효과를 어떻게 다루느냐가 아니라 그것들이 모델에 반영되는지 여부다. 따라서 이 모델의 목적은 이러한 효과를 포착하는 것이며, 실제 사용되는 기법은 이차적인 관심사다(핵 소자의 수율을 계산하는 데도 파동 방정식이 필요하지 않다). 양자 금융의 많은 모델들은 정반대를 한다 — 정교한 양자 모델로 시작해서 고전적인 결과를 재현하기 위해 양자 효과를 무시한다.

복잡한 시스템을 모델링하는 또 다른 함정은 세부 사항과 유용성을 혼동하는 것이다. 복잡한 시스템의 모델들은 두 가지 주요 문제로 고통을 받는다. 하나는 모델의 세분성이 증가함에 따라 알 수 없는 파라미터의 수도 증가한다는 것이다. 또 다른 것은 시스템이 양과 음의 피드백 루프를 상호 연결함에 의해 지배되는 경향이 있어 모델을 불안정하게 만든다. 그 결과, 매우 복잡한 모델들이 기후 시스템에서 인간의 심장에 이르기까지 모든 것에 대해서 구축돼서, 놀랍도록 세밀한 영화 같은 시뮬레이션을 만들 수는 있지만 예측 정확도는 제한적이다. 예를 들어 한 연구는 약물 화합물의 심장 독성을 예측할 때, 단지 몇 개의 숫자를 합친 단순한 모델이 인간 심장의 가장 정교한 모델보다 더 뛰어났다는 것을 발견했다.[1]

게다가 이러한 모델들의 복잡성의 많은 부분은 실제로 인위적인 것이다. 왜냐하면 다양한 하위 시스템의 방정식이 올바른 결과로 간주되는 것을 주기 위해 조정되기 때

---

1   Mistry, 2018

문이다. 이것은 기본적인 가정들을 평범한 시야로부터 숨기고 모델을 더 사실적으로 보이게 한다. 많은 방정식과 파라미터를 포함하는 모델들이 훨씬 단순한 모델처럼 작동하도록 효과적으로 조작되지만, 투명성의 이점은 없다.

따라서 양자경제 및 금융에 대한 몇 가지 기본적인 모델링 원칙은 다음과 같다.

- 가능한 한 불필요한 전문 용어와 복잡성을 피해야 한다.
- 프로세스들이 결과와 관련이 있는 경우에만 포함돼야 한다.
- 파라미터의 수는 최소한으로 유지돼야 한다.
- 양자역학은 시스템 방정식의 양자화 절차를 통해 얻어야 한다(이는 예를 들어 특수 목적의 해밀토니안을 만들어내는 것과 반대다).
- 명시적인 양자 모델을 사용하지 않고도 얽힘과 같은 양자 효과를 모델링할 수 있다.

물론 이러한 접근법은 양자경제와 금융을 환원주의의 기준에 의해 '실제 과학'처럼 보이지 않게 할 수도 있지만, 현실은 물리학에서도 늘 똑같은 일이 행해지고 있다는 것이다. 대부분의 물리적 시스템은 너무 복잡해서 첫 번째 원칙으로 모델링할 수 없다. 양자역학은 단순한 아원자시스템에 대해서는 극히 정확하지만, 보다 복잡한 시스템은 추정을 해야만 다뤄질 수 있다. 그리고 일기예보와 같은 것에서는 구름의 형성과 소산 같은 가장 중요한 과정들은, 비록 그러한 과정들이 궁극적으로 원자 수준에서 양자 상호작용으로부터 나오더라도, 대규모 모델을 적합화(또는 "파라미터화")함으로써만 다룰 수 있다. 그래서 우리는 많은 동료를 가지고 있다. 14장의 나머지 부분은 이러한 원칙에 부합하는 일부 "토이" 모델을 탐구하는 데 초점을 맞출 것이다.[2]

14.2 확률적 거래

확률론적 양자 모델은 여러 가지 방법으로 금융 거래에 적용될 수 있다. 가장 기본적인 것은 수요와 공급의 확률적 모델을 생성하는 방법으로 이용하는 것이다. 예를 들어 그림 14.1은 일정 수준의 재고를 유지하기 위해 매도자에 의해 재화 가격이 조정

2　토이 모델의 방어를 위해서는 Wilmott and Orrell, 2018을 참조하라.

되는 단순한 시스템에 대한 두 가지 시뮬레이션을 보여준다.

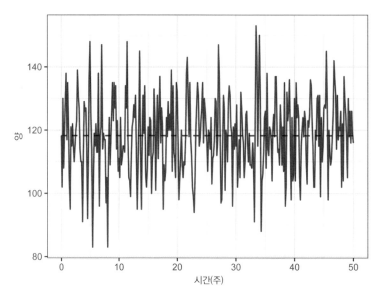

그림 14.1 매도자에 의해 동적으로 가격이 설정되지만 그 가격에서의 수요는 확률적인 모델에서의 로그 가격 시뮬레이션. 파선은 로그 불균형 방정식을 나타낸다. 불균형이 0.1이면 매도자보다 매수자가 10% 더 많다는 뜻이고, 불균형이 −0.1이면 매도자가 매수자보다 10% 더 많다는 뜻이다. 고전적 시스템 동학 모델은 원점에서 안정적인 균형을 가진다.

시뮬레이션을 위한 설정으로 시스템 이론가 제이 포레스터$^{Jay\ Forrester}$가 지도하는 MIT 연구에서 제시한 시스템 동학 모델을 채택했다.[3] 매 시간 단계마다 현재 수요의 4배에 해당하는 재고 수준을 유지하기 위해 가격을 조정한다. 고전적 시스템 동학 모델에서 재고 방정식은 다음과 같다.

$$i_{t+1} = i_t + s_t - d_t$$

여기서 시간 단계에 걸쳐 공급 s_t와 수요 d_t는 각각의 스케줄에 의해 결정된다. 다음 시간 단계에 대한 가격은 다음에 의해 주어진다.

$$p_{t+1} = \left(1 + \frac{(1 - r_t)}{\gamma}\right) p_t$$

여기서 $\gamma = 4$는 가격 조정의 관성을 반영하고, 재고 비율은 다음과 같다.

3　Whelan and Msefer, 1994

$$r_t = \frac{i_t}{4d_t}$$

따라서 시스템은 재고가 수요의 4배일 때 균형에 있다.

　이 시스템은 공급과 수요가 독립적인 것이 아니라 재고를 유지해야 하는 요건을 통해 결합되기 때문에 전통적인 수요와 공급 다이어그램을 사용해 설명할 수 없다. 시스템 동학 접근법에서 모델은 원점에서 안정적인 균형으로 이끌린다. 그러나 확률론적 모델에서 가격은 공급자에 의해 설정되지만, 그 가격에서의 수요는 공급/수요 모델 장에 설명된 대로 포아송 분포를 따른다. 그 효과는 시스템이 섭동되지 않은 경우에도 가격 수준에서 확률적 잡음을 생성하는 것이다. 즉, 여기서 랜덤 변화는 효율적 시장 가설과 같은 기존 이론에서 가정한 것처럼 외부 사건에 의해 야기되는 것이 아니라 시스템의 본질적인 불확실성에 기인한다. 이 그림은 불균형 방정식 10.3의 로그 버전과 비교해서 로그 가격 대 공급/수요 불균형 t의 그림을 보인다(불균형이 상대적으로 작으며, 이는 양자 에너지 수준을 고려하지 않기 때문이다).

　이러한 확률적 모델은 시스템 생물학과 같은 분야에서 널리 사용해왔으며, 여기서 음의 피드백과 같은 특정 시스템 성질은 소수의 분자로 인한 확률적 변동을 능동적으로 감쇠dampe시키는 것으로 입증됐으나,[4] 경제학에서는 대개 그러한 사용은 내적 동학보다는 랜덤한 외부 충격의 영향을 평가하는 데 한정된다. 따라서 첫 번째 단계는 기존 모델에서 결정론적 공급/수요 방정식을 동적 확률론적 버전으로 대체하는 실험을 하는 것이다.

　이러한 비율 방정식은 또한 화학 종의 상호작용을 설명하기 위해 시스템 생물학에서 사용되는 방정식과 직접 비교된다. 따라서 그 분야에서 개발된 기술과 통찰력은 경제학으로 이어질 수 있다.[5] 예를 들어 생물학적 시스템은 때때로 확률적 변동을 제한하는 피드백 루프를 포함하며,[6] 그 기능을 경제적 변동을 완화하려는 인간의 시도와 비교하는 것은 흥미로울 것이다. 원칙적으로 양자 모델은 또한 결합 항 도입을 통

4　Orrell and Bolouri, 2004; Ramsey et al., 2006

5　Ramsey et al, 2005

6　Ramsey et al., 2006.

해 얽힘을 시뮬레이션할 수 있다.[7] 결과 모델의 복잡성은 아마도 매우 단순화된 상황을 제외하고는 그 적용을 제한할 것이다. 그러나 생물학에서와 같이 타깃으로 하는 모델은 다양한 현상을 탐구하는 데 유용할 수 있다.

14.3 공급과 수요가 반영된 옵션 가격 결정

7장에서는 옵션 가격 결정을 위한 양자 모델을 개발했는데, 양자워크는 미래의 주가에 대한 투자자의 주관적인 의견을 나타내기 위해 사용됐다. 양자 모델은 등가격 옵션에 대해 더 높은 가격을 예측했는데, 이는 더 많은 거래량으로 변환될 것이다. 이러한 관찰을 바탕으로 양자워크 모델과 수요와 공급의 양자 모델을 통합할 수 있다.[8]

특정 옵션의 경우 x_a와 x_b가 각각 매도자와 매수자에게 이상적인 가격이고 σ_a와 σ_b가 가격 유연성에 대한 해당 표준편차라고 가정하자. 그러면 옵션 가격은 평소와 같이 정규분포의 성향 함수로 설명된다. 옵션 가격을 모델링하는 첫 번째 단계는 매도자가 지배적인 고전적인 모델 가격 p_c에 따라 옵션 가격을 결정한다고 가정하는 것이며, 매수자는 미래에 대한 주관적인 예측을 감안한 양자 모델 가격 p_q에 따라 옵션 가격을 결정한다고 가정하는 것이다. 양쪽에 마진을 허용한다면 매수자와 매도자에 대한 이상적 가격은 다음과 같다.

$$x_a = p_c + d_s$$
$$x_b = p_q - d_b$$

여기서 d_s는 매도자의 마진이고 d_b는 매수자의 마진이다. 단순성을 위해 우리는 마진의 상대적 크기가 가격 유연성을 반영한다고 가정할 것이며, 따라서 마진이 작을수록 질량이 커진다. 즉 $d_s/d_b = m_b/m_d = \sigma_a^2/\sigma_b^2$이다. 마진에 대한 값과 전반적인 가격 유연성 σ를 할당함으로써, 우리는 항 σ_a와 σ_b에 대해 풀 수 있으며, 이는 자유 파라미터의 수를 줄여준다. 이는 또한 고전적 모델과 양자 모델이 가격에 대해 일치한다면, 마진을 변경하는 것은 기대 가격에 영향을 미치지 않으며 일반적으로 기대 가격은 마진의 선택에 매우 둔감하다는 것을 의미한다.

---

7   Kim and Noz, 2005

8   Orrell, 2021a

그림 14.2의 결과를 산출하는 모델에서 매도자의 마진은 10%로 설정됐으며, 매수자의 마진은 20%이다. 이들 마진은 모델 가격과 최적의 희망 가격 간의 차이를 나타내므로 소위 이익 마진보다 더 크다. 그러나 모델은 그들의 비례적인 수준보다 그들의 크기에 덜 민감하다. 두 가격 모두 작은 양 0.001만큼 증가하며, 이는 최소한의 거래 비용을 반영해 낮은 외가격 옵션 가격에 하한floor을 제공한다. 원하는 경우 양자 모델의 시작각start angle도 역시 조정될 수 있다. 중립각 45도는 공정한 가격에 도달하기 위해 상승과 하락의 가능성에 동일한 가중치를 부여하는 사람의 정신 상태를 나타낸다. 여기서 각도는 50도로 설정되며, 이는 매수자 측에 대해 더 높은 가격에 대한 편향을 가져오게 하고 내재 변동성 곡선에 어느 정도의 스큐를 가져온다.

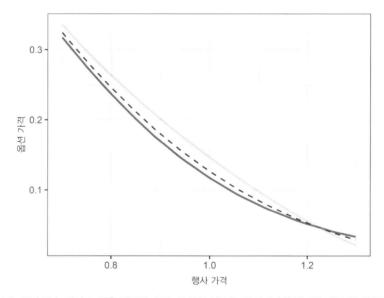

그림 14.2 초기 매수 가격 1, 연율 변동성 40%, 무위험 이자율 2%와 6개월 만기에 대한 양자(연한 회색)와 고전(짙은 회색) 모델 간의 절충인 시장 옵션 가격(파선)을 보이는 그래프

그림 14.3의 상단 패널은 최대 1년까지의 만기일 범위에 대한 내재 변동성을 보여주는 표면 그림이며 하단 패널은 예측된 부피를 보여준다. 이러한 수치는 옵션 가격 데이터의 경험적 분석에서 얻은 해당 거래량과 질적으로 비교한다.[9]

---

9   예를 들어 Cont and Fonseca, 2002; Bergsma et al., 2020을 참조하라.

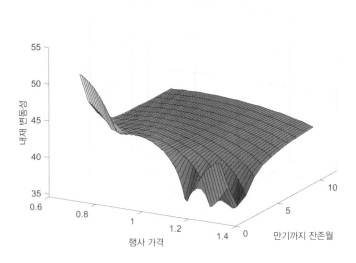

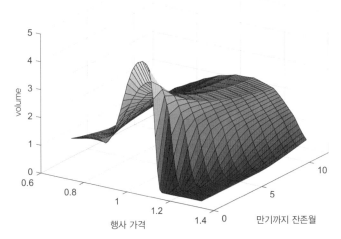

그림 14.3 상단 패널은 초기 매수 가격 1, 연율 변동성 40%, 무위험 이자율 2%인 콜옵션에 대한 행사가격과 만기의 함수로 시장 옵션 가격 모델에 대한 내재 변동성 표면이다. 하단 패널은 행사 가격과 만기의 함수로 거래량에 대한 확률분포 표면이다. 표면은 각 시점에 규격화돼 어떤 시점에서도 확률의 합은 1이다.

양자 모델의 비현실적인 특징 중 하나는 매우 외가격인 옵션의 매수에 매우 낮은 확률을 할당하는 경향이 있다고 가정하는 것이다. 버그스마 등(Bergsma et al., 2019)에 따르면 가격에 대해 더 객관적일 것으로 추정되는 "정보를 가진 트레이더"는 종종 더 높은 레버리지를 제공하기 때문에 외가격인 옵션을 사용하는 것을 선호한다. 반면 덜 세련된 거래자들은 큰 가격 변동에 복권 유형의 베팅을 할 수 있는 기회에 끌릴 수 있다. 이 효과들은 양자 모델보다는 고전적 모델을 사용하는 매수자 집단을 포함하거나, 매수 성향 함수를 행동 효과를 포함하도록 수정함으로써 좀 더 복잡한 모델에서 설명될 수 있다.

14.4 양자 에이전트 기반 모델

또 다른 모델링 접근법은 양자 에이전트 기반 모델을 사용하는 것인데, 양자 에이전트 기반 모델은 컴퓨터 과학과 심리학과 같은 다른 분야에서 개발됐다.[10] 일반적인 에이전트 기반 모델과 마찬가지로, 이러한 모델에는 하향식 규칙보다는 국지적 휴리스틱스를 기반으로 의사결정을 내리는 다수의 개별 에이전트가 관련된다. 차이점은 국지적 휴리스틱스가 양자 의사결정 이론 등 양자 모델을 기반으로 할 수 있다는 점이다.

고전적인 에이전트 기반 모델은 시장 가격 변동을 시뮬레이션하기 위해 금융에서 널리 사용돼왔다.[11] 더 간단한 접근법 중 하나는 시장이 N^C명의 모멘텀 트레이더와 N^F명의 펀더멘털 트레이더로 구성된다고 가정하는 것이다. 전자는 가격이 상승하고 있는지 또는 하락하고 있는지에 따라 매수 결정을 내리는 반면, 후자는 인지된 내재 가치로부터의 편차에 기반을 둔다. 모멘텀 트레이더는 가격 변화에 대해 긍정적인 피드백으로 작용하는 반면, 펀더멘털 트레이더는 부정적인 피드백을 제공한다.

만약 우리가 편의상 펀터멘털 트레이더가 1 또는 로그 항으로 0의 참조 내재 가격을 사용한다고 가정한다면, 로그 가격 p에 대한 방정식은 다음과 같다.

$$p_{t+1} = p_t + N_t^C T_t^C + N_T^F T_t^F + \alpha_t \qquad (14.1)$$

여기서

$$T_t^C = \beta(p_t - p_{t-1})$$

는 모멘텀 트레이더에 대한 율이고,

$$T_t^F = -\kappa p_t$$

---

10 Fougeres, 2016
11 Lux and Marchesi, 1999; Majewski, Ciliberti and Bouchaud, 2020을 참조하라.

는 펀더멘털 트레이더에 대한 율이다. 여기서 β와 κ는 상수이며, α_t은 랜덤 잡음항이다. 우리는 단순성을 위해 모멘텀 용어가 단 한 단계 동안의 가격 변화만 고려한다고 가정하며, 이전 단계를 기억하도록 수정할 수 있다. 어떤 것이 더 나은 수익률을 주는지에 따라 사람들이 전략을 바꿀 수 있을 때 그 동학은 흥미로워진다. 예를 들어 가격이 상승하고 있다면, 모멘텀 트레이더는 돈을 벌 것이고 일부 펀더멘털 트레이더는 동참하기로 결정할 것이다.

대안적 접근법은 트레이더들이 주관적 요인과 객관적 요인의 혼합에 의해 영향을 받는다고 가정하는 것이다. 전자는 모멘텀과 관련된 집단 효과herd effects, 또는 놓치는 것에 대한 두려움과 같은 것들을 포함하고, 후자는 펀더멘털 가치에 대한 객관적인 분석을 포함한다. 이 문제에 대한 양자 에이전트의 적절한 선택은 그림 5.5의 기본 2큐비트 얽힘 회로일 것이다. 게이트 A와 B를 각도 θ와 ϕ로 각각 회전하도록 선택하고 그림 4.2에서와 같이 상태 각도 $\theta = \frac{\pi}{4}$는 균형 잡힌 시장을 나타내며, 여기서 기대 가격은 펀더멘털 가치이며 주문이 매수 또는 매도가 될 확률은 0.5이다. 그러나 매수 결정은 ϕ만큼 회전되는 프레임에 먼저 투영함으로써 이뤄진다. 따라서 우리는 펀더멘털 항 T_t^F를 θ에 대한 섭동으로 해석할 수 있고, 모멘텀 항 T_t^C은 ϕ에 대한 섭동으로 해석할 수 있다. 즉,

$$\theta_t = \frac{\pi}{4} - T_t^F$$
$$\phi_t = T_t^C$$

시장 감성 측정기 $S(\theta, \phi)$는 베이스라인 성향 0.5와 비교해 이러한 주관적, 객관적 요인이 주어질 때, 긍정적인 의사결정을 하는 성향으로부터 구축될 수 있다. 표 4.2에 따라 순서 효과를 다음과 같이 정의한다.

$$S(\theta_t, \phi_t) = \cos^2(\theta_t - \phi_t)\cos^2(\phi_t) + \sin^2(\theta_t - \phi_t)\sin^2(\phi_t) - 0.5 \quad (14.2)$$

이것은 작은 섭동에 대해 다음으로 수렴한다.

$$S(\theta_t, \phi_t) \approx -(\theta_t - \frac{\pi}{4}) + \phi_t$$
$$= T_t^F + T_t^C + \alpha_t$$

그다음 각 단계에서 가격을 다음 식에 따라 업데이트한다.

$$p_{t+1} = p_t + S(\theta_t, \phi_t) + \alpha_t$$

이 시스템의 행태는 상당히 복잡하다. 예를 들어 $\beta = 0.55$와 $\kappa = 0.015$와 0.001의 랜덤 항에 대한 표준편차로, 결과는 식 14.1에서 설명한 기본 고전 모델의 결과와 유사하며 기대되는 랜덤 워크와 유사하다. 잡음이 0으로 설정된 상태에서 다른 파라미터를 선택하는 경우 해는 진동한다.

양자 모델과 고전적 에이전트 기반 모델의 주요 차이점은 해석이다. 서로 다른 전략을 가진 개별 에이전트를 갖는 대신, 여기서 우리는 모멘텀에 대한 인상에 의해 객관적인 펀더멘털 계산이 변조되는 단일 에이전트를 가지고 있으며 랜덤 잡음은 양자 불확실성에 기인한다. 그러나 이질적인 에이전트 집단을 생성하는 것은 간단하며, 이 접근법은 에이전트 간의 얽힘 효과를 포함하는 더 복잡한 모델의 기초가 될 수 있다. 결과 모델은 그림 5.8에 표시된 양자 머신러닝 회로처럼 보이기 시작할 것이다.

다은 영역에서 양자 에이전트 기반 모델의 버전들은 문화 사상의 전파와 같은 것들을 모방하기 위해 사용해왔다. 특정 주제(예를 들어 컨트리 음악)에 대한 에이전트의 태도를 이진법의 예/아니요라고 표현하는 대신, 모델은 그것을 큐비트로 표현한다. 에이전트는 어느 쪽이든 편견을 가지고 컨트리 음악을 좋아하거나 싫어할 수 있다. 비슷한 중첩 효과를 낼 수 있는 양자 워크와 마찬가지로 양자 모델은 고전적인 버전과는 다른 방식으로 동작한다.[12]

유사한 접근법이 개인의 태도에 대한 사회적 요소의 영향을 모델링하는 데 사용됐다.[13] 특정 질문에 대한 사람의 태도가 상태의 중첩된 위치에 존재할 수 있지만, 심리학자들은 또한 사람들은 보통 모호성을 싫어하며, 널리 퍼져 있는 사회적 경향에 동조하는 경향이 있다고 말한다. 양자 모델에서 이것은 맥락이 사람들이 같은 선택을 더 많이 할 수 있는 방식으로 변화한다는 것을 의미한다. 그 효과는 사회 환경으로부터의 정보가 상호작용 요인attraction factor을 완화시키는 12장에서 논의된 사회적 얽힘의 영향과 유사하다.

---

12 Christley and Madey, 2004
13 Kitto와 Boschetti, 2013

부동산-금융 복잡도 모델은 또 다른 경제에의 응용이 될 것이다. 미국의 주택담보 대출 위기로 발생한 2007~2008년의 금융 위기 이후에 주택 시장과 은행 네트워크를 모두 갖춘 고전적 에이전트 기반 모델이 다수 구축됐다.[14] 현대 경제에서 많은 화폐 창출이 모기지 대출을 통해 발생하기 때문에 이들 시스템은 분명히 연결돼 있다. 주택 시장은 대부분 주택 가격에 대한 사회적 태도에 의해 주도된다. 주식 시장에서처럼 사람들이 가격이 오를 것이라고 믿는다면, 아마 그럴 것이다. 주택 시장은 이러한 효과를 증폭시킨다. 그 이유는 가격 인플레이션이 더 많은 화폐를 창출하고 경제 활동을 촉진하기 때문이다(비록 결과로 나타나는 경제 성장은 다소 환상에 불과할지 몰라도).

따라서 공급과 수요의 양자 모델에 따라 거래하는 에이전트를 기반으로 결합 모델을 구축할 수 있다. 매수자와 매도자는 뉴스 흐름, 대출을 통해 금융 시장으로 어느 정도 서로 얽힐 것이다. 앞서 설명한 시장 모델과 마찬가지로 이러한 모델은 모멘텀 기반 시장 전염으로 인한 주관적 효과를 시뮬레이션할 수 있다. 주택담보대출을 통한 화폐 창출 과정도 포함될 수 있다.

이러한 모델은 야심찬 프로젝트일 수 있으며 도전의 일부는 핵심 프로세스를 식별하고 집중함으로써 단순하게 유지해서 충분히 유용성이 있도록 하는 것이다. 앞서 언급했듯이 모델은 간섭의 효과를 예측하기에 충분히 현실적인, 성장하는 종양들로 구성될 수 있다. 따라서 주택 시장에 대해 유사한 일을 할 수 있어야 한다(주택 시장의 무제한 성장 동학은 때때로 종양의 그것과 유사하다).

14.5 시장 조성자 모델

공급/수요 모델은 가격의 연속성을 가정하지만, 주식 시장에서 가격은 종종 매도할 가격과 매수할 또 하나의 가격을 가진 시장 조성자에 의해 결정된다. 시장 조성자의 목적이 단지 거래를 용이하게 하기 위한 것이라면, 그들은 중간 가격을 선택할 것이지만, 10장에서 논의된 바와 같이 그들은 낮게 사고 높게 팔아서 이익을 극대화하려고 한다. 공식적인 시장 조성자가 없을 때, 매매는 매수자나 매도자가 호가창에서 그들에게 가능한 최선의 가격으로 거래하기로 동의했을 때 이뤄지기 때문에 시장 구조

---

14 Xiong, Fu and Wang, 2017

는 효과적으로 시장 조성자 역할을 수행한다.

호가창은 성향 함수를 나타내지 않으며, 대신 시장 참여자의 부분집합으로부터의 추출된 확정 주문 샘플이라는 점에 유의하자. 개별 매수자와 매도자는 모든 것이 드러나지 않는 다양한 가격으로 기꺼이 거래할 것이다. 11장에서 우리는 특정 섭동 크기를 가정해 간접적으로 스프레드를 모델링했지만, 대안은 매수 호가나 매도 호가 중 하나로만 거래하는 데 동의하는 제3자에 해당하는 시장 조성자를 포함하는 것이다. 시장 조성자 성향 함수는 이 가격들에 위치한 두 개의 델타함수로 나타낼 수 있다.[15]

시장이 균형을 이룬다면, 진동자의 기저 상태는 매수 호가와 매도 호가 사이의 중간 지점에서 중심인 정규분포 곡선이 될 것이고, 따라서 어느 하나의 가격이 실현될 동일한 확률이 존재할 것이다. 반면 정규분포 곡선이 예를 들어 매수 호가 쪽으로 더 지우친다면, 그 가격은 더 높은 확률로 관찰될 것이다. 그러나 더 복잡한 상황이 발생할 수 있다. 예를 들어 11장에서 주장했듯이 변위된 정규분포 시장 가격 분포는 복원력에 의해 작용받기 때문에 우리는 그것의 진화를 날맞음 진동으로 모델링할 수 있다. 결합 확률은 매수 호가와 매도 호가를 선호하는 것 사이를 번갈아 하기 때문에 같은 진동수로 진동할 것이다. 그러나 거래를 통해 가격이 하락하고 파라미터가 랜덤화되면 진동이 지속되지 않는다.

또 다른 접근법은 우리가 연구하고 있는 시스템이 가격이 두 가지 가능성 중 하나로 제한되는 2-상태 모델에 해당한다는 것을 주목하는 것이다. 2장에서 논의한 바와 같이, 해당 물리적 시스템은 광파와 상호작용하는 원자 내에서의 에너지 전이이다. 여기서 진동 성향 함수는 한 상태에서 다른 상태로의 전환을 구동하는 광원의 역할을 한다.[16]

구체적인 예로, $M(\phi)$을 식 2.1에 정의된 측정 연산자로 하고, 식 2.3에서와 같이 $H = \epsilon M(\phi)$에 의해 주어진 해밀토니안을 갖는 2-상태 모델을 고려해보자. 이 연산자는 4장에서도 위험 회피를 모델링하기 위해 사용됐으며, 여기서 매수 호가와 매도 호가에 해당하는 고윳값은 $\pm\epsilon$이다. 슈뢰딩거 방정식을 적용하면 $(\sin \phi)/2$의 진폭으로 1/2 주변을 사인파 방식으로 진동하는 확률을 가진 해를 얻을 수 있다. 이것은 결맞

---

15 Orrell, 2022a를 참조하라.
16 2-상태 접근법에 대한 논의는 Sarkassian, 2020을 참조하라.

음 파동이 $\sigma = \epsilon/\phi$의 표준편차를 갖고, $\pm\sigma$ 범위에 걸쳐 진동하는 양자 진동자 모델에서 얻은 해에 가깝다.[17]

파라미터 ϕ는 시장의 감정 상태가 공포에서 탐욕으로, 그리고 다시 되돌아오면서 성향 범위를 묘사하므로 시장 감성의 지표로 작용한다. $\phi = 0$일 때 시장은 균형 상태를 유지한다. $\phi = 1/\sqrt{2}$를 사용하는 경우, 확률은 1/4 법칙과 관련된 범위보다 약간 큰 약 0.2에서 0.8까지의 범위를 쓸어낸다.

11장에서 제시한 진동자 모델의 경우, 진동 범위를 $x_0 = \sqrt{2}\sigma$로 설정하면 평균 에너지는 $\lambda = 1/2$이며, 이는 단일 단계에서 거래가 발생할 확률이기도 하다. 그림 14.4에 나타난 바와 같이 이 모델을 사용해 시장 동학에 대한 매수/매도 호가 스프레드의 효과를 시뮬레이션할 수 있다. 성향의 변화를 반영하는 위상과 반 스프레드half spread를 측정하는 ϵ는 하루로 가정하는 각 트레이딩 세션 시작 시 랜덤화된다. 실제 매수/매도 호가 반 스프레드는 앞에서 언급한 바와 같이 관찰된 스프레드가 매수/매도 호가 분포 사이의 거리보다 작다는 사실을 반영하기 위해 0.25ϵ로 설정된다.

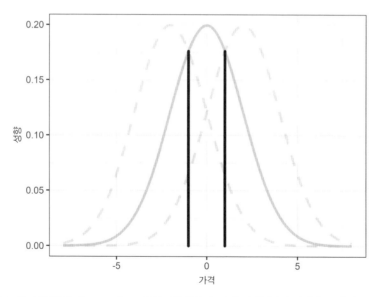

그림 14.4 반 스프레드(half-spread) $\epsilon = 0.0015$와 하루 65건의 거래(따라서 시간당 10건)의 시장 조성자 모델을 사용한 자산에 대한 로그 가격 시뮬레이션. 정사각형은 매도 호가를 보이고, 원은 매수 호가를 보인다.

---

17 진동자 모델의 성향 범위는 $1/(1 + e^{2\theta})$로 2-상태 모델보다 약간 작다.

시장 상황 변화에 따른 에너지 수준 n의 변동은 $\sigma_n = \sigma\sqrt{2n+1}$에 따라 표준편차의 변동 정도를 생성한다. 우리는 모델에서 모든 날의 시장 에너지 수준이 특정 국면에 의해 설명되며, 기저 수준은 조용하고 균형 잡힌 시장에 해당하며, 다음 수준들은 더 높은 수준의 변동성을 나타낸다고 말할 수 있다. 그러면 뉴스와 주문의 지속적인 흐름에 대응해 하루 동안 시스템이 진화할 것이다(뉴스는 주문을 유발하지만 대량 주문은 그 자체로 뉴스이기 때문에 이들 사이에는 이중성이 있다). 결과적인 가격 분포는 다시 비가우스 분포이며 그림 11.3과 매우 유사하다.

양자 모델은 또한 이전 절에서 논의된 모멘텀과 펀더멘털 트레이더의 역할을 포함하도록 확장될 수 있다. 한 가지 방법은 식 14.2의 시장 감성 게이지 $S(\theta, \phi)$를 사용해 성향 진동을 생성하는 것이다. 대안적인 접근법은 양자 비조화 진동자를 제공할 수 있는 퍼턴셜에 추가 항을 포함하는 것이다.[18]

14.6 새로운 기반

글로벌 금융 위기의 여파로 무엇이 잘못됐는지, 그리고 경제가 어떻게 개혁될 수 있는지를 밝히기 위해 많은 이니셔티브가 시작됐다. 〈옥스퍼드 경제정책 리뷰Oxford Review of Economic Policy〉의 "거시경제 이론 재구성Rebuilding Macroeconomic Theory" 프로젝트의 결과를 요약한 2018년 논문은 "2008년 위기의 출현을 경고하기에 벤치마크 모델은 충분하지 않았다"고 인정했다. 그리고 그것은 다음에 무엇을 해야 할지를 이해하는 데 거의 도움이 되지 않았다. 이런 실패에도 불구하고 아직 새로운 패러다임이 보이지 않는다고 말했다.[19] 따라서 이 보고서는 거시경제 모델을 다음과 같이 개선할 것을 권고했다. (i) 금융 중개를 비용 없이 가정하기보다는 금융 마찰을 통합하는 것 (iii) 합리적 기대의 요건을 완화하는 것 (iii) 이질적 에이전트들의 도입 (iv) 모델을 보다 적절한 미시 기반(그리고 이 세 가지 새로운 추가 사항)으로 뒷받침하는 것. 여기서 "미시 기반"은 개인의 행동을 기반으로 하는 경제학의 탐구를 말한다.

---

18 Gao and Chen, 2017; Lee, 2021을 참조하라.

19 Vines와 Wills, 2018

경제학에서 흔히 볼 수 있듯이, 이들은 모두 매우 합리적으로 들리지만 이러한 분석은 환원주의에 빠져 있는 것이다. 예를 들어 "금융 마찰을 통합하는" 첫 번째 포인트는 발사체의 호와 같은 것의 모델이 우선 공기 저항과 같은 요소를 무시하고 계산하고, 이들은 필요할 때 추가하면 된다는 뉴턴의 생각에 근거한다. 주류 경제학을 대변하는 이 '마찰' 비유에서 모델은 1차 근사이지만, 경제학자들은 이를 보다 현실화하기 위해 마찰 효과를 더할 필요가 있다. 그러나 화폐는 마찰이 아니라 경제를 움직이는 것이다. 그리고 지진과 같이, 금융 위기는 마찰에 기인하는 것이 아니라, 마찰과 반대되는 것이다. 여기서 제약 조건은 깨지고, 힘은 폭주하고, 증식한다.

"합리적 기대의 요구 조건을 완화"하는 포인트는 다시 행동 효과를 주류 모델에 대한 조정으로 취급하는 것이다. 그러나 우리가 봤듯이, 선호 반전과 같은 주요 효과는 약간의 행동적 수정으로는 수용될 수 없다.

"이질적 에이전트 도입" 전략은 유용할 수 있지만 추가 파라미터를 희생해 이뤄진다. 그러나 "미시 기반"으로 모델을 뒷받침하는 마지막 포인트는 더욱 문제가 된다. 특히 저자들이 "자연과학의 비유가 있는 것 같다. 양자 물리학의 설명의 사용을 통해 화학이 "미시 기반"을 갖게 됐다"고 덧붙여 말할 때는 특히 그렇다. 현실은 화학을 포함한 과학의 다른 분야에서는 시스템이 부분의 합으로 표현할 수 없는 새로운 성질을 보인다는 것이 한동안 인지돼왔다.[20]

미시 규모의 상호작용으로부터 거시적 행동을 형성하는 모든 것의 이론theory of everything을 구축한다는 생각은 환원주의 과학의 꿈이다. 물리학에서 양자역학은 아원자 입자 사이의 상호작용을 모델링하고 레이저와 같이 거시 스케일로 그러한 특성을 확장하는 공학적 시스템을 시뮬레이션하는 데 성공한다. 유사하게 양자경제학의 도메인은 화폐의 성격과 그 속성을 확장하는 금융 네트워크와 같은 시스템의 행태이다. 양자 접근법은 심리학적, 사회적 동학의 일부 측면을 모델링하는 데에도 유용하다는 것이 입증됐다. 그러나 복잡한 양자 시스템에 대해서는 모델은 항상 그들 행동의 일부 측면을 포착하는 패치일 뿐이다.

---

20 Laughlin, 2005

14.7 요약

14장은 양자경제학적 접근법의 많은 잠재적 적용에 대한 방향을 제공했다. 이 모델들은 여러 측면에서 기존 모델들을 개선할 것을 약속한다. 첫 번째 단계는 모든 변화를 외부 충격에 기안한 것으로 보는 대신 전산 생물학에서와 같이 내부 동학과 확률성의 영향을 포함하는 것이다. 보다 발전된 모델에는 인지 효과, 사회적 또는 금융적 결속을 통한 얽힘도 포함될 수 있다.

양자 우월성

최근의 금융 위기 이후, 적어도 비경제학자들에게는 현재의 주류 접근법이 목적에 적합화되지 않다는 것이 점점 더 분명해지고 있다. 양자 또는 양자에서 영감을 받은 모델은 새로운 도구 세트를 제공한다.

15 양자 게이트

"과학의 테스트는 예측하는 능력이다."

– 리처드 파인만, 『파인만의 물리학 강의』 제2권, 1965년

"파인만은 완전히 틀렸다. 설명은 과학의 핵심이다. 세계는 근본적으로 확률적이며, 우리는 가장 좋은 경우에 진동수를 예측할 수 있을 뿐이다. 나는 경제 이론의 실패에 대해 끝없이 설명하지만, 그들이 비평하는 이론보다 더 잘할 수 있는 것은 하나도 없는 이 모든 비경제학자들이 지긋지긋하다."

– 경제 에세이에 관한 어느 경제학자의 논평, 2018년

이 책에서 보듯이 양자 접근법은 개인의 수준(양자인지), 시장의 수준(양자 금융), 경제 전체의 수준(양자경제학)에서 경제를 모델링하는 데 성공했다. 이 마지막 장은 주요 연구 결과를 요약하고 양자경제 및 금융의 전망을 고려한다.

물리학자들에 의해 확인되지 않음!

15장의 내용은 물리학자들에 의해 승인을 받지 못했다. 바로 그래서 경제학자들에게도 승인을 받지 못했다.

15.1 의지는 우리의 진동자다

개인의 수준에서 시작하면, 3장과 4장에서 보는 바와 같이 심리학자들은 인간의 인지는 고전적 논리나 효용에 대한 고전적 개념을 따르지 않으며, 양자 프로세스로 더 잘 모델링된다는 것을 발견했다. 이 분야의 핵심 발견은 인지 과정을 정신 상태의 투영으로 볼 수 있으며, 맥락이나 질문 순서, 주관적인 감정과 객관적 평가의 얽힘과 같은 것들이 고전적 방법과 해결하지 못하는 다양한 현상을 설명하는 간섭 효과를 초래한다는 것이다.

금융에서 금융공학은 오랫동안 랜덤 워크 또는 그것의 연속 확산 버전에 기초해왔다. 이 모델에 내포돼 있는 것은 투자자들 역시 가격이 랜덤 워크를 따른다고 생각한다는 가정이다. 이는 만약 가격 변화가 정규분포를 따르고, 기대 이득이 0인 경우, 그럼에도 왜 옵션이나 주식을 구매하느냐는 질문으로 이어진다. 랜덤 워크의 양자 버전(7장)을 적용하면, 간섭 효과를 통해 매수자와 매도자 사이의 의견의 차이를 깔끔하게 포착하는 양봉 분포를 얻게 된다.

이 경우 성향 함수는 특정 복권(양자 인지)이나 금융상품(양자 금융)의 가격 분포를 나타낸다. 성향 함수를 엔트로피 힘의 산물로 해석하고 방정식을 양자화함으로써 인식과 금융을 일관성 있게 결합한 경제 거래의 일반적 모델에 도달한다(11장). 신고전주의 경제학의 공동창업자 윌리엄 스탠리 제번스는 "의지는 우리의 진동자이며, 그 진동은 미세하게 시장의 가격 리스트에 등록돼 있다"고 말했지만, 진동이 양자라는 것이 밝혀진다.

경제 시스템의 상태는 전체를 통틀어 힐버트 공간을 사용해 표현된다. 의사결정과 거래와 같은 측정 절차는 알려진 선호나 본질 가치와 같은 내부 상태보다 우선한다. 따라서 양자 접근법은 고전적 접근법과 근본적으로 다르며, 대안적인 경제 모델을 제공하도록 확장될 수 있다.

양자 접근법의 주요 장점은 그것이 자연스럽게 화폐의 이중성을 포함한다는 것이다. 고전 경제학에서 가격은 본질적으로 ("시장 실패"의 경우를 제외하고) 가치와 같다고 간주된다. 양자역학에서 가격은 화폐적 거래에서 나오는 것으로 간주한다. 한 가지 결과는 가격과 가치의 직접적인 연결을 끊는 것이다. 또 다른 것은, 모델 작성자의 주의를 동적이고 종종 불안정한 화폐의 특성에 집중시키는 것이다.

아마도 양자 컴퓨팅의 언어로 가장 쉽게 표현될 수 있는 양자 접근법은 그것이 개념과 감성 수준의 심리적 얽힘이든(4장), 양자 게임이론의 사회적 얽힘이든(8장), 또는 대출과 같은 것을 통한 금융 얽힘이든(13장), 얽힘과 같은 핵심 경제 특성을 모델링하기 위한 자연스러운 프레임워크를 제공한다(13장). 그리고 그것은 시스템 생물학과 같은 분야에서 흔히 연구되는 종류의 확률적 동적 효과를 명시적으로 설명하지만, 적어도 금융을 제외한 일반 경제학에서는 역할이 전혀 크지 않았다(14장).

신고전주의 이론은 균형 개념에 기초하므로 질량 개념은 필요 없다. 아마도 이 또한 경제학에서 단위에 대한 관심이 부족한 한 가지 이유일 것이다. 대조적으로 양자 접근법은 질량의 자연스러운 정의와 정신적, 금전적 현상 모두를 표현하는 데 사용될 수 있는 일관된 단위 집합으로 이어진다(11장).

이 책은 양자 기법이 경제에 어떻게 적용될 수 있는지 맛보려고 했을 뿐이지만, 이 분야의 문헌은 상당히 크고 서로 다른 연구자들이 서로 다른 접근법을 취한다. 다음에서 논의하는 바와 같이 금융에서 양자 접근법이 이제 채택되고 있기는 하지만, 실험 데이터와 경험적 결과의 측면에서 양자 접근법은 인간의 의사결정 영역에서 가장 많이 개발되고 있다. 물리학의 배경을 가진 많은 사람들이 양자 접근법에 익숙할 것이고, 결과를 도출하기 위해 통계역학 등의 방법을 쉽게 적용할 수 있을 것이지만, 고전적 접근법으로 훈련된 사람들은 처음에는 그것이 어색하거나 지나치게 정교하다고 생각할 수도 있다. 그러나 양자경제학의 주요 교훈 중 하나는 경제가 양자 효과에서 나온다고 해서 양자 모델을 항상 의무적으로 사용해야 한다는 것을 의미하지는 않는다는 것이다. 다시 말하지만, 궁극적으로 양자 특성에서 발생하는 물의 복잡한 행태는 기상 시스템을 작동시키지만, 기후학자나 기상 예보관이 양자 물리학 학위를 필요로 한다는 것을 의미하지는 않는다. 마찬가지로, 화폐의 흐름을 파동 방정식을 쓰지 않고도 그 복잡하게 나타나는 특성을 존중하는 방식으로 시뮬레이션할 수 있다.

동시에, 양자 접근법은 또한 균형과 같은 고전적 가정에 의존하는 동적 확률론적 일반 균형 모델Dynamic Stochastic General Equilibrium, 이른바 거시경제학의 원동력을 포함한 특정 모델링 접근법을 배제하는 데 사용될 수 있다. 양자경제학은 경제학자들이 양자 역학의 전문가가 돼야 한다는 것을 의미하지는 않는다. 하지만 그들은 일부 빅토리아 시대의 역학을 잊어야 할 필요가 있을 것이다.

15.2 새로운 운영 시스템

아마도 양자 접근법에 대해 생각하는 가장 좋은 방법은 컴퓨터 운영 시스템의 측면일 것이다. 신고전주의 경제학은 고전적인 예/아니요 논리에 기초한다. 진술이 참이거나 거짓이며, 어떤 것이 동시에 둘 이상의 상태에 있을 수는 없다. 아리스토텔레스가 형이상학에서 썼듯이, "누구든 같은 존재가 어떤 것이거나 아닌 것을 동시에 충족하는 것을 믿는 것은 불가능하다."[1] 고전적 운영 시스템의 핵심은 비트[bit]로, 0이나 1의 값만 취할 수 있다. 제번스가 논리학을 공부하고 심지어 "로직 피아노"를 디자인한 것도, 혹은 폰 노이만이 이후에 고전적인 효용 이론과 디지털 컴퓨터를 프로그래밍하는 방법 모두에 대한 법칙을 제시한 것도 우연이 아니다.

폰 노이만이 개발한 양자 논리에서도 사물은 상태의 중첩에 있도록 허용된다. 진술이 참과 거짓이 동시에 될 수도 있고, 또는 큐비트가 $|0\rangle$과 $|1\rangle$의 중첩 위치에 있을 수도 있다. 배척 대신 상보성이 존재한다.

많은 사람들에게 양자적 접근이 부자연스럽게 보이는 이유는, 나는 우리가 고전적 논리의 전통에 깊이 빠져 있었기 때문이라고 믿는다. 그러나 도입부에서 언급했듯이 양자역학이 발명된 지 1세기가 넘은 지금 우리가 여전히 고전적인 운영 시스템과 정신적으로 동일한 시스템에서 운영하고 있는 것이 이상해 보인다. 업그레이드할 시간이 아닌가 생각된다.

통찰력의 일부가 실제로 심리학에서 영감을 받은 것을 감안할 때, 사회과학에서 양자 사상을 받아들이기를 꺼리는 것은 특히 이상하다. 예를 들어 양자론의 핵심은 닐스 보어의 상보성 원리[complementary principle]이다. 이것은 모두 동시에 관찰하거나 측정할 수 없는, 위치나 운동량과 같은 특정한 쌍의 상보성을 물체가 가지고 있다는 것을 주장한다. '상보성[complementarity]'이라는 용어는 19세기 후반 철학자이자 심리학자 윌리엄 제임스[William James]에 의해 소개됐는데, 보어[Bohr]의 생각은 큐비트처럼 우리가 동시에 마음에 반대되는 생각을 품을 수 있다는 심리학으로부터의 관찰에서 영감을 받았다고 한다.

---

1   Aristotle, 2009: 51

하지만 아마도 사회과학에 관한 한 양자 혁명의 완전한 전파가 성공하지 못한 한 가지 이유는 그들 역시 물리학을 전공하지 않았기 때문일 것이다. 이를 이해하려면 한발 물러서서 양자역학의 역사를 살펴볼 필요가 있다.

15.3 입 닥치고 계산하라

보어의 상보성은 곧 뉴에이지 과학 작가들에게 인기를 끌었지만 물리학자들 사이에서 더 일반적으로 인기를 끌지는 못했다. 훗날 하이젠베르크도 지적했듯이 "양자 이론 수학적 방법에 언어를 적응시키려면 아리스토텔레스 논리마저 바꿔야 한다는 사실이 밝혀졌다. 그것은 아무도 그것을 하고 싶어하지 않을 정도로 불쾌하다. 제한된 의미로 단어를 사용하는 것이 더 좋고, 우리가 세부적인 것에 들어가야 할 때만 수학적 방법을 사용한다."[2] 폴 디랙은 상보성이 "항상 모호하게 보이며, … 방정식으로 공식화할 수 있는 것이 아니다"라고 생각했다.[3]

보어와 하이젠베르크는 양자보완성의 의미를 두고 수개월 동안 논쟁을 벌였으나, 결국 1927년 말에 일종의 타협에 이르렀고, 이것이 코펜하겐 해석으로 알려지게 됐다. 이 해석 자체에 대한 해석은 다르지만, 표준 교과서 버전에서는 시스템 상태에 대한 우리의 지식은 관찰 결과에 한정돼 있다. 관찰 전에 입자의 상태는 파동함수에 의해 주어지며, 내재된 불확실성을 가지고 있다. 측정을 한 번만 실시하면 파형함수가 어떤 지정되지 않은 방식으로 붕괴되기 때문에 측정되는 수량이 잘 정의된 값을 갖는다. 맥스 본은 "입자의 움직임은 확률 법칙을 따르지만 확률 자체는 인과관계 법칙에 따라 전파된다"고 언급했다.[4]

이 해석은 많은 약점들을 가지고 있었다. 파동함수는 무엇이며, 어떻게 붕괴되는가? 그러나 적어도 수학적으로 일관된 이야기와 기술적 방법론을 제공하는 것 같았는데, 이는 물리학자인 데이비드 머민David Mermin이 나중에 "입 닥치고 계산하라"고 요약한 것이다. 미국 물리학자 존 클라우저John Clauser에 따르면, 다른 해석들이 "다양한 종교적 오명과 사회적 압박에 의해 사실상 금지된 것은 그러한 사고에 대항하는 복음

---

2   Buckley와 Peat, 1996
3   Farmelo, 2009, p128
4   Kumar, 2008, p220

주의 운동"에 해당한다고 할 정도로, 이는 지지자들에 의해 강력하게 추진됐다.[5] 양자 접근의 핵심에 있는 분열주의를 은유적으로 포착한 슈뢰딩거의 고양이가 다시 가방 안에 단단히 갇혔다.

동시에 많은 물리학자들은 코펜하겐의 해석, 심지어 양자 접근법의 전체 생각까지 도 싫어했다. 아인슈타인은 그것이 그에게 "논리의 일관성 없는 요소들로 꾸며진 극 도로 지능적인 편집증적 망상의 체계"를 상기시켰으며,[6] 그 이론이 틀렸거나 불완전 하다는 것을 보여주기 위해 몇 년을 보냈다. 더욱 최근에 물리학자인 스티븐 와인버 그steven Weinberg는 한 인터뷰에서 양자역학은 "우리가 혐오스러워하는 많은 특징들을 가지고 있다"고 말했다. 내가 양자역학에 대해 싫어하는 것은 인간이 자연에서 우리 가 실험이라고 부르는 어떤 개입을 했을 때 얻게 되는 확률을 계산하는 형식주의라는 것이다. 그리고 이론은 그 가설에 인간을 언급해서는 안 된다."[7]

양자 아이디어에 대한 이러한 반감은 과학에서 '부드러운' 주관성보다 '강한' 객관 성을 선호하는 일반적인 경향과 관련이 있는 것으로 보인다. ""강함"을 선호하고 "부 드러움"을 싫어하는 보상을 주는" 경제학 분야에서도 마찬가지라고 언급하고 있다 (Akerlof, 2020). 양자역학은 수학적 관점에서 보면 충분히 어려워 보이지만 불확실성, 주관성, 얽힘, 의식의 역할과 같은 부드러운 사상을 가리킨다.

물리학자들은 또한 양자 아이디어를 아원자 입자가 아닌 다른 어떤 것에나 적용 하려는 어떤 시도에도 공격적으로 밀어붙였다. 예를 들어 물리학자 머리 겔만Murray Gellmann은 그의 저서 『The Qurark and the Jaguar』(Abacus, 1994)의 한 장 전체를 "양 자역학과 터무니없는 이야기"에 바쳤다. 션 캐롤Sean Carroll이 2016년 저서 『The Big Picture: On the Origin of Life, Meaning, and the Universe Itself큰 그림: 생명의 기원, 의미, 우주 그 자체』에서 물리학으로 설명했듯이, "오해가 있는 곳에 오용은 그리 뒤지지 않을 것 이다. 과학 역사상 양자역학만큼 사기꾼들에 의해 오용되고 악용되고, 어려운 아이 디어와 신뢰를 가지고 고군분투하는 사람들에 의해 오해를 받는 이론은 없었다." 그 러나 내 생각으로는 사회과학에서 가장 크게 잘못 사용된 이론은 우리가 마치 고전적

5   Kumar, 2008: 356

6   Fine, 1996: 1

7   Hossenfelder, 2018, p124

머신과 같다는 아이디어다. 즉 원인과 결과의 메커니즘에 노예인 비활성 자동 머신이 되는 것이다. 이것은 "양자 치유"와 같은 것보다 훨씬 더 많은 피해를 입혔다.

15.4 양자여야 하는 이유

적어도 1960년대까지 코펜하겐 해석의 정통성을 엄격히 고수하는 것은 여러 가지 측면에서 모양을 유지하려는 시도로 보인다. 이론이 제공했던 딱딱한 계산력을 강조하고, 그 핵심에 있는 모순을 억누르기 위한 시도로 보인다. 대학에서 학부 과정을 통해 양자역학을 공부할 때, 나는 흥미진진한 성격의 아이디어와 고의적인 무미건조한 표현의 대조에 놀랐다. 그러므로 양자 아이디어가 다른 영역으로 쉽게 전파되지 않았다는 것은 놀라운 일이 아니다.

알렉산더 웬트Alexander Wendt에 따르면 사회과학은 다섯 가지 근본적 가정을 통합한 고전적 세계관에 바탕을 두고 있다. 1) 현실의 기본 단위는 물리적 물체이고(물리주의) 2) 더 큰 물체는 더 작은 물체로 줄일 수 있으며(환원주의) 3) 물체는 법과 같은 방식으로 행동한다(결정론) 4) 그 인과관계는 기계적이고 국지적이며(기계주의) 5) 객체는 이를 관찰하는 주체와 독립적으로 존재한다(객관주의).[8] 이 고전적 세계관은 인간의 행동을 이해하기 위해 사회과학에서 사용되는 모델을 심오하게 형성해 왔지만, "문제의 모델은 (기업이 당구공처럼 행동하고, 효용은 에너지와 같고, 합리적인 행위자들은 계산 머신처럼 행동하는 등) 모두 양자역학이 아닌 고전 물리학에서 따온 것이다. 그러므로 사회과학에서의 그들의 인지된 실패는 단지 잘못된 종류의 물리학일 뿐이지 물리학 그 자체는 아닐 수도 있다… 양자 모델이 더 잘할 수 있을지는 아직 두고봐야 할 일이다."

특히 경제학 분야는 완전 균형이라는 아리스토텔레스 사상을 특별히 강조하면서 뉴턴주의, 기계론적 패러다임을 밀착시켜왔다. 이것의 일부는 제도적 타성, 그리고 그들의 근원이 무엇이든 간에 새로운 아이디어에 대한 일반적인 저항 때문이다. 주류 경제학자들은 이런 식으로 보지 않는다. 한 예로서 다음과 같이 말한다. "경제학자들은 비판을 환영한다. 학계에서 우리는 서로(그리고 다른 사람들)를 비난하는 데 있어서 악명은 아니더라도 직접적이고, 갑작스럽고, 무례한 것으로 잘 알려져 있다. 방법론

---

8 Wendt, 2006

에 대해 매우 건전한 논의가 이루어지고 있다."[9] 그러나 노엄 촘스키Noam Chomsky가 관찰한 바와 같이, 학문적 다툼과 편향을 전혀 공유하지 않는 사람들의 진정한 비판 간에는 차이가 있다. 사람들을 수동적이고 순종적으로 유지하는 현명한 방법은 수용 가능한 의견의 범위를 엄격히 제한하는 것이지만 그 범위 내에서 매우 활발한 토론을 허용하는 것인데, 심지어 더 비판적이고 반체제적인 견해를 장려하는 것이다. 그것은 사람들에게 자유로운 사고가 진행되고 있다는 느낌을 주는 반면, 시스템의 전제조건은 항상 토론의 범위에 부과되는 제약에 의해 더욱 강화된다."[10]

2018년 잡지 〈이온Aeon〉의 일반 청중을 대상으로 하는 부분에서 양자경제학을 처음 발표한 이후 물리학자와 경제학자로부터 가장 공통된 반대 의견을 듣고 평가할 기회가 있었다.[11] (일부는 장 초반에 인용문으로 사용돼왔다.) 사회과학에서 양자접근법에 대한 한 가지 일반적인 반대는 양자적 과정이 스케일업(보어의 대응 원리)이 되지 않기 때문에 미시 수준에서 일어나는 일은 모든 것이 소멸되기 때문에 거시적 차원에서 우리에게 영향을 주지 않는다는 것이다. 그러나 양자 프로세스는 특히 기술의 사용을 통해 확장된다. 물리학에서 우리는 원자폭탄(소멸되지 않는 물질), 또는 같은 이유로 레이저 포인터를 가지고 있고, 사회에서는 선과 악에 사용될 수 있는 다시금 일종의 양자 사회 기술로 볼 수 있는 금융 시스템을 가지고 있다. 주류 모델의 이상한 특징은 전통적으로 금융권의 역할을 무시하거나 경시했다는 점이다. 이는 위기 이후 변화하기 시작했지만 양자 접근법은 예를 들어 금융파생상품에 인코딩된 것 같은 금융 얽힘과 같은 것에 관심을 가질 수 있는 장점을 가지고 있다.

또 하나의 반대는 양자사회과학이 '물리학에 대한 선망'의 궁극적인 예라는 것이다. 그러나 이것은 물리학에 이미 깊이 빠져 있는 계량 금융과 같은 것에는 거의 적용되지 않을 것이다. 또한 경제학에서 모델 남용이 넘치지만,[12] 물리학에 대한 선망이 주된 문제는 아니다. 대신 머신 과학의 미학적 기준에 근거해 보기 좋은 모델의 사용을 장려하는 것이 제도적 압박이다. 하지만 원하는 답을 주기에 파라미터와 움직이는 부분

---

9   Orrell, 2017: 336
10 Orrell, 2017:336
11 Orrell, 2018c. 후속편을 위해 Orrell, 2022b를 참조하라.
12 Wilmott and Orrell, 2017

이 너무 많다.

15.5 예측 테스트

물론 파인만이 지적했듯이 과학 이론의 전통적인 테스트는 정확한 예측을 할 수 있는 능력이다. 경제학자들은 당연히 덜 예민하다.[13] 케인즈가 그의 일반론에서 관찰한 대로, "전문 경제학자들은 맬서스 이후 그들의 이론의 결과와 관찰의 사실들 사이의 일치성이 결여된 것에 동요하지 않은 것이 분명했다. 평범한 사람도 관찰을 실패하지 않는 불일치였다." 효율적인 시장 가설의 주된 매력은 정확하지 않은 예측에 대한 평계를 제공한다는 것이었다.

사회과학은 종종 통제된 실험을 하는 것이 어렵거나 불가능하다는 점에서 물리학 같은 것과 다른 것이 사실이다. 즉 고려 중인 시스템은 매우 복잡하고, 사람들은 원자가 아니다 등등이다. 그 문제는 학술 과학에서 '예측'이라는 단어가 다소 느슨하게 사용되는 경우가 많아 더욱 복잡하다. 이는 흔히 이미 알려져 있거나 또는 놀라지 않는 결과가 재현될 수 있다는 것을 의미하는데, 이는 통상적인 의미(예: 폭풍이나 금융 위기의 예측)와 같지 않다.[14]

물리학에서도 예측은 종종 간단하지 않다. 양자론은 흔히 과학에서 그 예측 성과가 가장 뛰어나다고 하는데, 이것이 정당화된다. 그러나 이미 언급한 바와 같이 예측 범위는 다소 제한적이다. 아원자 상호작용에 대해서는 월등히 잘 기술하지만, 이러한 상호작용이 어떻게 물의 분자에서 결합해 유체의 새로운 특성을 만들어내는지에 대해서는 잘 기술하지 못한다.

이러한 결점은 차치하고라도, 양자경제학이 예측에 대해서는 아무런 언급 없이 경제에 대한 대안적 설명만 제시하면 양자경제학의 기여는 약한 것이 될 것이다. 그렇다면 예측 테스트에서 양자 접근법이 어떻게 측정될 수 있을까?

인간 인지 실험에서 양자 모델은 다양한 통제 심리학적 실험을 정확하게 시뮬레이션할 수 있고 행동 심리학자들이 연구한 종류의 다양한 인지적 효과를 재현할 수 있

---

13 Orrell, 2018b
14 Orrell, 2019a

다. 그리고 그것은 행동경제학에 비해 많은 특별 모델에 의존하지 않고 이것을 할 수 있어 행동경제학에 비해 더 큰 이점을 제공한다. 그러나 예측 정확성에 대한 가장 강력한 증거는 양자 모델의 구조적 특징에서 나온 것으로 단순히 모델을 조정한다고 해서 얻어지지는 않는다.

한 예로서 들 수 있는 것이 순서 효과order effects인데, 4장에서 보듯이 양자 모델에 의해 예측된 대칭성을 따른다. 행동경제학이 분야로 자리 잡기도 전에 작성된 1978년 논문에서, 카디르는 소비자의 선택은 "무엇보다도 다양한 상품에 대한 자신의 요구 사항이 발견되는 순서에 달려 있다"고 주장했다. 약 36년 후, 양자 인지 테스트에 관한 〈이코노미스트〉의 기사는 다음과 같이 확인할 수 있었다. "분명히 우리가 조사에 응할 때 내리는 판단의 종류는 단순히 우리의 기억에서 읽는 것이 아니라 우리의 인지 상태(매우 불확실할 수 있음)와 그것이 작용하고 있는 맥락(다른 요인 중에서도 질문 순서에 의해 영향을 받을 수 있음)에 의존한다는 것이다. 다시 말해서 이는 물리학자들이 애초에 양자 이론을 개발하도록 이끌었던 그런 수수께끼 같은 현상에 대한 인지적으로 동일한 개념이다."[15]

또 다른 예는 양자결정론의 1/4 법칙인데, 통제된 실험의 범위에서 증명돼 왔으며, 전략적 모기지 채무불이행strategic mortgage default의 경우에 대해서 13장에서 적용됐다. 물리학과 마찬가지로 사회 시스템도 변화가 일어나기 위해서는 넘어야 할 양자 임계치를 가지고 있다.

옵션 가격의 양자 워크 모델은 모델이 시스템에 영향을 미친다는 사실에 의해 사회과학에서 예측이 얼마나 복잡한지를 보여주는 좋은 예다. 1970년대 이후, 트레이더들은 노벨상을 수여한 블랙-숄즈 모델을 사용해 옵션 가격을 계산할 수 있게 됐기 때문에 가격이 그 모델을 상당히 가깝게 추적하는 경향이 있다는 것은 놀랄 일이 아니다. 양자 모델은 내재 변동성이 만기일에 따라 어떻게 달라지는지, 또는 행사 가격에 따라 거래량이 어떻게 변하는지와 같은 특징들을 설명하는 데 도움을 줄 수 있다. 하지만 양자 모델에 대한 궁극적인 테스트는 아마도 트레이더들이 그것들로부터 돈을 벌 수 있는지가 될 것이며 현재 진행 중인 작업이다.

---

15 익명, 2014

11장에서는 수요와 공급의 양자 모델이 승법적 상수에 대한 추정치를 포함해 가격 영향의 제곱근 법칙을 어떻게 예측(또는 예측)하는지 보여줬다. 또한 가격 변동이 영향과 시간에 따라 선형적으로 어떻게 달라지는지를 설명하는 공식을 제공한다. 이 패턴은 이론이 제안된 후에 데이터에서만 발견됐기 때문에 예측으로 간주된다(물론 동일한 효과가 변동성 스마일 배후의 숨겨져 있어 쉽게 볼 수 없었지만).

14장은 수요와 공급의 양자 모델이 어떻게 금융 거래의 확률적 모델을 만들 수 있는지를 보여주었다. 계산 생물학에서, 유사한 확률론적 모델들은 예를 들어 확률론을 조절하는 유전적 피드백 루프를 변경함으로써, 미생물에 대한 통제된 실험을 함으로써 테스트됐다.[16] 경제학에서는 (참여자를 유전자 조작할 필요 없이) 유사한 실험을 할 수 있어야 하지만, 다시 한 번 이것은 더 현실적인 모델의 개발을 기다릴 것이다.

그러나 양자역학의 주요 혜택이 아원자적 교환의 특성을 모델링하고 예측하는 능력인 것처럼 양자경제학의 주요 특징은 금융 교환의 성격을 포착하는 능력이다. 차이점은 양자역학에서는 이러한 것들이 놀랄 만큼 이상한 것으로 보이지만, 경제학에서는 완전히 명백하다는 것이다. 우리는 화폐가 급증하고, 신용 대출자와 차입자가 얽히고, 자산 가치가 측정될 때까지 불확정이라는 것을 증명하기 위해 입자 가속기가 필요하지 않다. 양자 접근법이 이러한 특성들을 "예측한다"고 말하기보다는, 그것들을 표현하기 위한 정확한 수학 프레임워크를 제공한다고 보는 것이 더 정확하다.

그러므로 경제의 주요 특성을 예측하고 설명하는 방법으로서 양자경제학이 고전적인 접근법보다 낫다고 주장할 수 있다. 그러나 항상 의사결정에 있어 그렇듯이 양자적 접근법으로의 전환은 논리적인 논쟁에 의해서가 아니라 주관적인 요인들에 의해 이뤄질 것이다(그리고 당신의 마음을 바꾸는 비용은 높다).

주류 경제학이 150년 넘게 역학적 접근 방식과 결합해왔다는 점을 감안하면 손실 회피가 한 요인이 될 수 있다. 2009년 자금 매니저 제레미 그랜섬Jeremy Grantham은 고객들에게 이렇게 썼다. "경쟁적인 아이디어를 질식시킬 수 있는 지배적인 학문적 아이디어의 힘을 과소평가하지 말고, 증거 앞에서도 학자들이 그들의 견해를 바꾸기를 꺼리는 것을 결코 과소평가하지 말라. 그들은 방어해야 할 수십 년 동안의 연구와 학문적

---

16 Ramsey et al., 2006

지위를 가지고 있다."[17]

사실 신고전주의 경제학이 자랑할 만한 예측 성과도 없이 1세기 반 동안 제자리를 지켜왔다는 사실은 예측이 실제로 테스트 대상이 아니라는 것을 암시한다. 대신 어떤 이론이 금융업 내에서 혹은 밖에서든 강력한 구성원에 이익이 되는 이야기를 한다면 받아들여질 것이다. 어빙 피셔Irving Fisher는 "금융적 또는 정치적 이해관계가 개입된다면 유클리드 이론이 심하게 논박될 것이라는 주장은 거의 과장된 것이 아니다"라고 기술하고 있다.[18] 그리고 정교한 금융 행위자들이 최적의 균형을 이루도록 가격을 끌어올린다는 주류 이론은 금융 부문의 비위를 상하지 않게 한다는 점에서 이기기 어렵다.

15.6 다른 이름의 양자

그러나 이것을 바라보는 또 다른 방법이 있는데, 그것은 바로 경제가 이미 양자화되고 있다는 것이다. 그것은 단지 매우 오랜 시간이 걸릴 뿐이다. 그리고 아무도 "양자quantum"라는 단어를 언급하지 않는다.

양자역학의 주요 아이디어는 불확정성, 간섭, 얽힘과 같은 것들을 포함한다. 이 모든 것들은 천천히 경제학으로 나아가고 있고, 한동안 존재해왔다.

한 세기 전 1921년 『Treatise on Probability』에서 당시 케임브리지대학교 학생이었던 존 메이너드 케인즈는 경제학자들이 가정하는 이른바 '자연법칙의 원자적 성격'을 비판했다. "만약 이런 종류의 가정이 정당화된다면, 물질적 우주 시스템은 이들은 각각 분리되고, 독립적이며, 불변하는 효과를 발휘하는 우리가 법적 원자legal atom라 칭하는 것으로 구성돼야 한다."

5년 후, 그는 다시 이렇게 썼다. "물리학에서 너무나 훌륭하게 작용한 원자 가설은 심리학(즉, 정신 현상)에서 무너진다. 우리는 유기적 통일, 이산성, 불연속성의 문제에 매 차례 직면해있다. 즉 전체는 부분의 합과 같지 않고, 양의 비교는 실패하며, 작은 변화는 큰 효과를 낳으며, 균일하고 균질한 연속성의 가정을 만족시키지 못한다."

---

17 Grantham, 2009
18 Fisher, 1911

그러나 그때까지도 케인즈는 "원자"에 대한 그의 정의가 시대에 뒤떨어져 있다는 것을 알고 있었을 것이다. 그는 이듬해 베를린에서 강연하면서 아인슈타인을 만났는데, 그의 고용·이해·화폐의 일반 이론이란 제목은 아인슈타인의 상대성 일반 이론의 영향을 받았는지도 모른다.

고전적인 "원자 가설"은 사라지지 않고 파마가 그의 효율적 시장 가설로 다음 단계로 끌려갔다. 효율적 시장 가설이 바탕이 된 랜덤 워크 모델은 바셸리에에 의해 처음 개발됐을지 모르지만 아인슈타인이 1905년 원자 질량을 추정하기 위해 그것을 사용한 후에야 과학적 존중을 얻었다. 몬테카를로법과 같은 기법과 함께, 나중에 맨해튼 프로젝트에서 원자 소자의 핵에서 중성자의 움직임을 시뮬레이션하는 데 사용됐고, 거기서부터 금융으로 확산됐다.[19] 첨단수학과 물리학과의 연관성은 1960년대에 (흔히 전직 물리학자에 의해 개발된) 경제학과 수학 금융에 신뢰성을 부여했고, 효율적 시장은 가격이 가치와 동등한 안정적이고 최적의 균형 상태로 이끌린다는 생각에 신뢰를 줬다.

경제학자 앤드루 로Andrew Lo가 지적한 것처럼 효율적 시장 이론의 "랜덤성에 대한 강한 동기는 사회과학 중에서도 유일하며 양자역학에서 불확실성이 수행하는 역할을 연상시킨다"는 것이다.[20] 그러나 이 이론이 양자 이론의 확률적 성격에 영향을 받았다면, 이것은 얽힘과 간섭과 같은 덜 정돈된 다른 특징들을 생략한 정제된 버전이었다.

효율적 시장 이론은 투자자들을 자신의 효용을 최적화하는 데 열심인 이성적 에이전트로 취급한 반면, 2007~2008년 금융 위기로 인한 한 가지 결과는 행동경제학에 대한 갑작스런 관심이었다. 행동심리학 분야는 1970년대부터 존재해왔지만, 그 위기로 인해 경제학자들도 인간 합리성에 대한 문제를 조금 더 회의적인 입장에서 곰곰이 생각해보게 됐다. 3장에서 논의한 바와 같이 행동경제학은 심각한 도전자라기보다는 고전적 효용 이론에 대한 조정으로 가장 잘 이해되는데, 이것이 행동경제학을 수용하게 된 한 가지 이유이기도 하지만 고전적 접근법의 모순을 지적함으로써 과도기적 단계로서의 역할도 했다.

금융 위기 이후 새롭게 관심을 모아야 할 또 다른 분야는 시스템 동학system dynamics이며, 보다 일반적으로 경제를 균형으로 수렴하지 않는 동적 시스템으로 보는 시각이

---

19 Cootner, 1964
20 Lo, 2008: 104

다. 경제학자 하이만 민스키^{Hyman Minsky}가 1960년대에 설명했음에도 불구하고, 금융 위기 이전에는 낙관주의가 절정에 달하고 쇠퇴하기 시작하는 신용 사이클의 전환점이라고 하는 "민스키 모멘트^{Minsky Moment}"를 들어 본 사람은 거의 없었다. 경제를 정적 시스템으로 보는 대신에 힘과 피드백 루프 측면에서 생각할 필요가 있다. 그리고 시스템을 처음부터 동적 시스템으로 표현하지 않으면, 시스템의 동적 성격을 양자화할 수 없다.[21]

"불연속성이나 얽힘"의 속성들에 대해서는 14장의 금융 시스템의 에이전트 기반 모델에서 언급된 바와 같이, 현재 주요 연구 분야가 되고 있다. 화폐는 양자이기 때문에 이러한 어떤 모델도 자체적으로 양자 속성을 취한다. 즉 채무자와 채권자가 대출 계약을 통해 얽히는 방식이나, "즉시적이고 불연속적으로" 화폐 창출이 일어나는 방식(영란은행 보고서가 주목했듯이, 전통적인 모델로는 다루기 어려운) 등등의 자체적인 방식을 취한다.[22] 만약 에이전트에게 양자 속성을 부여하면 결과는 양자 에이전트 기반 모델이 된다. 하지만 이 단계가 없어도 모델은 양자 특성을 가진다(리처드 워너^{Richard Werner}가 2016년에 "지난 반세기 동안 세계중앙은행의 수천 명의 연구자들에게 은행 신용 창조의 주제는 사실상 금기시돼 왔다"고 기술할 수 있었던 이유를 설명할 수 있을 것이다[23]).

다시 말해서, 경제학은 그 자체를 양자화하고 있을 수도 있지만, 아직 갈 길이 남아 있다. 심지어 양자 금융 분야도 고전적 문제를 해결하기 위해 양자 기법을 사용하는 데 집중하는 경향이 있었다. 그렇다면 무엇이 경제학이 마침내 고전역학적 사고의 족쇄를 벗어던지고 완전한 양자 구도로 갈 수 있도록 할까에 대한 의문이 존재한다.

15.7 양자 계산

사실 우리는 이미 이것이 어떻게 진행될지에 대한 템플릿을 가지고 있다.

주류 경제학은 적어도 1세기 반 전으로 거슬러 올라가는 뿌리를 가지고 있지만 우리 모두가 합리적인 컴퓨터처럼 행동한다는 생각은 실제로 프로그램 가능한 컴퓨터의 전후 개발에서 출발했다. 비슷하게, 블랙-숄즈 모델은 부분적으로 버튼만 누르면

---

21 양자화할 수 있지만, 아마도 좋은 생각은 아닐 것이다.
22 Jakab and Kumhof, 2015
23 Werner, 2016; Haring, 2013도 참조하라.

작동할 수 있는 손 계산기가 등장했기 때문에 1970년대에 인기를 끌었다. 그리고 경제 분야는 금융 시장과의 연관성 때문에 신뢰성과 자금 지원을 얻었다.

오늘날, 고전적인 컴퓨터들은 양자 컴퓨터의 등장으로 도전을 받게 됐다. 양자 컴퓨팅이 고전적인 기계와 사이버 보안과 같은 고급 영역을 능가하려는 목표에 성공할지, 아니면 유용한 핵융합과 같은 (지금까지) 감질나게 손이 닿지 않는 상태로 유지될지는 현재로서는 알 수 없다. 국가 주도의 컨소시엄과 스타트업에서 IBM, 구글에 이르는 기업들이 참여하는 시도 그 자체는 이미 양자 아이디어에 관심을 모으고 있으며, 인간의 심리학에서 국제 관계에 이르는 모든 것에 대한 우리의 사고방식을 형성하고 있다. 그리고 RBS의 혁신 담당 이사가 2017년 블룸버그에 "우리는 금융 서비스가 일종의 표적이라고 생각한다"고 말한 바 있다.[24]

결국 양자 컴퓨터를 이용해 블랙-숄즈(1973년 발표)와 같은 금융 모델을 운영하는 것은 다소 고전적인 컴퓨터 게임 퐁(1972년 출시)을 모방하기 위해 양자 컴퓨터를 쓰는 것과 같다. 훨씬 빠른 양자 워크를 실행하는 장치를 사용할 있을 때, 왜 랜덤 워크를 사용해 주식을 시뮬레이션하는가? 〈이코노미스트〉가 2020년에 언급한 바와 같이, 양자 금융 알고리듬이 조만간 배포될 수 있다. 시장 규모의 확장성을 고려할 때, 심지어 조그마한 이점도 커다란 투자 가치를 가질 수 있다.[25]

그러므로 고전적인 경우과 마찬가지로 경제학에 대한 양자 접근법은 컴퓨터 하드웨어와 소프트웨어의 개발로부터 에너지를 얻을 것이고, 금융에서 그것의 첫 번째 애플리케이션을 찾을 것이다. 그러나 한 가지 차이가 있다. 효율적 시장 이론은 금융 부문에 어필했다. 왜냐하면 그것은 예측하는 것이 불가능하다고 말한 가격을 정확하게 예측하는 것이 아니라 통계 법칙에 의해 지배되는 가격 분포에 베팅함으로써 확실하게 돈을 벌 수 있는 방법을 제공하는 것처럼 보였기 때문이다. 동시에 금융 부문을 합리적인 행위의 전형으로 제시함으로써 귀중한 홍보 장치 역할을 했다. 그리고 그것의 수학적 가격 방정식은 복잡한 파생 상품망으로 전체 금융 시스템을 정당화하는 데 도움을 줬다.

양자경제학의 메시지는 조금 다르다. 금융 시스템이 불확실하고 역동적이며 얽혀

---

24 Asmundsson, 2017
25 익명, 2020

있으면 가치와 가격의 방정식이 무너진다. 가격 분포는 깔끔한 법칙에 의해 주도되지는 않지만, 새로운 특성들로 더 잘 파악된다. 그리고 완벽하게 합리적이기는커녕, 투자자들은 예측할 수 없는 방법으로 간섭하거나 축적되는 수많은 내외부의 힘에 영향을 받는다. 자산 가치 평가는 보는 사람의 눈에 따라 달라진다. 그리고 우리가 1/4 법칙을 지침으로 삼을 경우, 불확실성은 플러스 또는 마이너스 25%이다.

양자경제학은 이 복잡한 생활 시스템을 정확하게 예측하지 못할 수도 있지만, 그것을 탐색하는 데 도움이 될 것이다. 과학에서 양자 사상의 역사에서 한 가지 교훈이 있다면, 그러한 사상을 소수 엘리트만이 이해할 수 있는 접근하기 어려운 방정식으로 봉인해서는 안 된다는 것이다. 결국 아원자 입자의 작용은 우리의 일상 생활에서 우리와 관계없지만, 양자 세계에 대한 화폐의 작용은 확실히 우리와 관계 있다. 나는 이 책이 현재 경제와 금융에서 진행 중인 오랫동안 지연해온 양자 등급 상향에 대한 일종의 사용자 매뉴얼이 되기를 바란다.

양자 우월성

양자경제학은 양자 컴퓨팅이 원산지인데, 양자 컴퓨팅은 계량 금융과 같은 영역의 재편을 약속하기 때문만이 아니라 궁극적으로는 경제에 대한 우리의 사고방식을 바꿀 것이기 때문이다.

참고문헌

Aaronson S (2013) *Quantum Computing Since Democritus*. Cambridge: Cambridge University Press.

Acacio de Barros J and Oas G (2015) Quantum Cognition, Neural Oscillators, and Negative Probabilities. In: Haven E and Khrennikov A (eds), *The Palgrave Handbook of Quantum Models in Social Science*. London: Palgrave Macmillan, 195-228.

Accardi L, Khrennikov A and Ohya M (2008) The Problem of Quantum-Like Representation in Economy, Cognitive Science, And Genetics. In Freudenberg W, Ohya M and Accardi L (eds), *Quantum Bio-Informatics II: From Quantum Information To Bio-Informatics*. Conference proceedings, Tokyo University of Science, Japan, 12-16 March 2008, 1-8.

Agrawal PM and Sharda R (2013) OR Forum – Quantum Mechanics and Human Decision Making. Operations Research 61(1): 1-16.

Aharonov Y, Davidovich L and Zagury N (1993) Quantum random walks. *Physical Review A* 48(2): 1687.

Ahn K, Choi MY, Dai B, Sohn S and Yang B (2017) Modeling stock return distributions with a quantum harmonic oscillator. *EPL* 120(3): 38003.

Akerlof GA (2020) Sins of Omission and the Practice of Economics. Journal of Economic Literature 58(2): 405–418.

Anonymous (2014) Equal and opposite. *The Economist*, 8 July.

Anonymous (2021) Schrödinger's markets. *The Economist*, 6 Nov.

Arioli G and Valente G (2021) What Is Really Quantum in Quantum Econophysics? *Philosophy of Science* 88(4), 665-685.

Aristotle (2009) *Metaphysics* (W.D. Ross, trans.) Sioux Falls, SD: NuVision Publications.

Asmundsson J (2017) Quantum Computing Might Be Here Sooner Than You Think. *Bloomberg*, 14 June. Retrieved from: https://www.bloomberg.com/news/features/2017-06-14/the-machine-of-tomorrow-today-quantum-computing-on-the-verge

Baaquie BE (2007) *Quantum Finance: Path Integrals and Hamiltonians for Options and Interest Rates*. Cambridge: Cambridge University Press.

Bachelier L (1900) Théorie de la spéculation. *Annales Scientifiques de l'École Normale Supérieure* 3 (17): 21–86.

Bagarello F (2006) An operatorial approach to stock markets. *Journal of Physics A* 39 (22): 6823-6840.

Bagarello F, Basieva I and Khrennikov A (2017) Quantum field inspired model of decision making: Asymptotic stabilization of belief state via interaction with surrounding mental environment. *Journal of Mathematical Psychology* 82: 159-168.

Bagassi M and Macchi L (2007) The "vanishing" of the disjunction effect by sensible procrastination. *Mind & Society* 6(1): 41-52.

Balvers R , Wu Y, and Gilliland E (2000). Mean Reversion across National Stock Markets and Parametric Contrarian Investment Strategies. *The Journal of Finance*, 55: 745-772.

Bensoussan A, Chutani A and Sethi S (2009) Optimal Cash Management under Uncertainty. *Operations Research Letters* 37: 425-429.

Bergsma K, Csapi V, Diavatopoulos D and Fodor A (2020) Show me the money: Option moneyness concentration and future stock returns. *Journal of Futures Markets* 40: 761– 775.

Bernanke B (1995) The Macroeconomics of the Great Depression: A Comparative Approach. *Journal of Money, Credit, and Banking 27*(1): 1–28.

Bernanke B (2006) Basel II: Its Promise and Its Challenges. Retrieved from: http://www.federalreserve.gov/newsevents/speech/bernanke20060518a.htm

Bhutta N, Dokko J and Shan H (2010) The Depth of Negative Equity and Mortgage Default Decisions. *Federal Reserve Board*, FEDS Working Paper No. 2010-35.

Black F and Scholes M (1973) The Pricing of Options and Corporate Liabilities. *Journal of Political Economy* 81 (3): 637–54.

Blutner R and Graben P (2016) Quantum cognition and bounded rationality. *Synthese* 193(10): 3239–3291.

Bouchaud J-P (2009) The (unfortunate) complexity of the economy. *Physics World* 22: 28–32.

Brogioli D (2013) Violation of the mass-action law in dilute chemical systems. *The Journal of chemical physics* 139(18): 184102.

Bromiley PA (2018) Products and Convolutions of Gaussian Probability Density Functions, Tina Memo No. 2003-003. Retrieved from: http://www.tinavision.net/docs/memos/2003-003.pdf

Brun TA, Carteret HA and Ambainis A (2003) Quantum random walks with decoherent coins. *Physical Review A* 67(3): 032304.

Bucci F, Mastromatteo I, Benzaquen M, Bouchaud JP (2019) Impact is not just volatility. *Quantitative Finance* 19(11):1763-6.

Buckley P and Peat FD (1996) Werner Heisenberg 1901-1976. In *Glimpsing Reality: Ideas in Physics and the Link to Biology*. Toronto: University of Toronto Press.

Busemeyer J and Bruza P (2012) *Quantum Models of Cognition and Decision*. Cambridge: Cambridge University Press.

Busemeyer JR, Wang Z and Shiffrin RS (2015) Bayesian model comparison favors quantum over standard decision theory account for dynamic inconsistency. *Decision* 2: 1–12.

Caginalp C and Caginalp G (2019) Price equations with symmetric supply/demand; implications for fat tails. *Economics Letters* 176: 79-82.

Carroll S (2016) *The Big Picture: On the Origins of Life, Meaning, and the Universe Itself*. New York: Dutton.

Chandrashekar CM, Srikanth R and Laflamme R (2008) Optimizing the discrete time quantum walk using a SU(2) coin. *Physical Review A* 77: 032326.

Charness G, Karni E and Levin D (2010) On the conjunction fallacy in probability judgement: new experimental evidence regarding Linda. *Games and Economic Behavior* 68: 551-556.

Chen Z (2004) Quantum theory for the binomial model in finance theory. *Journal of Systems Science and Complexity* 17(4): 567-573.

Childs AM (2009) Universal computation by quantum walk. *Physical Review Letters* 102(18): 180501.

Childs AM and Goldstone J (2004) Spatial search by quantum walk. *Physical Review A* 70(2): 022314.

Chomsky N (1998) *The Common Good*. New York: Odonian Press.

Christley S and Madey G (2004) Cultural Dissemination using a Quantum Model. *NAACSOS Conference*, Pittsburgh, June 2004.

Clark M (director) (1999) *The M1idas Formula* (motion picture). Transcript retrieved from: https://www.pbs.org/wgbh/nova/transcripts/2704stockmarket.html

Cont R and Fonseca J (2002) Dynamics of implied volatility surfaces. *Quantitative Finance* 2(1): 45-60.

Cootner PH (1964) *The Random Character of Stock Market Prices*. Cambridge, MA: MIT Press.

Cox JC, Ross SA and Rubinstein M (1979) Option pricing: a simplifed approach. *Journal of Financial Economics* 7(3): 229-263.

Daglish T, Hull J and Suo W (2007) Volatility surfaces: theory, rules of thumb, and empirical evidence. *Quantitative Finance* 7(5): 507-524.

Der Derian J (1998) Review: The Scriptures of Security. *Mershon International Studies Review* 42(1): 117-122.

Der Derian J and Wendt A (eds) (2022) *Quantizing International Relations: A Human Science for World Politics*. Oxford: Oxford University Press.

Durden T (2020) Neel Kashkari Says Fed Has "Infinite" Amount Of Cash, "We Create It Electronically". *Zero Hedge*, March 23, 2020.

Earle J, Moran C and Ward-Perkins Z (2016) The Econocracy: *The Perils of Leaving Economics to the Experts*. Manchester: Manchester University Press.

Edge A (1983) Oliver Heaviside (1850-1927) – Physical mathematician. *Teaching mathematics and its applications* 2: 55-61.

Einstein A (1905) Über einen die Erzeugung und Verwandlung des Lichtes betr effenden heuristischen Gesichtspunkt (On a Heuristic Viewpoint Concerning the Production and Transformation of Light). *Annalen Der Physik 17*(6): 132–148.

Einstein A, Born H and Born M (1971) *The Born-Einstein-letters*. London: Macmillan.

Eisert J, Wilkens M and Lewenstein M (1999) Quantum Games and Quantum Strategies. *Physical Review Letters* 83(15): 3077–3080.

Fama EF (1965) *Random walks in stock-market prices*. Chicago: Graduate School of Business, University of Chicago.

Farmelo G (2009) *The Strangest Man: The Hidden Life of Paul Dirac, Quantum Genius*. London: Faber.

Favre M, Wittwer A, Heinimann HR, Yukalov VI and Sornette D (2016) Quantum Decision Theory in Simple Risky Choices. *PLOS ONE* 11(12): e0168045

Feynman R (1964) *The Feynman Lectures on Physics*. Reading: Addison-Wesley.

Fine A (1996) *The Shaky Game*. Chicago: University of Chicago Press.

Fischer R and Braun D (2003) Nontrivial bookkeeping: A mechanical perspective. *Physica A* 324: 266-271.

Fisher I (1892) *Mathematical investigations in the theory of value and prices*. New Haven, CT: Connecticut Academy of Arts and Sciences.

Fisher I (1911) *The Purchasing Power of Money*. New York: The Macmillan Co.

Fougères A-J (2016) Towards quantum agents: the superposition state property. *International Journal of Computer Science Issues* 13: 20–27.

Fouque JP, Papanicolaou G, Sircar R and Solna K (2004) Maturity Cycles in Implied Volatility. *Finance and Stochastics* 8: 451.

Fuss IG and Navarro DJ (2013) Open Parallel Cooperative and Competitive Decision Processes: A Potential Provenance for Quantum Probability Decision Models. *Topics in Cognitive Science* 5(4): 818-843.

Gao T and Chen Y (2017) A quantum anharmonic oscillator model for the stock market. *Physica A* 468: 307-314.

Gell-Mann M (1994) *The Quark and the Jaguar: Adventures in the Simple and the Complex*. New York: W.H. Freeman and Company.

Gold JI and Shadlen MN (2007) The neural basis of decision making. *Annual review of neuroscience* 30: 535-74.

Goldstein S, Hara T and Tasaki H (2015) Extremely quick thermalization in a macroscopic quantum system for a typical nonequilibrium subspace. *New Journal of Physics* 17(4): 045002.

Gonçalves CP and Gonçalves C (2008) An Evolutionary Quantum Game Model of Financial Market Dynamics − Theory and Evidence. *Capital Markets: Asset Pricing & Valuation* 11(31).

Goodhart C, Romanidis N, Tsomocos D and Shubik M (2016) Macro-Modelling, Default and Money. FMG Discussion Paper DP755. London: London School of Economics and Political Science.

Grabbe JO (2005) An introduction to quantum game theory. Retrieved from: https://arxiv.org/abs/quant-ph/0506219

Graeber D (2018) *Bullshit Jobs: A Theory*. New York: Simon and Schuster.

Grantham J (2009) Obama and the Teflon Men, and Other Short Stories. Part 1. *GMO Quarterly Letter*, January.

Grether DM and Plott CR (1979) Economic Theory of Choice and the Preference Reversal Phenomenon. *The American Economic Review* 69(4): 623-638.

Grover LK (1996) *A fast quantum mechanical algorithm for database search*, Proceedings, 28th Annual ACM Symposium on the Theory of Computing, (May 1996).

Güth W, Schmittberger R and Schwarze B (1982) An experimental analysis of ultimatum bargaining. *Journal of Economic Behavior and Organization* 3(4): 367.

Guiso L, Sapienza P, and Zingales L (2013) The determinants of attitudes toward strategic default on mortgages. *The Journal of Finance* 68(4): 1473-1515.

Guthrie J (2016) Prisoner's Dilemma reveals bond fund risks. *Financial Times*, 6 March.

Halpern JY (2003) *Reasoning about Uncertainty*. Cambridge, MA: MIT Press.

Hanauske M, Kunz J, Bernius S and Konig W (2010) Doves and hawks in economics revisited: An evolutionary quantum game theory based analysis of financial crises.

Physica A 389 (21): 5084–5102.

Häring N (2013) The veil of deception over money. *Real World Economics Review* 63: 2–18.

Haug EG (2004) Why so Negative to Negative Probabilities. *Wilmott*, September: 34-38.

Haven E and Khrennikov A (2013) *Quantum Social Science*. Cambridge: Cambridge University Press.

Haven E, Khrennikov A and Robinson T (2017) *Quantum Methods for Social Science: A First Course*, New Jersey: World Scientific.

Hossenfelder S (2018) *Lost in Math: How Beauty Leads Physics Astray*. New York: Basic Books.

Institute for Quantum Computing, University of Waterloo (n.d.) Quantum computing 101. Retrieved from: https://uwaterloo.ca/institute-for-quantumcomputing/quantum-computing-101

International Monetary Fund (2006) Global Financial Stability Report: Market Developments and Issues, April. Washington, DC: International Monetary Fund.

Jakimowicz A (2020) The Role of Entropy in the Development of Economics. *Entropy* 22: 452.

Jakab Z and Kumhof M (2015) Banks are not intermediaries of loanable funds – and why this matters. *Bank of England Working Papers* (529).

Jarrow R and Rudd A (1983) Option Pricing. Homewood, IL: Dow Jones-Irwin Publishing.

Kahneman D (2011) *Thinking, Fast and Slow*. New York: Farrar, Straus and Giroux.

Kahneman D, Knetsch JL and Thaler R (1990) Experimental Tests of the Endowment Effect and the Coase Theorem. *Journal of Political Economy* 98: 1325-1348.

Kempe J (2003) Quantum random walk – an introductory overview. *Contemporary Physics* 44: 307.

Kendall MG and Hill AB (1953) The Analysis of Economic Time-Series – Part I: Prices. *Journal of the Royal Statistical Society, Series A* 116(1): 11–34.

Khan FS, Solmeyer N, Balu R and Humble TS (2018) Quantum games: a review of the history, current state, and interpretation. *Quantum Information Processing* 17(11): 309.

Khrennikov A (2015) Quantum-like modelling of cognition. *Frontiers in Physics* 3: 77.

Khrennikov A (2016) 'Social Laser': action amplification by stimulated emission of social energy. *Philosophical Transactions of the Royal Society A: Mathematical, Physical and Engineering Sciences* 374(2054): 20150094.

Khrennikova P and Patra S (2019) Asset trading under non-classical ambiguity and heterogeneous beliefs. *Physica A* 521(C): 562-577.

Kim YS and Noz ME (2005) Coupled oscillators, entangled oscillators, and Lorentz-covariant harmonic oscillators. *Journal of Optics B: Quantum and Semiclassical Optics* 7(12): S458.

Kitto K and Boschetti F (2013) Attitudes, ideologies and self-organization: Information load minimization in multi-agent decision making. *Advances in Complex Systems* 16: 1350029.

Knapp G (1924) *The State Theory of Money*. London: Macmillan and Company.

Kondratenko AV (2015) *Probabilistic Economic Theory*. Novosibirsk: Nauka

Kondratenko AV (2021) *Probabilistic Theory of Stock Exchanges*. Novosibirsk: Nauka

Kondratyev A (2020) Non-Differentiable Learning of Quantum Circuit Born Machine with Genetic Algorithm. Available at: https://ssrn.com/abstract=3569226

Kovalenko T and Sornette D (2018) The Conjunction Fallacy in Quantum Decision Theory. Swiss Finance Institute Research Paper No. 18-15.

Kumar M (2008) *Quantum: Einstein, Bohr and the Great Debate About the Nature of Reality*. London: Icon Books.

Kvam PD, Pleskac TJ, Yu S and Busemeyer JR (2015) Quantum interference in evidence accumulation. *Proceedings of the National Academy of Sciences* 112 (34): 10645-10650.

La Mura (2009) Projective Expected Utility. *Journal of Mathematical Psychology* 53(5): 408-414.

Lambert N, Chen Y-N, Cheng Y-C, Li C-M, Chen G-Y and Nori F (2013) Quantum biology. *Nature Physics* 9(1): 10–18.

Laughlin RB (2005) *A Different Universe: Reinventing physics from the bottom down*. New York: Basic Books.

Lecca P (2013) Stochastic chemical kinetics: A review of the modeling and simulation approaches. *Biophysical reviews* 5(4): 323–345.

Lee RST (2021) Quantum Finance Forecast System with Quantum Anharmonic Oscillator Model for Quantum Price Level Modeling. *International Advance Journal of Engineering Research* 4(02): 01-21.

Lemos GB and Schaffer S (2021) Obliterating Thingness: an Introduction to the "What" and the "So What" of Quantum Physics. *Foundations of Science* 26(1): 7-26.

LiPuma E and Lee B (2004) *Financial Derivatives And The Globalization Of Risk*. Durham: Duke University Press.

Lloyd S (2000) Ultimate physical limits to computation. *Nature* 406(6799): 1047–1054.

Lo AW (2008) Efficient Markets Hypothesis. In: Durlauf SN and Blume LE(eds), *The New Palgrave Dictionary of Economics, Second Edition*. London: Palgrave Macmillan.

Lux T and Marchesi M (1999) Scaling and criticality in a stochastic multi-agent model of a financial market. *Nature* 397: 498-500.

Mackay TD, Bartlett SD, Stephenson LT and Sanders BC (2002) Quantum walks in higher dimensions. *Journal of Physics A: Mathematical and General* 35(12): 2745-2753.

MacLeod H (1856) *The Theory and Practice of Banking*. London: Longman, Greens and Co.

Majewski AA, Ciliberti S, Bouchaud JP (2020) Co-existence of trend and value in financial markets: Estimating an extended Chiarella model. *Journal of Economic Dynamics and Control* 112:103791.

Martínez-Martínez I and Sánchez-Burillo E (2016) Quantum stochastic walks on networks for decision-making. *Scientific Reports* 6: 23812.

McLeay M, Radia A and Thomas R (2014) Money Creation in the Modern Economy. *Quarterly Bulletin 2014 Q1* (Bank of England).

Meng X, Zhang J-W, Xu J and Guo H (2015) Quantum spatial-periodic harmonic model for daily price-limited stock markets. *Physica A* 438 (15): 154-160.

Meyer DA (1999) Quantum strategies. *Physical Review Letters* 82: 1052-1055.

Milstead D (2019) The price of a pension: Inside CPPIB, the $3-billion-a-year operation that invests your money. *The Globe and Mail*, Sep 7.

Mirowski P (1989) *More Heat Than Light: Economics as Social Physics, Physics as Nature's Economics*. Cambridge: Cambridge University Press.

Mistry HB (2018) Complex versus simple models: ion-channel cardiac toxicity prediction. *PeerJ* 6: e4352.

Mohseni M, Rebentrost P, Lloyd S and Aspuru-Guzik A (2008) Environmentassisted quantum walks in photosynthetic energy transfer. *The Journal of chemical physics* 129(17): 11B603.

Moreira C and Wichert A (2017) Are Quantum Models for Order Effects Quantum? *International Journal of Theoretical Physics* 56(12): 4029–4046.

Musser G (2012) A New Enlightenment. *Scientific American* 307(5): 76-83.

Nielsen MA and Chuang IL (2000) *Quantum Computation and Quantum Information*. Cambridge: Cambridge University Press.

Niestegge G (2008) An Approach to Quantum Mechanics via Conditional Probabilities. *Foundations of Physics* 38: 241-256.

Nogueiras M, Sanz GO, Cendón CV, Rodríguez AL, Herrero AM, Musso D and Gómez A (2021) Review of state-of-the-art for pricing and computation of VaR. NEASQC.

Norwich KH (1993) *Information, sensation, and perception*. San Diego, CA: Academic Press.

Orrell D (2012) *Truth or Beauty: Science and the Quest for Order*. New Haven, CT: Yale University Press.

Orrell D (2016) A quantum theory of money and value. *Economic Thought* 5(2): 19–36.

Orrell D (2017) *Economyths: 11 Ways Economics Gets It Wrong*. London: Icon Books.

Orrell D (2017a) A quantum theory of money and value, part 2: the uncertainty principle. *Economic Thought* 6(2): 14-26.

Orrell D (2018) *Quantum Economics: The New Science of Money*. London: Icon Books.

Orrell D (2018a) Quantum economics. *Economic Thought* 7(2): 63-81.

Orrell D (2018b) The Economics Debate: The Problem isn't Bad Economics, It's Bad Science. *Evonomics*. Retrieved from: https://evonomics.com/bad-economics-science-heterodox-orrell/

Orrell D (2018c) Economics is quantum. Aeon. Retrieved from: https://aeon.co/essays/has-the-time-come-for-a-quantum-revolution-in-economics

Orrell D (2019) Quantum financial entanglement: The case of strategic default. Discussion paper. Available at: https://papers.ssrn.com/sol3/papers.cfm?abstract_id=3394550

Orrell D (2019a) Commentary on 'Addressing the Malaise in Neoclassical Economics: A Call for Partial Models'. *Economic Thought* 8(1): 53-55.

Orrell D (2020) A quantum model of supply and demand. *Physica A* 539: 122928.

Orrell D (2020a) Quantum-tative finance. *Wilmott* 2020(106): 16-23.

Orrell D (2020b) The value of value: A quantum approach to economics, security and international relations. *Security Dialogue* 51(5): 482–498.

Orrell D (2021) *Behavioural Economics: Psychology, Neuroscience, and the Human Side of Economics*. London: Icon Books.

Orrell D (2021a) A quantum walk model of financial options. *Wilmott* 2021(112): 62-69.

Orrell D (2021b) The color of money: Threshold effects in quantum economics. *Quantum Reports* 3(2), 325-332.

Orrell D (2022) *Money, Magic, and How to Dismantle a Financial Bomb: Quantum Economics for the Real World*. London: Icon Books.

Orrell D (2022a) Quantum oscillations in the stock market. *Wilmott* 2022(120): 26–33.

Orrell D (2022b) A softer economics. Aeon. Retrieved from: https://aeon.co/essays/when-will-economists-embrace-the-quantum-revolution

Orrell D (2022c) A quantum oscillator model of stock markets. Working paper. Available at SSRN 3941518.

Orrell D (2022d) Quantum impact and the supply-demand curve. Working paper. Available at SSRN 4100792.

Orrell D and Bolouri H (2004) Control of internal and external noise in genetic regulatory networks. *Journal of Theoretical Biology* 230(3): 301-12.

Orrell D and Chlupatý R (2016) *The Evolution of Money*. New York: Columbia University Press.

Orrell D and Houshmand M (2022) Quantum propensity in economics. *Frontiers in Artificial Intelligence* 4.

Orrell D and Mistry HB (2019) A simple model of a growing tumour. *PeerJ* 7: e6983.

Orús R, Mugel S and Lizaso E (2019) Quantum computing for finance: Overview and prospects. *Reviews in Physics* 4: 100028.

Osborne MFM (1959) Brownian motion in the stock market. *Operations Research* 7(2): 145–73.

Penrose R (1989) *The Emperor's New Mind: Concerning Computers, Minds and The Laws of Physics*. Oxford: Oxford University Press.

Piotrowski EW, Schroeder M and Zambrzycka A (2006) Quantum extension of European option pricing based on the Ornstein Uhlenbeck process. *Physica A* 368: 176–182.

Piotrowski EW and Sładkowski J (2001) Quantum-like approach to financial risk: Quantum anthropic principle. *Acta Physica Polonica* B32: 3873–3879.

Pistoia M, Ahmad SF, Ajagekar A, Buts A, Chakrabarti S, Herman D, et al.(2021) Quantum Machine Learning for Finance. https://arxiv.org/abs/2109.04298

Qadir A (1978) Quantum Economics. *Pakistan Economic and Social Review* 16(3/4): 117–126.

Qadir A (2018) Seminar on Quantum Economics, April 23, 2018. See: http://authoring.nust.edu.pk/INSTITUTIONS/Centers/CAMP/Events/Pages/[Physics]-Seminar-April-23,-2018.aspx

Rae AIM (2008) *Quantum Mechanics* (5th edn). London: Taylor & Francis.

Rajendran J and Benjamin C (2018) Implementing Parrondo's paradox with two-coin quantum walks. *Royal Society Open Science* 5(2): 171599.

Ramsey SA, Orrell D and Bolouri H (2005) Dizzy: stochastic simulation of large-scale genetic regulatory networks. *Journal of bioinformatics and computational biology* 3(02): 415-436.

Ramsey SA, Smith JJ, Orrell D, Marelli M, Petersen TW, de Atauri P, Bolouri H and Aitchison JD (2006) Dual feedback loops in the GAL regulon suppress cellular heterogeneity in yeast. *Nature Genetics* 38(9): 1082.

Rebentrost P, Gupt B and Bromley TR (2018) Quantum computational finance: Monte Carlo pricing of financial derivatives. *Physical Review A* 98(2): 022321.

Romanelli A, Sicardi Schifino AC, Siri R, Abal G, Auyuanet A and Donangelo R (2004) Quantum random walk on the line as a Markovian process. *Physica A* 338(3-4): 395–405.

Romer PM (1990) Endogenous Technological Change. The Journal of Political Economy 98(5): S71-S102.

Roos N (2014) Entropic forces in Brownian motion. *American Journal of Physics* 82(12): 1161-1166.

Sánchez-Burillo E, Duch J, Gómez-Gardenes J, Zueco D (2012) Quantum navigation and ranking in complex networks. *Scientific reports* 2: 605.

Sansoni L, Sciarrino F, Vallone G, Mataloni P, Crespi A, Ramponi R, and Osellame, R (2012) Two-particle bosonic-fermionic quantum walk via integrated photonics. *Physical Review Letters* 108(1): 010502.

Sarkissian J (2020) Quantum coupled-wave theory of price formation in financial markets: price measurement, dynamics and ergodicity. *Physica A* 554: 124300.

Sarkissian J (2020a) Quantum Markets: *Physical Theory of Market Microstructure*. Honolulu, HI: Advanced Scientific Publishing.

Schaden M (2002) Quantum finance. *Physica A* 316(1): 511-538.

Schumpeter J (1954) *History of Economic Analysis*. New York: Oxford University Press.

Segal W and Segal IE (1998) The Black–Scholes pricing formula in the quantum context. *PNAS* 95(7): 4072-4075.

Sephton B, Dudley A, Ruffato G, Romanato F, Marrucci L, Padgett M, et al. (2019) A versatile quantum walk resonator with bright classical light. *PLoS ONE* 14(4): e0214891.

Sheng A (2019) A New Bretton Woods Vision for a Global Green New Deal. In: Bretton Woods Committee, *Revitalizing the Spirit of Bretton Woods: 50 Perspectives on the Future of the Global Economic System*, 360–367.

Shubik M (1999) Quantum economics, uncertainty and the optimal grid size. *Economics Letters* 64(3): 277–278.

Solow RM (1957) Technical Change and the Aggregate Production. *The Review of Economics and Statistics* 39(3): 312-320.

Steeb W-H (2006) *Problems and Solutions in Introductory and Advanced Matrix Calculus.* Singapore: World Scientific.

Streitfeld D (2010) No Help in Sight, More Homeowners Walk Away. *New York Times*, Feb. 2.

Titievsky K (2005) Lecture 14: Applications in Statistical Mechanics. Department of Chemical Engineering, MIT. Retrieved from: https://ocw.mit.edu/courses/mathematics/18-366-random-walks-and-diffusion-fall-2006/study-materials/lec14.pdf.

Tóth B, Lemperiere Y, Deremble C, De-lataillade J, Kockelkoren J, et al. (2011) Anomalous price impact and the critical nature of liquidity in financial markets. *Physical Review X* 1(2): 21006.

Turner A (2014) Printing money to fund deficit is the fastest way to raise rates. *Financial Times*, November 10.

Tversky A and Kahneman D (1983) Extension versus intuitive reasoning: The conjunction fallacy in probability judgment. *Psychological Review* 90(4): 293-315.

Tversky A and Shafir E (1992) The disjunction effect in choice under uncertainty. *Psychological Science* 3: 305–309.

Tversky A, Slovic P and Kahneman D (1990) The Causes of Preference Reversal. *The American Economic Review* 80(1): 204-217.

Tversky A and Thaler RH (1990) Anomalies: preference reversals. *Journal of Economic Perspectives* 4: 201–11.

Versluis C, Lehnert T and Wolff CC (2010) A cumulative prospect theory approach to option pricing. Working paper. Available at SSRN 1717015.

Vines D and Wills S (2018) The rebuilding macroeconomic theory project: an analytical assessment. *Oxford Review of Economic Policy* 34(1–2): 1–42.

Vitali S, Glattfelder JB and Battiston S (2011) The Network of Global Corporate Control. *PLoS ONE* 6(10): e25995.

Von Neumann J and Morgenstern O (1944) *Theory of Games and Economic Behavior.* Princeton, NJ: Princeton University Press.

Wang J and Manouchehri K (2013) *Physical implementation of quantum walks*. Berlin: Springer.

Wang Z and Busemeyer JR (2016) Comparing quantum versus Markov random walk models of judgements measured by rating scales. *Philosophical Transactions of the Royal Society A: Mathematical, Physical and Engineering Sciences* 374(2058).

Wang Z, Solloway T, Shiffrin RS and Busemeyer JR (2014) Context effects produced by question orders reveal quantum nature of human judgments. *Proceedings of the National Academy of Sciences* 111(26): 9431–6.

Wendt A (2006) Social Theory as Cartesian Science: An Auto-Critique from a Quantum Perspective. In: Guzzini S and Leander A, *Constructivism and International Relations*: Alexander Wendt and his Critics. London: Routledge, 181-219.

Wendt A (2015) *Quantum Mind and Social Science: Unifying Physical and Social Ontology*. Cambridge: Cambridge University Press.

Werner RA (2005) *New paradigm in macroeconomics*. Basingstoke: Palgrave Macmillan.

Werner RA (2014) Can banks individually create money out of nothing? – The theories and the empirical evidence. *International Review of Financial Analysis* 36: 1-19.

Werner RA (2016) A lost century in economics: Three theories of banking and the conclusive evidence. *International Review of Financial Analysis* 46: 361–79.

Westerhoff F (2010) A simple agent-based financial market model: direct interactions and comparisons of trading profits. In *Nonlinear Dynamics in Economics, Finance and Social Sciences* (pp. 313-332). Berlin, Heidelberg: Springer.

Wheeler JA (1990) Information, physics, quantum: The search for links. In: Zurek WH (ed), *Complexity, Entropy, and the Physics of Information*. Reading, MA: Addison-Wesley, 112-131.

Wheeler J and Zurek W (1983) *Quantum Theory and Measurement*. Princeton, NJ: Princeton University Press.

Whelan J and Msefer K (1994) Economic Supply & Demand. MIT System Dynamics in Education Project. Retrieved from: https://ocw.mit.edu/courses/sloan-school-of-management/15-988-system-dynamics-self-study-fall-1998-spring-1999/readings/economics.pdf

White BT (2010) Underwater And Not Walking Away: Shame, Fear, And The Social Management Of The Housing Crisis. *Wake Forest Law Review* 45: 971-1023.

Williams PM (1980) Bayesian Conditionalisation and the Principle of Minimum Information. *The British Journal for the Philosophy of Science* 31(2): 131-144.

Wilmott P (2013) *Paul Wilmott on Quantitative Finance, 3 Volume Set, 2nd Edition*. Chichester, UK: Wiley.

Wilmott P and Orrell D (2017) *The Money Formula: Dodgy Finance, Pseudo Science, and How Mathematicians Took Over the Markets*. Chichester, UK: Wiley.

Wilmott P and Orrell D (2018) No Laws, Only Toys *Wilmott* 2018(99): 20-29.

Xiong W, Fu H and Wang Y (2017) Money creation and circulation in a credit economy. *Physica A* 465: 425–437.

Yang YG, Pan QX, Sun SJ and Xu P (2015) Novel image encryption based on quantum walks. *Scientific Reports* 5: 7784.

Ye C and Huang J (2008) Non-classical oscillator model for persistent fluctuations in stock markets. *Physica A: Statistical Mechanics and its Applications* 387: 1255-1263.

Yukalov VI and Sornette D (2008) Mathematical Structure of Quantum Decision Theory. *Advances in Complex Systems* 13: 659-698.

Yukalov VI and Sornette D (2009) Processing Information in Quantum Decision Theory. *Entropy* 11: 1073-1120.

Yukalov VI and Sornette D (2014) Conditions for Quantum Interference in Cognitive Sciences. *Topics in Cognitive Science* 6: 79-90.

Yukalov VI and Sornette D (2015) Preference reversal in quantum decision theory. *Frontiers in Psychology* 6: 1–7.

Yukalov VI and Sornette D (2015a) Role of Information in Decision Making of Social Agents. *International Journal of Information Technology & Decision Making* 14(05): 1129-1166.

Yukalov VI and Sornette D (2018) Quantitative Predictions in Quantum Decision Theory. *IEEE Transactions on Systems, Man & Cybernetics: Systems* 48 (3): 366-381.

찾아보기

양자경제와 금융
경제의 새로운 해석

발　행 | 2023년 1월 3일

옮긴이 | 이 기 홍
지은이 | 데이비드 오렐

펴낸이 | 권 성 준
편집장 | 황 영 주
편　집 | 김 다 예
　　　　임 지 원
디자인 | 윤 서 빈

에이콘출판주식회사
서울특별시 양천구 국회대로 287 (목동)
전화 02-2653-7600, 팩스 02-2653-0433
www.acornpub.co.kr / editor@acornpub.co.kr

책값은 뒤표지에 있습니다.